中华文脉

从 中 原 到 中 国

江凌／主编

中华文脉
从中原到中国

江凌／主编

溯源中国

许宏　著

河南文艺出版社
·郑州·

许宏，中国社会科学院考古研究所研究员。主要从事中国早期城市、早期国家与早期文明的考古学研究。著有《先秦城邑考古》《最早的中国》《何以中国》《大都无城》《东亚青铜潮》等书。

目 录

【寻踪】

"连续"中的"断裂"　　5
——关于中国文明与早期国家形成过程的思考

从仰韶到齐家　　17
——东亚大陆早期用铜遗存的新观察

礼制遗存与礼乐文化的起源　　33

公元前 2000 年：中原大变局的考古学观察　　55

前中国时代与"中国"的初兴　　83

二里头与中原中心的形成　　97

二里头都邑的两次礼制大变革　　109

宫室建筑与中原国家文明的形成　　123

中国古都的恒与变　　139
——以早期城郭布局为中心

【论理】

三代文明与青铜时代考古　　157
——以概念和时空流变为中心

商文明：中国"原史"与"历史"时代的分界点　　169

方法论视角下的夏商分界研究　　179

论"青铜时代"概念的时空适用性　　197
——以中国东北地区为例

精细化分析：早期国家形成研究的有效途径　　213
——从秦小丽教授新著说起

【观潮】

高度与情结　　225
——夏鼐关于夏商文化问题的思想轨迹

"新中原中心论"的学术史解析　239

"夏"遗存认知推定的学史综理　249

冷观三星堆　265

纠葛与症结：三星堆文化上限问题的学史观察　287

［附录］

注释　304

本书所引主要考古资料存目　328

本书所收论文出处　337

［后记］　340

本书涉及的主要考古学文化的年代与分布

年代（公元前）＼地区	长江上游	黄河上游	黄河中游	长江中游	黄河下游	长江下游	西辽河
3500		马家窑文化 →	仰韶文化晚期 →	大溪文化 → 油子岭文化 →	大汶口文化中期 →	崧泽文化 → 良渚文化早期	红山文化 →
3000				屈家岭文化 →	大汶口文化晚期 →	良渚文化中期	小河沿文化 →
2500			庙底沟二期文化 →	石家河文化 →		良渚文化晚期 →	
	宝墩文化 →	齐家文化 →	中原龙山文化 →	肖家屋脊文化 →	海岱龙山文化 →	广富林文化 →	
2000			新砦类遗存 二里头文化 →		岳石文化	马桥文化等 →	
1500	三星堆文化 →	区域青铜文化 →	二里岗文化 → 殷墟文化	区域青铜文化	殷墟文化 →	区域青铜文化 →	夏家店下层文化 魏营子文化 →
1000	十二桥文化		西周文化	西周文化		区域青铜文化 →	

【寻 踪】

『连续』中的『断裂』

关于中国文明与早期国家形成过程的思考

在对世界范围内文明起源问题所进行的比较研究中，张光直先生把文明起源的中国型态概括为"连续性"的型态，指出其很可能是全世界向文明转进的主要型态（张光直 1990）。我们认为，在中国文明和国家起源"连续"演进的过程中，也存在着一定意义上的"断裂"。指出这一点对准确把握中国文明与早期国家的形成过程至关重要。

研究中国早期国家起源，方法之一是由已知的文明实体往上推，从其成熟的国家社会所表现出的明显的特征中，探究早期国家的某些本质的萌芽及其发生发展过程。中国学术界上一个世纪的探索，正是走的这样一条路径。中国考古学诞生伊始，殷墟的发现和大规模发掘就在考古学上确立了殷商文明。如果说在 20 世纪的上半叶，学术界对于中国早期国家文明的认识还仅限于属商代晚期的殷墟遗址的话，那么 50 年代早于安阳殷墟的商文化二里岗期遗存和郑州商城的发现，则大大深化了人们的认识。随后，以二里头遗址的发现为契机，早于二里岗期商文化的二里头文化得以确认。在二里头遗址发现了目前所知我国最早的宫殿建筑基址群、最早的青铜礼器群以及大型青铜冶铸作坊遗址等。依据上述考古发现，学术界大体上取得了这样的共识，即：二里头文化属青铜时代文化，已进入文明社会，产生了国家；二里头遗址则应是一处早期王朝的都城遗址（北京大学历史系考古教研室商周组 1979）。从二里头宫殿建筑、墓葬制度、青铜礼器铸造等文化要素及其所显现出的社会发展上的成熟性，学术界意识到中国文明和国家的形成，在二里头文化之前还应有一个起源甚至早期发展的过程。在最近的 20 余年里，随着仰韶和龙山时代一系列重要遗存的发现，这一时期的诸考古学文化又成为探索中国文明与国家起源的重要对象。

　　对仰韶与龙山时代这些考古学文化所代表的人们共同体究竟处于何种社会发展阶段，学术界还有颇多争议。如认为属前国家社会阶段、酋邦时代、古国时代、早（初）期国家阶段等，莫衷一是。不过这并不妨碍我们对相关问题的探究，我们不一定要给国家的形成划一绝对的上限，也不必拘泥于具体的概念。正如已有学者指出的那样，文明与国家的起源是一个过程，上述诸考古学文化所代表的人们共同体应都处于文明化或曰国家化的进程之中（严文明 1999）。学术界在这一点上已取得了较为广泛的共识。

　　依据目前的研究成果，我们可以将上述诸考古学文化兴盛时期的重要文化现象及其存灭时间作一大体的概括和比较。

内蒙古东部和辽西地区　　红山文化晚期：约距今 5800～4900 年

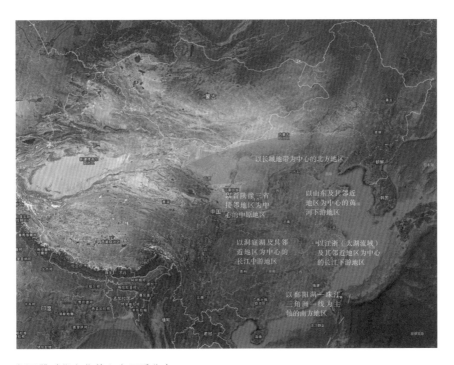

新石器时代文化的六大区系分布

（杨虎 1994）。发现有大型祭祀建筑群址、大型积石冢群及随葬精美玉器的大墓等。

黄河上游　仰韶文化晚期的大地湾类型：约距今 5500～4900 年（郎树德 1983）。发现有大型中心聚落、大型殿堂式建筑等。

长江下游　良渚文化：约距今 5300～4600 年（张忠培 1995，栾丰实 1992，赵辉 1999）。发现有大型礼仪性建筑台基址、大型人工"坟山"、祭坛、随葬精美玉器的大墓及大遗址群等。

长江中游　屈家岭文化—石家河文化早期（北京大学考古系等石家河考古队 1993）：约距今 5000～4500 年（严文明 1993）。发现有规模不等的城址及以大型城址为中心的大遗址群等，城址内存在集中分布的宗教祭祀遗存。

黄河下游　大汶口文化中晚期—龙山文化：约距今 5500～4000 年（栾丰实 1997）。发现有大型中心聚落、夯土城址、大规模墓地及随葬大量精美器物的大墓等。

与上述周边地区诸文化相比，中原地区在仰韶文化晚期和庙底沟二期文化时期却显得较为贫弱，不见或少见能同上述文化相媲美的遗存。到了距今约 4600～4000 年间的龙山时代，周边地区各支异彩纷呈、富有浓厚宗教色彩的文化共同体相继盛极而衰，而中原龙山文化系统的诸文化则在与山东龙山文化的相互交流和竞争中不断壮大。晋南地区的陶寺文化早期（约距今 4600～4400 年）（高炜 1996）发现有大型中心聚落，大型墓地及随葬陶、木、玉、石礼器的大墓等。以河南中西部为中心的王湾三期文化等（约距今 4600～4000 年）（中国社会科学院考古研究所 1984A），则较为集中地发现有若干夯土城址。稍后，二里头文化所代表的王朝文明在吸收了各地文化丰富的文明因素的基础上，以中原文化为依托最终得以崛起。

二里头文化的绝对年代，一般认为约距今 3900～3500 年（仇士华等 2000），约 400 年的时间被划分为连续发展的四期。依据现有的考古

二里头遗址鸟瞰

材料，二里头文化一期遗存的分布还仅限于以嵩山为中心的较狭小的地域，一般见于普通聚落遗址。至第二期开始遗址数量剧增，分布范围急遽扩大，导致二里头文化若干地方类型的出现（赵芝荃 1986A）。与此同时，真正体现其文化与社会发展高度的一系列文化要素也是自该文化第二期起集中出现于二里头遗址的，如大型夯土建筑基址，包含大中型墓在内的等各有差的墓葬，大型青铜冶铸作坊，大批铜、玉、漆和陶制礼器等。正是由于这些高层次遗存的出现，学术界普遍认同二里头遗址作为都邑是始于二里头文化第二期的。

那么，二里头文化崛起前夜的黄河中下游地区又是怎样一种状况呢？相当于距今4000年前后的中原龙山文化和山东龙山文化晚期至尾末阶段，在文化和社会发展上居当时领先地位的这两大考古学文化系统也都相对沉寂。山东龙山文化在过渡到岳石文化之前已呈现出衰落的迹象（方辉等 1997）；中原龙山文化末期经"新砦期文化"（赵芝荃 1986B）直至二里头文化一期阶段，均未发现可与二里头文化二期以后高度发达的文化内涵相衔接的重要遗存。这一文化发展的低潮时期，是否与洪水侵袭有关（俞伟超 1992，袁广阔 2001），尚有待于进一步探究。

与此相关的是二里头文化的来源问题。已有学者根据二里头文化包含某地的文化因素，而指认二里头文化源于中原以外某一地区或某一考古学文化，但都缺乏充分的考古学依据。同时，二里头文化也不是属中原龙山文化系统的王湾三期文化的自然延续和发展，其间同样存在着一定程度的"断裂"和飞跃。就现有的考古学材料看，二里头文化承自王湾三期文化的，主要是层次较低的日用陶器和小型墓的埋葬习俗等方面的要素；其主体文化因素的许多方面，尤其是玉、铜、陶质礼器等高层次遗存和埋葬习俗中的不少要素，在当地都没有明确的源头。另外，从聚落时空演变的角度看，作为二里头文化中心遗址的二里头遗址在伊洛平原的出现也具有突发性，而没有源自当地的聚落发展的基础（大贯静夫 1997）。因此，关于二里头文化渊源的问题尚需进一步探索。

值得注意的是，上述处于国家化进程中的仰韶和龙山时代诸考古学文化，在二里头文化崛起之前即相继由盛转衰，甚至"夭折"。二里头文化的问世距上述诸史前文化或初期文明的衰亡，存在着百年以上甚至上千年的时间间隔，在文化内涵上也存在着很大的差异。这种文化上的中断或可称为"文明的断裂"。由此可知，二里头文化及其后初步统一的中原王朝文明，与仰韶和龙山时代的上述诸文化共同体之间，并不存在直线的连续演进关系。不能否认，正是这些文化共同体的相互作用与刺激，导致高度发达的三代文明的崛起。（张光直 1989，严文明 1987）同时，我们又必须看到，这些文化共同体在中国文明和国家形成过程中所起的作用，主要表现在其若干文明要素为中原三代文明所吸收，它们的贡献在于为中原王朝文明的诞生提供了一定的养分。这种贡献从总体上看是间接的而非直接的。

在中原周边地区仰韶和龙山时代诸考古学文化中，最先走向衰亡的，先后是红山文化、良渚文化和屈家岭—石家河文化。这三支考古学文化所处地理环境不同，赖以生存的农业类型不同，考古学文化的基本内涵也不同，但有一点是基本相同的，即宗教在其社会生活中都占有着极为突出的地位。从红山文化所谓的"女神庙"、大型祭坛、积石冢群，到良渚文化大型礼仪性台基址、人工"坟山"、葬玉大墓，到石家河遗址数以千计、万计的陶塑动物、人像和红陶杯等，大量宗教遗存的存在，构成了这几支考古学文化最富特色的文化内涵。其宗教信仰似乎带有浓厚的原始巫术的色彩；而近乎泛滥的、具有较强的视觉冲击力的宗

良渚反山玉琮"神徽"（左上）、玉琮（左下）
良渚文化贵族墓的"玉敛葬"（右）

教遗迹和遗物，并不能代表文明发展的高度。有学者在讨论良渚文化的衰落原因时指出，"峰值期的良渚社会是一个宗教色彩极其浓重的社会，整个社会生活的运作被笼罩在厚重而偏激的宗教气氛里，为此，社会投入了大量非生产性劳动，而这些付出对社会的长期发展显然不会有任何正面效应。"（赵辉 1999）其实，这一分析也同样适用于红山文化和屈家岭—石家河文化社会。这样一种社会结构，决定了这些文化从诞生之初，就具有脆弱性和短命的一面。正如上引对良渚文化的分析那样，这些文化的衰亡原因，主要取决于其内部的社会机制，这种机制的存在也决定了它们对来自外部的冲击难以做出有效的反应。从这个意义上讲，这些史前文化或初期文明的衰亡，与其说是因其历史进程被阻断而"夭折"，不如说它们是在严酷的社会竞争或人与自然的竞争中被淘汰出局，其衰亡在某种意义上是一种必然。

　　将这类考古学文化与黄河中下游地区龙山时代的考古学文化，乃至三代文明做一比较，就不难发现这些考古学文化所代表的人们共同体之间在社会政治结构上的重大差异。例如，与良渚文化大墓中宗教遗物数量多、比例大、地位突出的现象不同，中原龙山文化和山东龙山文化的大墓，直至商周时期贵族墓葬的随葬制度更多地表现的是世俗权力的集中和财富的占有，而较少带有神权色彩（赵辉 1999）。从重世俗功利的祖先崇拜观念及其所强调的宗法等级秩序出发，中原文明逐渐形成了以宫庙和礼器为物化形式的礼乐制度。祖先崇拜及由其衍生出的礼乐制度，成为中国早期文明的重要特征，并对后世的中国文化产生了深刻的影响（徐良高 1999）。这一思想信仰和礼乐制度，真正继承自良渚文化等宗教发达的考古学文化的，似乎只限于礼器中的个别器种，而二者根本的宗教思想体系则大相径庭。总之，这些先行文化的兴衰，势必给三代文明以许多有益的启示。中原王朝文明从中所汲取到的养分，除了物质文化和精神文化方面的诸多要素外，还应当包括关涉一个文化共同体兴衰存亡的政治宗教结构上的借鉴。中原王朝文明对它们的文化因素进行扬弃，才使自身的文明得以延续和光大。

如前所述，在中原周边地区的诸考古学文化中，与红山文化、良渚文化、屈家岭—石家河文化不同的是黄河下游地区的大汶口—山东龙山文化。这一文化系统在文化和社会发展上与中原文化并驾齐驱，某些方面甚至超过中原同期文化的发展水平。即使在中原地区文化发展进入低谷的若干阶段，它也几乎一直保持着旺盛的发展势头。它与中原系统的文化在地域上相毗邻，且一直进行着密切的文化交流，因而在考古学文化面貌及其所反映的人们共同体的社会结构和思想观念上也与前者近同。自仰韶文化晚期阶段以来，大汶口—山东龙山文化的许多文化因素为中原系统的文化所吸收。有学者曾列举了该区系在物质文化、精神文化方面可能给予中原夏、商文化以影响的诸多因素（邵望平 1987），这是其他中原周边地区的考古学文化所无法企及的。从这个意义上讲，这一系统的文化最终融入了中原王朝文明之中，其自身也成为中原王朝文明的重要缔造者之一。问题是，大汶口—山东龙山文化究竟是在什么样的历史背景下，又是以怎样的方式参与到创建中原王朝文明的过程中来的？至少到今天，我们还无法对此做出圆满的解答。

关于中国文明和早期国家的形成过程与特点，我们同意中国文明的发生是多元一体的观点（严文明 1987），同时，认为应在研究中对文明与国家起源和文明社会形成二者加以区分。依我们的理解，如果说中国文明是多元一体的，那么应当说中国早期国家和文明要素的起源是多元的，而最早的国家、文明社会的形成则是一体的。具体说来，处于文明化或曰国家化进程中的仰韶与龙山时代，是众多相对独立的部族或古国并存且相互作用刺激的时期，或可称为"多元的古国文明"时期；而中国文明社会的正式形成，就现有材料而言，是始于二里头文化所代表的初步统一的中原王朝国家的，这一阶段或可称为"一体的王朝文明"时期。中国早期国家形成过程中这两个大的阶段之间，存在着"文明的断裂"现象，因此，不能认为中国早期国家的起源与形成是一种直线演进的过程。可以说，中国国家起源过程中众多的古国文明在持续的竞争与交流中的此兴彼衰，最终催生出一个具有强劲实力的王朝文明，这个一体化的广域王权国家系统，经过三代的陶冶洗礼，才铸就了秦汉帝国的辉煌。这应是中国国家产生及早期发展的基本脉络。

这种非直线演进的过程，较为普遍地存在于中原周边地区，这也是需要我们从理论和历史实际两方面来究明的问题。如上所述，作为王朝文明的二里头文化和二里岗文化兴起于中原地区的同时，中原周边地区还存在夏家店下层文化、岳石文化、湖熟文化、马桥文化、石家河文化（晚期）等考古学文化。这些文化所在区域在仰韶和龙山时代都曾孕育过高度发展的考古学文化，已如前述，学术界一般认为属酋邦甚至已进入早期国家阶段。然而这些高度发展的文化或初期文明与其后续文化之间却缺少密切的承继关系，后者与前者相比甚至显现出文化和社会发展上的停滞、低落甚至倒退的迹象。这些后续文化的社会发展水平如何，它们是否已形成国家。如果说它们光灿一时的先行文化已进入国家阶段，而它们是否又回到了所谓"复杂酋邦"甚至"简单酋邦"的阶段，抑或属于一种积贫积弱的国家形态。这些都是有待于进一步解决的问题。

史学界有学者认为，"先秦时期中国国家进程的主要内容就是自夏朝建立以来的中原王朝国家（它在战国时期有一个分裂时期）的发展。在这一时期中，在中原周边地区中没有发生真正独立的国家进程。""从严格的国家主权的角度看，在春秋末期以前，中国境内始终只存在一个国家，那就是先后由夏、商、周三朝王室统治的以中原为主体的华夏族国家。"（谢维扬 1995）这一见解与考古学界"满天星斗"式的国家起源观显然是不相一致的，我们不能无视它所提出的问题。在中原地区率先出现了原生的初步统一的早期国家，并凭借其先进的社会组织制度向四方扩张辐射，与其周边地区发生着密切联系的同时，周边地区的各个文化共同体是否仍在产生着原生国家，抑或它们都是在中原原生国家的影响下产生的次生国家；换言之，中原原生国家的出现及与周边地区发生接触，是促进了后者各自的国家化进程，还是阻断了它们迈向国家的步伐。如此种种，都向我们提出了尖锐而不可回避的问题，关涉中国早期国家形态与发展模式，需要我们用更多的田野工作和综合研究来阐明。

从仰韶到齐家

东亚大陆早期用铜遗存的新观察

　　关于东亚大陆早期用铜遗存问题，长期以来存在着不同的意见。如何看待年代偏早的零星用铜遗存？是否存在铜石并用时代？测年技术的进步如何改变对各区域用铜史乃至青铜时代肇始问题的认识？如是种种，都有必要在新的时点上进行梳理分析。本文即拟对相关问题做粗浅的探讨。

　　首先要对本文论述的空间范畴做一限定。作为地理概念的东亚大陆，既不限于今日之中国，也不等同于今日中国的范围。诚如有学者指出的那样，"中国广阔的大西北地区在地理上可归入中亚范畴，在文化上也与后者保持着很大的类似性"（李水城 2005），所以本文关于东亚大陆早期青铜遗存的讨论，不包括出土了众多早期铜器、地理上属于中亚的新疆地区。

一　由对"铜石并用时代"的异议说起

　　1980 年代，严文明正式提出了在中国新石器时代和青铜时代之间存在一个"铜石并用时代"的概念。同时，他把铜石并用时代再分为两期："仰韶文化的时代或它的晚期属于早期铜石并用时代，而龙山时代属于晚期铜石并用时代。"（严文明 1984）文中提出了"是否一开始出现铜器就应算是进入了铜石并用时代"的问题，作者的回答应是肯定的："如果说仰韶文化早期的铜器暂时还是孤例，而且制造方法还不明了，那么仰韶文化的晚期显然已知道炼铜，至少进入了早期铜石并用时代。"目前，这一划分方案成为学界的主流认识。

　　另一种划分方案是，"把发现铜器很少，大约处于铜器起源阶段的仰韶文化时期归属新石器时代晚期。可把龙山时代笼统划归为铜石并用时代（目前也称新石器时代末期）。"（任式楠 2003）与此相类的观点是"仅将龙山、客省庄、齐家、石家河、陶寺、造律台、王湾三期、后岗二期及老虎山等龙山时代的考古学文化或文化类型视为铜石并用时代"，其理由是，"我们目前还不能仅据新石器时代晚期的后段所产生的若干新因素去推想当时'可能'或'应该'有了铜器，所以，将一个实际上尚未出现铜器的时期也归并为'铜石并用时代'应该说是名不副实的。"（张江凯等 2004）

　　的确，在前述第一种方案中，铜石并用时代"早期大约从公元前3500 年至前 2600 年，相当于仰韶文化后期。这时在黄河中游分布着仰韶文化，黄河下游是大汶口文化，黄河上游是马家窑文化。在长江流域，中游的两湖地区主要是大溪文化晚期和屈家岭文化，下游包括太湖流域主要是崧泽文化"。其中，长江流域的大溪文化晚期、屈家岭文化和崧泽文化中尚未发现铜器及冶铜遗存，其他地区"这阶段的铜器还很稀少，仅在个别地点发现了小件铜器或铜器制作痕迹"（苏秉琦1994B）。而在《中国通史·第二卷》"铜石并用时代早期"一节近 70页的叙述中，完全没有对铜器和冶铜遗存的具体介绍。类似情况也见于《中国西北地区先秦时期的自然环境与文化发展》一书，在关于铜石并用时代早期 1000 年（公元前 3500—前 2500 年）遗存几十页的叙述中，仅一处提及了林家遗址出土的马家窑文化青铜刀（韩建业 2008）。由此可见，这一阶段铜器及冶铜遗存乏善可陈的程度。故学者对此多采取存而不论、一笔带过的处理方式（石兴邦 1986，张海等 2013）。

　　在认可"铜石并用时代"存在的观点之外，更有学者认为"其实铜石并用时代（Chalcolithic Age）又称红铜时代（Copper Age），是指介于新石器时代和青铜时代之间的过渡时期，以红铜的使用为标志。西亚在公元前 6000 年后期进入红铜时代，历经 2000 余年才进入青铜时代。红铜、砷铜或青铜4000年前左右几乎同时出现在齐家文化中，数以百计的铜器不仅证明齐家文化进入了青铜时代，而且表明中国没有红铜时代或铜石并用时代。"（易华 2014）

关于"铜石并用时代"和"红铜时代"的关系，中国考古学家有自己的界定："过去一般认为，铜石并用时代是已发明和使用红铜器但还不知道制造青铜器的时代，所以有时也称作红铜时代。现在看来，这种理解有些绝对化了。不错，有些地区的铜石并用时代文化中只有红铜器而没有青铜……另一些铜石并用时代的文化则有青铜……中国不但在龙山时代有青铜和黄铜，就是仰韶时代也有青铜和黄铜，这当然与所用原料的成分有关，不能因为有这样一些情况而模糊了铜石并用时代和青铜时代的界线，以至于否认中国有一个铜石并用时代。"（严文明1984）与此类似的表述是，"无论哪种意见所述铜石并用时代，都不能把它等同于铜石并用时代的概念。即使是目前发现红铜器较多的齐家文化，也并不能纳入单纯的红铜时代。中国早期没有形成一个红铜时代，走了不同于亚欧其他国家的冶铜发展道路。"（任式楠 2003）

鉴于上述，东亚大陆是否存在铜石并用时代？如果存在，是否能早到公元前3500—前2500年这个时期？这都是值得进一步探讨的问题。

二　关于"原始铜合金"遗存的发现

在东亚大陆早期铜器及冶铜遗存的发现中，较早的几例尤为引人注目。这里试综合学术界的发现与研究成果略作分析。

陕西临潼姜寨黄铜片、黄铜管状物，属仰韶文化半坡类型，约公元前4700年。

陕西渭南北刘黄铜笄，属仰韶文化庙底沟类型，约公元前4000—前3500年。

　　"原始铜合金"概念的引入，可以较好地解释这类早期用铜遗存："从矿石中带来的杂质，其存在标志着冶炼红铜的失败与早期冶铜技术的不成熟。含有这些杂质的铜与后来人类有意识进行人工合金而得到的各种铜合金，具有本质上的不同，并不能因为这些铜中含有锡或铅，就称之为青铜，更不能认为它们同于后世的人工有意识制造出来的铜合金。为了使二者有所区别，把这种早期的、偶然得到的、含有其他元素的铜叫作'原始铜合金'比较合适。"因而，"姜寨的'黄铜'片的出现，既是可能的，又是偶然的，应该是选矿不纯的产物。虽然这是一件世界上年代最早的'铜锌合金'，但它的出现对于后来的冶炼黄铜的技术并无任何实际意义，应属于原始铜合金。"（滕铭予 1989）如此获取的原始铜合金偶然性大且不能量产，在各地皆昙花一现，与后来的青铜冶铸有大时段的冶金史空白。仰韶文化的黄铜、马家窑文化的青铜刀（详后）含渣量均很高，表明当时还没有提纯概念。

　　山西榆次源涡镇陶片上红铜炼渣（安志敏 1981），属仰韶文化晚期晋中地方类型（严文明 1984），约公元前 3000 年。

　　东乡林家青铜刀，锡青铜，单范法铸造，属马家窑文化马家窑类型

东乡林家青铜刀   临潼姜寨黄铜片、黄铜管

晚期，推断为公元前2900—前2700年（任式楠 2003）。这是目前东亚地区发现的最早的青铜器。该遗址的灰坑中另出有铜渣，应"是铜铁共生矿冶炼不完全的冶金遗物"，"可认为中国在冶炼红铜、青铜之前，存在着利用共生矿冶铜技术的探索实践阶段"（孙淑云等 1997）。

严文明指出，"现知在甘肃有丰富的铜矿，有些矿石中偶尔也会含有少量锡石即氧化锡，用木炭加温即可还原。所以林家青铜刀子的出现，可能与当地矿产资源的条件有关，不一定是有意识地冶炼青铜合金的结果。"而"回顾人类文化发展的历史，往往有一些极重要的发明开始带有偶然性质，如果适应了社会的需要，就会很快推广和不断发展；如果一时并不急需，就将长期停滞甚至中断而失传，等到产生了新的社会需要后才重新发展起来。人类用铜的历史也有类似的情况。"（严文明 1984）显然，这些零星的偶然发明，由于有很大的时间空白，不排除中断、失传的可能性，我们还无法将其作为后来龙山时代晚期集中用铜现象的清晰源头来看待。

另一方面，如滕铭予所言，"尽管我们提出马家窑文化的铜刀，作为原始铜合金是一种偶然的现象，但它的出现毕竟标志着甘青地区在仰韶时期已经出现了人工冶铜技术。"（滕铭予 1989）

也有学者认为，林家青铜刀所显现的"青铜技术的出现，仍不能不考虑西方文化渗入的可能性"（韩建业 2008）。这对早期用铜遗存出现的偶然性、断裂性以及合金的复杂面貌来说，不失为一个合理的解释。

三　新的测年更新对区域用铜史的认识

前引仰韶文化和马家窑文化用铜遗存的年代测定，都是早年进行的，在目前高精度系列测年的框架下，恐怕有重新审视调整的必要，但目前还缺乏最新的研究。泰安大汶口墓地M1骨凿上曾发现铜绿，该墓的年代属大汶口文化晚期。这是一个用铜遗存随学科进展而年代被不断下拉的典型例证。最新的认识是，"大汶口文化结束的时间和龙山文化兴起的时间约为公元前2300年前后，比传统的认识晚了约200年"（北京大学 2011）。

由是，以往认为偏早的华东地区用铜遗存的年代，被下拉约300年以上，这强化了用铜遗存西早东晚的态势。但应指出的是，西北和北方地区既往的测年数据，与黄河中下游和长江中下游遗存的系列测年数据不具有可比性。中原地区"与传统的考古学文化谱系的编年框架相比较，新的认识普遍晚了约200至300年"（北京大学 2011）。就西北和北方地区早年的测年结论而言，这是一个可资比较的参考数值。

北方地区红山文化的用铜史，因测年工作的进展，也有重新审视的必要。

首先是凌源牛河梁冶铜炉壁残片，原推断为红山文化晚期遗存，约

中华文明探源工程长江黄河与西辽河考古学文化年表

地区 年代 （距今）	长江上游	黄河上游	黄河中游	黄河下游	长江中游	长江下游	西辽河
6000	?	仰韶文化早期		北辛 文化	汤家岗 文化	马家浜 文化	赵家沟 文化
5800		仰韶文化 庙底沟类型		大汶口文 化早期	大溪文化	崧泽文化	红山文化
5300	马家窑文化	仰韶文化 晚期		大汶口 文化中晚 期	屈家岭-石 家河文化	良渚文化	小河沿 文化
4700			庙底沟 二期文化				
4300	宝墩 文化	齐家 文化	中原龙山 文化	山东龙山 文化	后石家河 文化	钱山漾-广 富林类型	雪山二期文 化
3800			二里头 文化	岳石 文化	?	马桥文化	夏家店 下层文化
3500	三星堆 文化	寺洼 文化	二里岗 文化				

引自《三联生活周刊》2018年第23期。其中年代栏中3500应为3300，二里头文化与二里岗文化之间应为3500。

当公元前 3000 年前后（郭大顺 1994，苏秉琦 1994B）。后经碳-14 测年，"炉壁残片的年代为 3000±333—3494±340BP，要比红山文化陶片和红烧土年代晚约 1000 多年，属夏家店下层文化的年代范围"（李延祥等 1999、2004）。

除此之外，另两处关于红山文化铜器和冶铜遗存的发现则尚存异议。其中一处是在凌源牛河梁遗址第二地点 4 号积石冢的一座小墓内，曾发现一件小铜环饰，经鉴定为红铜（韩汝玢 1993），发掘者称此墓为"积石冢顶部附葬小墓"，认为"这项发现地层关系清楚，材料可靠，被冶金史界称为我国迄今发现的最早的铜标本之一，也证明这一地区的冶铜史可追溯到五千年前红山文化"（郭大顺 1994）。

但在牛河梁遗址正式发掘报告中，该墓被列于 4 号冢主体之外的"冢体上墓葬"，这三座小墓"利用原冢的碎石砌筑墓框并封掩，叠压或打破冢体顶部的堆石结构"。除了这座 85M3 出土了铜耳饰和玉坠珠各一件外，其他两座小墓无任何随葬品。报告没有明言其年代，但显然是将其当作晚期遗存的，在结语中也未再提及红山文化铜器发现的重要意义。安志敏指出，"当时目睹的一座石冢表层的石棺里曾出土过一件铜饰，似不属于红山文化的遗存"，结合前述冶铜炉壁残片属于夏家店下层文化的情况，他断言"牛河梁遗址具有不同时代的文化遗存，已经是无可怀疑的事实"（安志敏 2003）。

据报道，敖汉旗西台遗址曾出土两件小型陶质合范，当用于铸造鱼钩类物品，一般认为"可视为探索红山文化铸铜技术的重要线索"（刘国祥 2006）。

敖汉西台遗址出土的陶范不止两件，而是有若干发现。依《简述》，"西台遗址虽未做碳-14 年代测定，从出土遗物看，属红山文化中期。大约在距今 6500~6000 年"，而陶质合范"是铸造青铜器的模具"（杨虎等 2010）。对于陶范的年代与性质的判定都不知何据。如此早的冶铸青铜的遗存出现于东亚尚闻所未闻。另有学者推测这一红山文化陶范的年代在距今 5800~4900 年之间（任式楠 2004）。我们还注意到，与凌源牛河梁遗址相类，西台遗址也属复合型遗址，"包含新石器时代兴隆洼、红山和青铜时代夏家店下层和夏家店上层等多种文化遗存"（杨虎 1989）。看来，这批陶范是否属红山文化，尚无法遽断。

也即，到目前为止，尚无可靠的证据表明红山文化晚期遗存中存在用铜的迹象。

四 齐家文化用铜遗存的阶段性变化

齐家文化虽发现较早，但一直没有建立起综合的分期框架。1987年，张忠培发表了《齐家文化研究》一文，可以认为是奠基之作，其初步的分期研究结束了把延续数百年的齐家文化当作一个整体看待的局面（张忠培 1987）。

就用铜遗存而言，他把齐家文化分为三期八段，指出经过鉴定为青铜制品的遗迹单位，均属于齐家文化第三期；而早于第三期的铜器，经鉴定者全部为红铜。他认为出土红铜器的阶段，"已进入金石并用时代的发展阶段。齐家文化三期七、八段的几件青铜器，当是制铜技术进入一个新阶段的标志"，"在中国广大土地上孕育出来的许多不同谱系的考古文化中，还只有齐家文化可能被认为是独立地走过了纯铜—青铜这一基本完整的制铜技术的过程"。在此基础上，滕铭予提出了更为系统的甘青地区早期铜器起源和发展的序列：红铜、原始铜合金—红铜—红铜、青铜—青铜，认为这"反映了这一地区早期冶铜技术从不成熟到成熟的发展过程"（滕铭予 1989）。

依前述韩建业的分期方案，"齐家文化中期"相当于龙山时代后期的铜石并用时代晚期（约公元前 2200—前 1900 年），偏西河西走廊东部诸遗址发现红铜器；而"齐家文化晚期"相当于夏代晚期至商代初期的青铜时代前期（公元前 1900—前 1500 年），红铜与锡青铜、铅青铜、铅锡青铜共存（韩建业 2008）。

　　一般认为，陇山山麓地区以天水师赵村第七期遗存为代表的"齐家文化早期"（约公元前 2500—前 2200 年），"可看作是客省庄二期文化的地方变体"（韩建业 2008），也有学者指出这类遗存"与柳湾为代表的西部齐家文化是有差异的。反之，却与关中客省庄文化更为靠近"（李水城 2001）。更多的学者倾向于这类遗存并不属于齐家文化（籍和平 1986，张忠培等 2002，陈小三 2012）。就目前的认识，后者的看法似更为切实。无论如何，在这类遗址中尚无用铜遗存发现。

　　如果将陇山山麓地区年代偏早、不见用铜遗存的所谓"齐家文化早期"遗存排除于齐家文化之外，而铜石并用时代晚期"铜石并用"才名副其实，那么上述齐家文化就跨铜石并用时代和青铜时代前期两大阶段。

临潭磨沟齐家文化墓葬随葬品组合

在最新发掘的甘肃临潭磨沟齐家文化墓地中，北区的墓葬年代较早，约当齐家文化中期。"值得注意的是，在 M1202 和 M1467 的随葬陶器中，各有 1 件白陶盉，形态甚似二里头文化的同类器物"（钱耀鹏等2009）。从白陶盉的形态上看，与二里头文化第二期晚段（绝对年代在公元前 1650 年前后）相当，可知这类墓葬的年代不早于此。这与最新估定的齐家文化的年代框架大致吻合："暂时可以将齐家文化的年代上限定在公元前 3 千纪末叶，年代下限则相当于公元前 2 千纪中叶，公元前 2100—前 1450 年应当是一个可以参考的年代范围。"（陈小三 2012）可知齐家文化青铜器的存在年代上限相当（或略早于?）二里头文化的起始年代，下限则相当于二里岗文化早期。

五　关于东亚大陆青铜时代肇始的问题

青铜时代是"以青铜作为制造工具、用具和武器的重要原料的人类物质文化发展阶段"（石兴邦 1986）。一个共识是，"青铜时代必须具备这样一个特点：青铜器在人们的生产、生活中占据重要地位，偶然地制造和使用青铜器的时代不能认定为青铜时代。"（蒋晓春 2010）

关于中国青铜时代的肇始时间，则众说纷纭。部分学者认为龙山文化晚期或龙山时代已进入青铜时代，年代约当公元前 3000 年或稍晚（李先登 1984，陈戈等 1990）。因用铜遗存仅有零星的发现，并不符合上述青铜时代的特点，故可以不考虑其可能性。

1980 年代以降，一般把成批出土青铜礼容器、兵器、工具、饰物等的二里头文化，作为中国青铜时代早期文化。由于 1980 年代当时二里头文化碳素测年的数据落在公元前 2080—前 1580 年，所以一般认为公元前 2000 年左右是中国青铜时代的上限。（张光直 1983，严文明1984，石兴邦 1986）

　　嗣后，有研究者将西北地区的早期用铜遗存纳入青铜时代，认为存在西北地区和中原地区两大独立起源地，但在绝对年代上，仍认为二者大体在公元前 2000 年前后进入青铜时代（白云翔 2002）。

　　据最近的研究，最早进入青铜时代的当数新疆地区，年代上限在公元前 2000 年左右；其次为甘肃、青海和陕西地区，进入青铜时代的年代上限在公元前 1900 年前后，主要包括四坝文化和晚期齐家文化；至公元前 1800 年左右，在北方地区出现了朱开沟文化和夏家店下层文化；与此同时或稍晚，在中原地区诞生了青铜时代文化——二里头文化；通过二里头文化，青铜技术还传播至黄河下游的岳石文化等当中。这清晰地勾勒出早期青铜文化流播的主方向是自西向东（韩建业 2008、2012B）。

　　由对东亚大陆各地用铜遗存最新年代学研究成果的系统梳理，感觉对上文提及的四坝文化、晚期齐家文化、朱开沟文化、夏家店下层文化、二里头文化和岳石文化的用铜遗存，还有进一步探讨的必要。

　　河西走廊张掖西城驿冶炼遗址的发掘，提供了串联起马厂文化、齐家文化和四坝文化用铜遗存的最新信息。西城驿遗址"一期为马厂晚期遗存，年代为距今 4100~4000 年；二期文化因素较为复杂，年代为距今 4000~3700 年……三期为四坝文化遗存，年代为距今 3700~3600 年"，"西城驿遗址一期与酒泉照壁滩遗址、高苜蓿地接近，二期与武威皇娘娘台遗址接近，三期与民乐东灰山、玉门火烧沟遗址年代接近。干骨崖略晚于西城驿遗址三期"（陈国科等 2015）。

　　所谓"文化因素较为复杂"的二期遗存，被称为"过渡类型"或西城驿文化（李水城 2014，陈国科等 2014）。"'过渡类型'遗存是进入河西走廊的齐家文化在向西发展的过程中和马厂类型融合后所产生的一支新的文化遗存"，"在河西走廊的中西部……齐家文化的陶器多与'过渡类型'的陶器共存"（王辉 2012）。这就把叠压于这类遗存之上、原定为公元前 2000—前 1500 年之间的四坝文化遗存的年代，下压到了公元前 1700—前 1600 年之间。而与齐家文化前期大体共时的西城驿二期铜器的材质还是以红铜为主；到了属于四坝文化的西城驿三期则以合金为主，合金中砷青铜为多（陈国科等 2015）。

要之，以四坝文化为代表的河西走廊地区进入青铜时代的时间，在公元前 1700 年前后；河湟与陇东地区的齐家文化晚期（以齐家坪、秦魏家为代表，相当于张忠培所分第三期 7、8 段）与其大体同时。关于齐家文化晚期的用铜遗存，张忠培指出，"由于还存在相当数量的红铜制品，和有时仍采用冷锻技术制作青铜器，故即使把这时期归入青铜时代，也只能是这时代的伊始阶段。"（张忠培 1987）这一观点目前看来也是中肯的。

内蒙古中南部鄂尔多斯朱开沟遗址的第三、四段遗存中出土若干锥、针等小件铜器。其中第四段的测定年代为距今 3685～3515 年，相当于"夏代的晚期阶段"；第三段的出土器物"与二里头遗址第二期遗存中出土的部分同类期都颇为一致"。如与中原地区的高精度系列测年相比照，其上限应不早于公元前 1600 年。从出土用铜遗存看，只是到了相当数量的青铜兵器和容器出现的该遗址第五期，该地才进入青铜时代，已相当于二里岗文化晚期阶段。

至于内蒙古东部和辽西地区夏家店下层文化出土铜器，一般认为约当夏至早商时期，其年代多被推定在公元前 2000—前 1600 年之间（白云翔 2002）。目前集中出土且经年代测定的，只有赤峰敖汉旗大甸子遗址集中出土的一批青铜器。这批铜器的年代区间，在公元前 1735—前 1460 年，如与中原地区的高精度系列测年相比照，不排除年代更晚的可能性。从大甸子墓葬的随葬品中伴出与二里头文化二期风格近似的陶鬶、爵之类器物看，知其年代上限应不早于二里头文化二期，而下限应已相当于二里岗文化早期。其他地点出土的夏家店下层文化铜器，尚未见有明确早于这一年代数据的例子。

中原地区在二里头文化之前，仅有零星的用铜遗存发现。如襄汾陶

陶寺铜铃   陶寺铜齿轮形器（与玉璧叠摞）

寺遗址发现有红铜铃和砷铜齿轮形器、容器残片等，但未见青铜；登封
王城岗遗址曾出土青铜容器残片，新密新砦遗址曾出土红铜容器残片
等。二里头文化第一期发现的铜器尚少，且均为小件器物。第二期开始
出现铜铃和嵌绿松石铜牌饰等制作工艺较复杂的青铜器，第三期始有成
组的青铜礼容器和兵器等出土。故就目前的考古材料而言，中原地区进
入青铜时代的时间，至多是二里头文化第二期。依最新的系列测年结
果，二里头文化第二期的上限不早于公元前 1680 年（张雪莲等 2007，
中国社会科学院考古研究所 2014）。

　　至于海岱龙山文化和岳石文化中零星发现的用铜遗存，多为小件工
具和装饰品，应为中原文化影响所致，尚未在其所处的社会中显现出
"显著的重要性"（张光直语），因而难以认为其已进入青铜时代。

　　要之，就目前的认识，整个东亚大陆多地区大致进入青铜时代的时
间，约当公元前 1700 年前后。第一批进入青铜时代的考古学文化，只
有四坝文化、齐家文化晚期、夏家店下层文化和二里头文化。这些最早
的青铜时代文化间的交流关系，还有待于进一步探究。

六　简单的结论

综上所述，东亚大陆公元前 4700 年—前 2300 年之间所出现的零星用铜遗存，应属"原始铜合金"，是古人"利用共生矿冶铜技术的探索实践"的产物，其出现具有偶然性且不能量产，与后来红铜、青铜器的生产存在大时段的冶金史空白。因而，这一阶段应仍属新石器时代的范畴。而由上述观察可知，东亚大陆应不存在以使用红铜器为主要特征的所谓"铜石并用"时代。齐家文化铜器出现的初始阶段、陶寺文化中晚期是否仅使用红铜，还有待于今后的发现。即便它们都有一个以使用红铜器为主的阶段，其延续时间也不过 200～300 年。在多数区域，早期铜器的使用呈现出红铜、砷铜、青铜并存的状况。延续时间短、各种材质的铜器共存，暗寓着用铜遗存出现的非原生性。如多位学者已分析指出的那样，东亚大陆用铜遗存的出现，应与接受外来影响关系密切。至于东亚大陆部分区域进入青铜时代的时间，依据最新的年代学研究，要晚到公元前 1700 年前后了。

礼制遗存与礼乐文化的起源

礼制是中国古代文明的重要内涵，而礼制的核心是等级制度。礼制的有无及其完善程度是社会复杂化程度的重要标志。与体现氏族成员平等观念的原始习俗有本质区别的是，植根于私有制基础上的宗法等级制和与此相适应的一套礼乐制度，所体现的是特权和社会成员间的不平等。礼制即等级名分制度，用以确定上下、尊卑、亲疏、长幼之间的隶属服从关系。举行祭祀、朝聘、宴享等政治性、宗教性活动的建筑物及使用的礼器，是礼制的物化形式，它们既是社会地位的象征，又是用以"明贵贱，辨等列"（《左传·成公二年》），区别贵族内部等级的标志物。我们从考古学上探讨礼制的起源，即主要由礼仪建筑遗存和礼器入手，也即从反映人们社会地位差异的相关遗迹遗物出发，揭示当时社会的等级制度。

20世纪80年代以来，随着一系列重要考古发现的问世，学术界的知识结构不断更新，人们逐渐认识到中国文明具有鲜明的特色，其精髓在于礼乐制度。在10余年前关于中国文明起源问题的讨论中，已有学者指出"礼乐制度与中国古代文明的关系可谓形影相随。应承认它是中国文明固有的特点之一"，"应该把礼乐制度的形成视为中国进入文明时代的一项标志"，而"礼制形成于龙山时代"（高炜 1989）。

龙山时代，一般认为相当于公元前3000—前2000年左右（严文明先生将龙山时代界定于公元前2600—前2000年之间。后来，其主张将庙底沟二期文化及各区域与其大体同时的诸考古学文化"划归龙山时代的早期"，准此，龙山时代的上限就可上溯至公元前3000年左右）（严文明 1981、1993）。考古材料表明，进入龙山时代，黄河和长江流域若干考古学文化的社会分层已较显著，贫富分化加剧，在聚落形态、建筑规格与品类以及遗物上都有一些令人瞩目的现象出现。这一大的历史时期上承仰韶时代，下接以二里头文化为先导的三代青铜文化，是以礼乐制度为显著特征的华夏文明起源与形成的关键时期，因而成为探索中国古代礼制的起源与早期发展的重要对象。龙山时代之前的仰韶时代，约当新石器时代晚期（苏秉琦 1994B）。伴随着这一时期社会分层现象的出现，某些遗迹遗物或可看作礼仪建筑或礼器的萌芽和前身。但总体上看，这些考古学现象与礼制的形成之间尚有相当的距离。

经对与礼制有关的遗存做初步的梳理，我们认为，礼制遗存有广义和狭义之分。广义的礼器作为社会地位和等级的标志物，其出现应与社会分层大体同时，指那些开始脱离日用品而被赋予了特殊用途和特定意义的器物，它诞生于真正意义上的礼制出现之前，存在于广大地域内的诸多考古学文化中。狭义的礼器则是指与三代礼器群有直接的承袭关系、作为华夏礼乐制度的物化形式的器物。礼仪建筑也大体可做这样的划分，只是它较之礼器更难以辨识。

广义与狭义两种礼制遗存可能还具有进一步的分类学意义，它们似乎代表着以礼乐为分野的两大文化系统。三代礼乐文明的多源性并不意味着它是主次不分的"杂拌"，由物质遗存把握其所具有的精神与制度层面的特质，应是我们研究中一个重要的努力方向，也是解明相关问题的关键所在。在礼制起源问题的研究上，我们不倾向于作一般进化论式的单线追溯。就目前的发现看，狭义的礼制遗存仅见于龙山时代少数几个考古学文化，我们可以据此对三代礼乐文明的主源作深入的探究。

应当承认的是，从考古学材料探究礼制的起源并非易事。任何事物在其肇始期都有发生与初步发展的过程，其质变完成于量变之中，礼制的形成也是一个过程而非一道门槛。因而，对早期礼制遗存的确认具有相当的模糊性。同时，由于没有确凿的文字材料出土，探索中的许多阶段性认识只能属于推论，有待于新的考古发现的检验。

一　礼仪建筑与墓葬的考察

目前与礼仪建筑相关的遗存发现较少，同时缺乏能确切说明其功能与性质的材料，因而对其进行界定有很大的困难。我们可以从两个方面入手对这一问题进行初步的探索。

其一是从发生学的角度看其起源。

从新石器时代开始，黄河流域的住宅建筑形式经历了从半穴居到地面居再到高台居的发展过程（周星 1989）。住宅形式作为社会文化的产物，也一直在显示着社会进步的趋势。至龙山时代乃至其后的三代，在穴居住宅依然存在的同时，出现了突出于地面的高台建筑。高台建筑的出现既与夯筑技术的成熟相关联，又反映着事实上日益扩大的社会分裂。大型夯土高台建筑的建造需要庞大的用工量，又因其首先成为表现礼制的宫殿和宗庙之所在而具有权力象征的意义。这决定了它从诞生之日起就与礼制和文明有着某种内在的联系（许宏 2000）。

其二是循由已知推未知的方法，从可以确认的礼仪建筑来上推这类遗存的渊源。

二里头遗址的大型建筑基址，是目前可以确认的中国最早的与礼制相关的宫庙类建筑，其在遗存类型上表现为大型夯土基址。建筑台基高出地面，系人工夯筑而成，面积达数千至 1 万平方米，体量远远大于一般居住址。土木结构，形制方正规整，封闭式布局，中轴对称。其后的二里岗文化和殷墟文化的大型建筑与其一脉相承。由此可知，中国早期礼仪建筑的考古学载体是大型夯土台基址。

由二里头文化的大型建筑基址上溯，可与其大体前后接续并保存较好的夯土基址，发现于属王湾三期文化的新密市古城寨龙山时代城址中。城址的面积为 17 万余平方米。大型建筑基址的总面积应在 2000 平方米以上（我们认为编号为廊庑基址的 F4，与夯土基址 F1 应为同一座大型建筑的组成部分），夯土基址 F1 的规模与二里头遗址 1、2 号基址的主殿相仿，达 300 余平方米。依发掘报告，其建造和使用年代约当中原龙山文化晚期。

如果进一步追溯夯土和大型建筑这类作为礼制建筑的表现形式的考古学现象的本源，可知最早将夯土用于建造城垣和建筑的，是郑州西山仰韶文化晚期城址。甘肃秦安大地湾仰韶文化晚期的"原始殿堂"，是由前堂、后室和东西两个厢房组成的多间式大型建筑，总面积达 420 平方米左右，应为集会或举行宗教仪式的公共建筑，在结构与功能上或可看作后世礼仪建筑的前身。但到目前为止，我们还没有在包括上述地点在内的黄河中游的遗址中发现高出地面的早期夯土台基址。与二里头遗址相类的高出地面的夯筑台基式建筑，仅见于地势更为低平的长江和黄

新密古城寨城址大型夯土建筑

河下游的良渚文化和山东龙山文化。在余杭良渚遗址群发现的人工营建的莫角山大型台基址，其平面略呈长方形，面积逾 30 万平方米。台基上更筑有 3 个高 4~5 米的土台，此外还发现有总面积不小于 3 万平方米的大型夯土基址。这类遗存已开后世中国大型建筑普遍采用的同类做法的先河。同时应指出的是，良渚文化的衰落时间较早，其与二里头文化之间尚有相当的时间距离，该文化所见夯土基址与三代同类建筑间是否存在源流关系，是否具有相同的性质和功能，都还有待于深入的探究。

良渚莫角山营建场景复原

与古城寨城址大体同时，在黄河中下游龙山时代诸考古学文化中还发现有 10 余处夯土城址（钱耀鹏 2001）。这些城址的面积相差很大，从 1 万平方米至数十万平方米不等，在平面布局上大多较为方正，而与仰韶时代的环壕聚落和城址的圆形规划不同。这一区域的城址形态，成为后世中国夯筑矩形城郭制度的主源。方正的、规模不一的城垣，除了有利于版筑施工这一技术层面的原因及因地制宜的考量外，是否还有礼制的因素蕴含其内，尚无从究明。一个明显的事实是，并非重要的中心聚落都筑城，同时，并非所有的城址都是中心聚落。可以认为，早期城垣的筑建是以实用性即其防御功能为主的，城垣的有无首先取决于需要，即便夏商西周三代王朝的都城，也并非都有城垣（许宏 2000），因此城垣是否具有或具有多少观念上的象征意义，是否属于礼制建筑，都还有待于进一步的探究。同时，在这些城址中，尚很少发现像古城寨那样保存较好、可能与礼制有关的大型建筑，这也影响了我们对城址的性质与功能的准确把握。

至于龙山时代内蒙古中南部和长江中游的城址，则分别为石砌和堆筑，且形制均不甚规整，受这些地区社会复杂化程度的制约，其功能和性质同中原地区的夯土版筑城址当不可同日而语。这类夯土遗存富于地方特色，它具有什么样的礼制意义还有待于进一步究明。可以肯定的是，"各地城址在当地社会运作中所发挥的作用与方式不尽相同，最终它们在对中国文明之形成的贡献程度和方式上也有各种各样的差别。"（赵辉等 2002）

在三代，礼制的一个重要组成部分是丧葬礼，古人"事死如事生"，作为丧葬礼的重要物化形式的墓葬本身也应属礼仪遗存的范畴。三代贵族葬制的主要特征是：长方形竖穴土圹；以单人仰身直肢葬为主；葬具采用棺椁；以成套的礼乐器随葬；有明显的等级差别存在，墓葬规模、棺椁的有无和复杂程度以及随葬品的种类和数量与墓主身份成正比。其渊源也可上溯至龙山时代。

长方形竖穴土圹的墓葬形制，和单人仰身直肢的埋葬习俗都可上溯至新石器时代前期，且被普遍采用，因而不具有标示等级身份的意义。在仰韶时代以仰韶文化为主的诸文化类型中，尚多见多人二次合葬墓，共同随葬一套或两三套器物；单人墓中墓葬的规模大体相同，随葬品以日用陶器为主，或有生产工具和装饰品，其种类和数量并无显著的差别。从半坡类型的埋葬制度，还可知当时妇女占有的财产一般多于男子，说明其地位尚高于男性（苏秉琦 1994B）。但地区与文化类型间仍存在发展的不平衡性。其中大汶口文化早期墓的分化程度就较高，个别墓葬的墓坑面积已超过 8 平方米，随葬器物逾百件，应已出现了贫富分化与社会地位分化的现象。

仰韶文化后期遗存中很少发现墓葬，其葬制的具体情况尚不甚清楚。与其大体同时的大汶口文化、凌家滩文化等，则在同一墓地内的墓葬之间以及不同墓地之间开始出现分化现象，墓葬的规模、葬具和随葬品的种类数量都有明显差异。最典型的是作为所在文化中心遗址的大汶口墓地和凌家滩墓地的发现。与大汶口墓地以随葬日用陶器为主的作风相异，地处江淮地区的凌家滩墓地则以随葬富于特色的大宗玉器为主，但二者都随葬有为数不少的生产工具。总体上看，这一时期的随葬制度中有以量取胜的倾向；各文化类型中随葬品的种类较为繁杂，具有浓厚的地方特色；与后世礼器相关的遗物数量较少且零散出现，尚未形成稳定的组合。

在中原仰韶文化前期的墓葬中已偶见用木板拼成的葬具的痕迹，如宝鸡北首岭和西安半坡所见。大汶口文化中期的墓葬中出现了长方框形、盒形或井字形的木质葬具，或可称其为"原始木棺"或"原始木椁"，如泰安大汶口和诸城呈子所见。这类葬具均见于墓葬规模较大、随葬品较多的墓中。但这一时期尚未出现具有双重结构的棺椁葬具。

进入龙山时代早期，在葬制的发展上走在前列的仍属大汶口文化（晚期）以及与其大体同时的良渚文化。

大汶口文化晚期阶段最大的墓葬的面积已达 14 平方米，有木质朱绘葬具（大汶口 M10）；在棺或椁外的二层台上随葬珍品的厚葬之风日益盛行，墓中出有制作精美的玉器、骨牙雕筒、鳄鱼皮鼓（鼍鼓）、白陶器及大量陶器和各类装饰品等，其中包括若干非实用器，有些已属礼器的范畴。与其形成鲜明对比的是，占总墓数绝大部分的小型墓全无葬

章丘焦家大汶口文化两椁
一棺墓

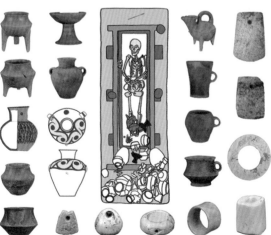

章丘焦家大汶口文化墓葬
及随葬品

具，随葬品极少甚至空无一物。棺椁齐备的墓葬也始见于此期的大中型墓，如邹县野店。可见初具形态的棺椁与贫富分化和等级制几乎是同时发生的，一出现便成为等级的标志物（高炜 1989）。同时，这一时期已出现了不同等级的墓葬相对集中，有规律排列的现象。

良渚文化已发现的大型墓葬都建在人工堆筑的高土台上。这些高台墓地相对独立，一般不与小墓混在，高台本身也是祭坛，兼具祭祀和埋葬权贵的双重功能（杜金鹏 1997）。大墓墓圹的面积在 5~9 平方米不等，有木棺类葬具，有的还带有朱绘痕迹。木棺多以独木刳成，富于地方特色。墓中都有丰富的随葬品，而以琮、璧、钺或璜、冠状饰等礼玉及各种佩玉为主，一般在百件以上。同时还发现有大量葬于平地墓地的小墓，其随葬品以陶器为主，或有石钺及小件饰品等，有的全无遗物（陆建方 1996）。

凌家滩文化和良渚文化的贵族墓地系人工营建，注重祭祀功能，随葬品以玉器为主，墓葬间的差别主要显现于随葬玉器的种类与数量上，而墓葬规模和葬具似乎并非葬制上等级划分的重要指标。这些特征，都与前述三代的埋葬制度有较大的差别。

至龙山时代后期，墓葬上显现的等级分化进一步加剧，以海岱龙山文化和陶寺文化的葬制发展最引人注目。

海岱龙山文化已发现的数百座墓葬的绝大多数为中小型墓，大型墓则仅在临朐西朱封和泗水尹家城两遗址发现了数座。这类墓葬的面积达10~30 平方米。葬具为一椁一棺或重椁一棺，有的还使用彩绘边箱和脚箱，表明木椁墓的形制至此已臻成熟。这类墓葬一般有丰富的随葬品，包括以白陶鬶和蛋壳黑陶高柄杯为中心的成套精美的陶器和各类玉器，并有猪下颌骨等。个别规模较大的墓还发现有鳄鱼骨板，一般认为属鼍鼓的残迹。

这种葬制上的等列关系在地处晋西南的陶寺文化中表现得更为清晰。在襄汾陶寺墓地已发掘的数百座陶寺文化早期墓葬中，大、中、小墓种类齐全。大型墓仅发现 6 座，约占 1%。这类墓的面积最大达 8 平方米以上（最近发掘的一座陶寺文化中期大墓的面积逾 18 平方米），使用朱绘木棺，铺撒朱砂。值得注意的是，其葬具的复杂程度逊于海岱龙山文化所见。随葬品可达一二百件，包括由彩绘（漆）木器、彩绘陶器及玉石器组成的成组家具、炊器、食器、酒器、盛贮器、武器、工具、乐器和装饰品以及牲体等，随葬的礼乐器中又以蟠龙纹陶盘、鼍鼓和特磬最为引人注目。中型墓占总数的 10% 左右，也使用木棺，随葬品则等而下之。而无葬具和随葬品，或仅有一两件遗物的小墓则占总数的 80%以上。各类墓葬数量上的这种金字塔式的比例关系，应是当时已出现严重分化的等级制社会结构的真实反映。

综上可知，大汶口—海岱龙山文化的棺椁制度，大汶口—海岱龙山文化和陶寺文化以食器、酒器和乐器为主的随葬制度以及良渚文化的葬玉制度等，构成三代礼制中葬制的主源。

二　早期礼器的考察

我们已在上一节着重从遗迹的角度对三代礼制中葬制的渊源进行了探讨，而考古学所见礼器则主要出自墓葬，这里再以墓葬的随葬品为中心，对礼器的发生及初期发展作粗浅的分析。

自新石器时代晚期起，以陶器为主的某些器物就有脱离日用品而被赋予某种特殊用途和特定意义的趋势。在原始宗教活动中使用独特而精美的器物的做法，为后来盛行的礼器制度奠定了基础（徐良高 1999）。如前所述，这类器物可称为广义的礼器，不少器物的出现可追溯至龙山时代之前，或见于与华夏礼乐文明无直接承继关系，在其问世之前即退出历史舞台的文化共同体。而狭义的礼器则是指与三代礼器群有直接的承袭关系、作为华夏礼乐制度的物化形式的器物。就目前的考古发现而言，这一意义上的礼器仅可上溯至龙山时代，限于少数几支考古学文化。

从礼器的渊源与功用上看，它大体上可分为两类：一是由日常生活用器衍生而来的器物，在其早期阶段尚未完全脱离实用功能。如陶质酒器、食器，石制工具、武器等。二是非普及的、专用于宗教仪式活动的特殊器类。如乐器和各类玉器，及某些特殊的陶器等。三代礼器群的构成，是以第一类为主体的，以酒器和食器为核心的容器组合是三代礼器群的重要特征，而青铜成为其主要的物质载体；同时，礼器组合中的玉器也是中国早期礼乐文明的一个重要特色。

属于三代前期的二里岗文化的青铜器已有了长足的发展，青铜容器的种类达到 10 种以上。从已发掘的墓葬材料知，二里岗文化偏早阶段的青铜礼器组合有爵、斝、盉、斝、鼎等，而以爵的使用频率最高。二里岗文化青铜器的生产与使用又是全盘继承了二里头文化的青铜文化传统。在二里头文化的中心遗址偃师二里头遗址发现了迄今所知最早的青铜礼器群和最早的铸铜作坊遗址。二里头遗址所出青铜礼器的种类与二里岗文化大致相同，包括爵、盉、斝、斝（？）、鼎，也以作为酒器的爵为主。因属青铜文化的早期阶段，在墓葬中常以陶盉、漆斝与铜爵相匹配。上述两个文化中还都发现了与青铜容器共出的武器类礼器——钺。这些已确知的中国最早的青铜礼器群的材料，是我们探寻礼器渊源的基点。

由始见于二里头文化晚期的青铜礼器群上推，可知在二里头文化早期即已存在形制与组合都相对固定的陶质酒器，即鬶、爵、盉、斝，到晚期还出现了斝。这些器物成组地出土于墓葬中，在若干规模较大的墓中还与青铜器共出，组成完整的组合。它们一般制作精致，形制与青铜器中的同类器有密切的关联，应属早期礼器，有些可能就是青铜礼器的前身。

二里头文化早期所见陶鬶，往往以白陶制成，至晚期为同属温酒器的盉所取代。因此三代的青铜器中已不见其身影。然而早于二里头文化的河南登封王城岗龙山文化遗存，以及新密新砦遗址的新砦期遗存中，分别发现有青铜（或红铜）容器的腹部和流部残片，发掘者推断其为鬶的残片。联系到《西清古鉴》著录的与海岱龙山文化同类陶器酷似的传世铜鬶，有理由相信龙山时代至二里头文化早期阶段是存在着铜质鬶或鬶类器的，"铜鬶无疑比陶鬶更重要，它不是日常用具，而应是一件礼器"（邵望平 1980）。

　　陶鬶最早见于大汶口文化，此后逐渐向海岱地区以外的各地散播，"最终被各地原始文化所吸收、改造，成了'龙山期'诸文化的共同新因素。……这种薄胎、素面，造型奇特，独具一格的袋足器，在中华大地之外的任何地方都不曾发现过。从这一意义上讲，陶鬶也可以作为中华史前文化的一个代表器物。"（高广仁等 1981）陶鬶制作精致，造型独特美观，在功能上又用来盛放当时用以献祭神祖的酒液，因而成为"前铜礼器"（出现于青铜礼器之前的非铜礼器）（白云翔等 1989）群中最重要的一分子。

龙山文化陶鬶　　　　　　　二里头文化陶盉　　　　　　　二里头文化陶鬶

陶鬶的存在意义还不仅限于该器种本身，二里头文化陶礼器群中的其他几种三足酒器爵、盉、斝都应与其有渊源关系（唐兰 1979，邹衡 1980，杜金鹏 1992，吕琪昌 1999）。另一种酒器觚也可溯源至大汶口文化中的同类器。以王湾三期文化为主的中原系统龙山文化则作为近源，是连接二者的纽带。

陶寺文化早期的大、中型墓，展现了晋南地区龙山时代"前铜礼器"群的组合情况。炊事用具有灶、鼎和大型陶斝、俎、刀，食器有大口罐、盆、盘、豆、勺等，酒器有小口折肩罐、高领壶、斝、斗、觚、杯，乐器有鼍鼓、特磬、土鼓（？），权杖或兵器有钺、殳、镞，工具有斧、锛、研磨器等。其中蟠龙纹陶盘、鼍鼓和特磬等重器仅见于数座大型墓。"从随葬品组合的角度看，后来商、周贵族使用的礼、乐器，在公元前第 3 千纪中叶的陶寺早期已初具规模"（高炜 1993）；另一方面，从陶寺文化的总体状况看，其吸纳了广大地域的诸文化类型的文化因素，但分布地域却基本上局限于晋西南一隅，自身文化因素也未能像二里头文化那样作跨地域的播化。随葬品具有浓厚的地方特色，礼器的主体是彩绘（漆）木器和彩绘陶器，礼器组合的特点是种类齐全，数量众多，仍存在以量取胜的倾向，"食器、酒器、乐器、兵器、工具皆成套出现，很难简单地指为'重酒的组合'或'重食的组合'"（高炜 1989）。这与前述二里头文化和二里岗文化以酒器为主的礼器组合存在较大的差异。

作为二里头文化直接源头之一的王湾三期文化，以及其他中原龙山文化系统的考古学文化，目前尚未发现类似的可资比较的考古学材料。

大汶口文化晚期至海岱龙山文化的高级贵族墓，采用棺椁并用的木椁葬具，以犬为牺牲；随葬以鬶和蛋壳黑陶高柄杯为代表的成组酒器、食器，以及鼍鼓、玉钺和鸟形玉饰等。这构成大汶口文化晚期至海岱龙山文化葬制与礼器组合的显著特点。白陶这种由高岭土烧制成的硬质陶，在大汶口文化晚期已作为一个独立的陶系被大量生产，成为高等级墓葬中常见的随葬品。二里头文化至殷墟文化的白陶工艺，很可能即由大汶口—龙山文化系统的白陶工艺发展而来。其他的许多文化因素也为三代中原礼乐文明所承继，成为其礼制的重要组成部分。可以认为，"在文明孕育的过程中，海岱史前文化似乎作出了比其他地区更多更积极的奉献"（高广仁等 1992）。

　　以琮、璧、钺及作为某种偶像头部冠饰的"冠状饰"为主体的玉器组合，显示出太湖地区良渚文化礼器群的突出特点。其中玉钺来源于新石器时代早中期的石斧或石钺，后者以长江下游的薛家岗文化和良渚文化最为多见。新石器时代晚期以来，某些制作精致或朱绘具有神秘色彩图案的石钺已明显失去原来生产工具的性质，而渐变为武器和礼器（傅宪国 1985）。良渚文化大墓中的玉钺有的刻有神人兽面纹及鸟纹，配以精致的嵌玉木柄和玉瑁、玉镦，更应属权杖的性质（张明华 1989）。至于琮、璧，目前从考古学上还难以准确地断定其功用，或认为是敬天祭地的礼器，或认为是通神的法器，财富或权势的象征，等等。可以肯

二里头贵族墓出土的白陶器

龙山文化黑陶高柄杯

定的是，它们均出自大墓和富墓，只属于少数特权阶层所有，是墓主权力和地位的标志。在规格不等的墓葬中，又依其种类、质地、数量的差异，区分贵族内部的不同阶层。琮、璧与商代的同类玉礼器，琮上的兽面纹与商代青铜器上的饕餮纹之间可能存在着密切的关联。有内石钺已开二里头文化和二里岗文化青铜钺的先河。良渚文化的陶礼器的基本组合是鼎、豆、簋、盉、壶、贯耳壶，有的在器壁上镂刻着蟠螭纹、禽鸟纹等纤细而繁缛的图案，富有浓厚的地方特色。

从良渚文化总体上弥漫着浓厚的宗教巫术色彩（赵辉 1999）这一事实出发，我们倾向于赞同"良渚文化的玉琮是一种与人们的原始宗教巫术活动有关的器物"，由宗教法器而成为"统治阶级的象征"（张光直 1986，王巍 1986）的观点。良渚文化之后散见于各地的玉、石琮，包括见于中原龙山文化系统诸文化和二里头文化至殷墟文化者，一般形体矮小，纹饰简化。"这些玉、石琮与良渚文化的玉琮在形制上差别很大，似不应看作与良渚文化有直接关系，也不能确定它们与良渚文化的玉琮是否具有同样的用途。"（王巍 1986）在中原三代文明中，玉质礼器自二里头文化始即不占居礼器群的首要位置，玉质礼器饰品化是三代礼器群的一个重要特征。从这个意义上讲，对良渚文化等盛行"玉殓葬"，以玉为主要礼器的诸考古学文化与三代礼乐文明形成的关系，似不应作过高的估计。从宏观的角度看，自仰韶、龙山时代至周代，随着华夏礼乐文明的发生、确立与初步发展，玉器在人们的精神生活中有一个由"以玉事神"，到"以玉崇礼"再到"以玉比德"的地位逐渐降低的过程。这是三代文明对诸史前文化因素有选择地吸纳扬弃的一个典型例证。

由上述分析可知，陶寺文化、海岱龙山文化和良渚文化等社会发展水平较高的考古学文化墓葬间明确的等级划分，以及上述"前铜礼器"群的存在，说明在上述各地域社会中，作为早期复杂化社会建立社会新秩序的重要支柱，礼制已经出现并趋定型。但总体上看，龙山时代各区域考古学文化的"前铜礼器"的种类、形制和组合各有特色，尚未形成跨地域的统一的定制。这应是诸考古学文化尚处于礼制形成过程的初期阶段的反映。正是这些人类文化共同体的持续竞争与交流影响，奠定了后来华夏礼乐文明的基础。

三　以礼乐为分野的两大文化系统的兴替

近十余年来的考古发现与研究结果表明，仰韶时代与龙山时代间曾发生过重大而深刻的社会变革。就黄河中游及邻境地区而论，仰韶文化晚期至庙底沟二期文化时期，社会在经过了极其繁盛的仰韶文化庙底沟期之后进入了一个大分化、大动荡、大重组的调整阶段。与庙底沟期相比，遗址的数量和分布密度明显下降，各地文化的面貌也从具有极强的一致性转变为富于地方色彩。这些现象暗示着原有的社会秩序遭到破坏（赵辉等 2002）。逮至中原龙山文化阶段（约当公元前 2600 年—前 2000 年），社会在向复杂化演进的过程中又进入了一个新的阶段。综上所述，从考古学上看，真正与礼制相关联的遗迹的出现，可以纳入礼制系统的成组早期礼器的问世，应都是此次社会变革与重组的直接产物，而与前此的社会秩序、行为规范和宗教思想意识似乎仅存在间接的联系。

如果再从宏观上对史前至三代的文化发展态势作总体的把握，似可以礼制遗存及其所反映的社会宗教结构为分野，将诸考古学文化划分为两大系统，进而可知礼乐系统文化的勃兴与非礼乐系统文化的衰微构成了华夏礼乐文明萌芽与肇始期历史发展的主旋律。

与三代礼乐文明在文化内涵上有直接关联的考古学文化，要首推大汶口—海岱龙山文化和中原系统龙山文化。这类文化与后来的二里头文化、二里岗—殷墟文化以及宗周及各封国的礼乐文明一脉相承，或可称为礼乐系统文化。其礼制遗存表现为：存在作为宫殿宗庙的大型夯筑基址、以礼乐器随葬的棺椁大墓等；以酒器、食器等容器构成礼器群主体（漆木、陶、铜礼器）；有磬、鼓、钟等乐器群；玉质礼器逐渐饰品化；少见或罕见具象造型，图案抽象化。就现有考古学材料看，礼乐系统文化可能形成的时间约在龙山时代早期，介于仰韶文化晚期至中原龙山文化之间，及大汶口文化中、晚期之间。礼乐系统文化随时间推移，在空间上先由黄河中下游汇聚至中原，而后随三代王朝的扩张而辐射四围。从这个意义上讲，以中原为中心的黄河中下游是华夏礼乐文明形成的核心地区。

应当指出的是，即便直接参与创建中原礼乐文明的各考古学文化，其贡献也不是等重的，以海岱地区为中心的东方文化在其中起了主导作用。二里头文化和二里岗文化高出地面的台基式建筑、厚葬风习和棺椁制度、以酒器为核心的礼乐器系统以及玉器组合等，都可溯源于东方地区的先行文化。相比之下，地域上处于中原的陶寺文化，就其礼制遗存而言，与二里头文化和二里岗文化的关系反而没有大汶口—海岱龙山文化密切。同时，从已有的考古材料看，二里头文化继承自王湾三期文化的要素，集中于层次较低的日用陶器和小型墓的埋葬习俗等方面。与礼制相关的主体文化因素，大多难以在当地找到明确的源头。在复杂社会中，作为上层建筑和意识形态的物化形式的高等级遗存才代表一个文化的发达程度，更具有区分人们共同体的意义。可以认为，二里岗文化礼制因素的主源应是二里头文化；而二里头文化礼制因素的主源则应是海岱区的大汶口—龙山文化。容易理解的是，这一结论得自考古学文化因素分析的层面，而与族属问题不可混为一谈。大汶口—海岱龙山文化究竟是在什么样的历史背景下，又是以怎样的方式参与到创建中原礼乐文明的过程中来的，确实是值得深入探究的问题。

仰韶时代至龙山时代，还存在着与上述礼乐系统文化有着不同内涵的其他考古学文化，如红山文化、良渚文化、屈家岭—石家河文化等，这些文化或可称为非礼乐系统文化或巫术文化。这类考古学文化的内涵芜杂，并不统一，但有若干共性，存在着广义的礼制遗存。其考古学表现为：存在大型祭祀建筑群、祭坛、积石冢或高台墓地、葬玉大墓等；法器以玉器为主；流行神像、人物、动物等雕塑品，重视觉冲击力；大宗明器性祭品集中分布。其特点是具有巫术色彩的宗教在其社会生活中都占有着极为突出的地位。这类文化的历史可上溯至久远的时代，至仰韶时代得以盛行，此后随着礼乐系统文化的勃兴扩展而逐渐走向衰微。同时，它们又大量吸收礼乐系统文化的因素。至二里头时代及其后，仅见于更远的周边地区，如夏家店下层文化、三星堆文化，以及周代各诸侯国域内及周边的土著文化中。后世的萨满文化，与其或属一系。

礼乐系统文化产生自非礼乐系统文化，也在与同时期的非礼乐系统文化的相互作用与刺激中借鉴了后者的若干文化要素，二者间必然有着千丝万缕的联系；但两大系统考古学文化内涵的明显不同，又昭示了二者在社会总体政治宗教结构上的差异。如果说我们已意识到二里头文化与其先行的文化尤其是上述中原周边地区诸考古文化之间存在着"连续"发展中的"断裂"现象（见本书《"连续"中的断裂——关于中国文明与早期国家形成过程的思考》），那么通过以上分析可以显见，这种"断裂"实际上是上述两大文化系统此兴彼衰这一大的历史现象的真实反映。

仅就一般认为史前时代社会宗教最为发达的红山文化的情况说明之。红山文化祭祀遗址出土的所谓"神像"，"凡能判明性别者均为女性，对女神的尊奉，应是母权制氏族社会精神思想的遗留"（苏秉琦1994B）。而确立并兴盛于三代的礼制，是建立在父权家族制基础之上的，这已成为学界的共识。鉴于此，两者间在宗教信仰与社会发展阶段上的差异不言自明。出土孕妇雕像的砌石建筑、出土女性头像的所谓"女神庙"的半地穴式建筑，都与后世作为礼制建筑的大型夯土高台建筑址大相径庭，看不出其间的传承关系。积石为冢的墓制，也与作为华

牛河梁红山文化"女神"头像及"女神庙"（上）
牛河梁红山文化积石冢及出土玉雕龙（下）

夏文明主流的竖穴土坑棺椁葬制不合。可以肯定的是，红山文化玉器常
见于祭祀遗址，且有不少造型较为复杂者，如猪龙、鸮、勾云形器等，
它们应已不是一般的工艺品，而具有某种特殊的含义。但其中仿生动物
的普遍存在，说明人们的思维方式和宗教意识尚未摆脱动物崇拜的范
畴，其意识形态尚处于较为原始的阶段；玉器中大多为装饰品，而未见
真正的礼仪用器，其中璧形器可能是玉礼器——璧的雏形，但其造型多

样，尚未定型（中国玉器全集编辑委员会 1993）。

有学者在讨论良渚文化的衰落原因时指出，"峰值期的良渚社会是一个宗教色彩极其浓厚的社会，整个社会生活的运作被笼罩在厚重而偏激的宗教气氛里，为此，社会投入了大量非生产性劳动，而这些付出对社会的长期发展显然不会有任何正面效应。"同时，与良渚文化大墓中宗教遗物数量多、比例大、地位突出的现象不同，中原龙山文化系统和海岱龙山文化的大墓，直至商周时期贵族墓葬的随葬制度，更多地表现的是世俗权力的集中和财富的占有，而"带有神权色彩的遗物则甚少"（赵辉 1999）。这大体上适用于对礼乐系统文化和非礼乐系统文化结构性差异的总体把握。

以祖先崇拜为内核、重世俗功利、把宗教置于适当位置的礼乐系统文化，何以能在严酷的社会竞争和人与自然的竞争中脱颖而出，发展壮大，最终成为华夏文明的主流；而巫术色彩极其浓厚的非礼乐系统文化为何在其光灿一时的同时又具有脆弱性和短命的一面，终致社会畸形发展而相继退出历史舞台？两大系统文化兴替的深层原因，今后仍将是学术界需加以深入探究的重要课题。

公元前 2000 年：
中原大变局的考古学观察

一　引言

　　自李济先生 1926 年发掘山西夏县西阴村，两年后中央研究院历史语言研究所发掘河南安阳殷墟，中国考古学参与古史建构的历史已近百年。通观 20 世纪学术界对中国早期文明史的探索历程，由于丰富的文献材料及由此产生的史学传统，这一探索理所当然地以对具体国族、王朝的确认为中心。"证经补史"情结与研究取向，基本上贯穿学术史的始终（见本书《方法论视角下的夏商分界研究》）。

　　在超脱了"证经补史"的理念和话语系统之后，古史建构仍被考古学者引为己任，这里的"史"开始被看作囊括整个社会文化发展进程的大历史。作为兄弟学科的文献史学和考古学，则更多地可以看作建构这一大的历史框架的途径和手段。解读文字诞生前后"文献不足徵"时代的无字地书，进而构建出东亚大陆早期文明史的框架，考古学的作用无可替代，已是不争的事实。考古人参与写史势所必然，但话语系统的转换却并非易事。本文就是这一路向上的一个尝试，试图夹叙夹议地勾画出那个时代的轮廓。

　　只能勾画一个轮廓，这主要是由考古学的学科特点决定的。那就是，考古学的学科特点，决定了其以长时段的、历史与文化发展进程的宏观考察见长，而拙于对精确年代和具体历史事件的把握。受这些特性的影响，考古学角度的叙述与历史时期相比肯定还是粗线条的。由是，可以理解的是，公元前 2000 年这一时间点，上下浮动数十乃至上百年都是可能的。这个绝对年代只是一个约数，考古学观察到的与这个年代相关的现象只是考古学和年代学目前的认识。以耶稣诞辰为计数起点的这个时间整数，本不具备太多的历史意义。在本文中，它只是我们探究中国早期文明进程的一个切入点而已。

话虽如此，它又是一个颇具兴味的切入点。

按古典文献的说法，夏王朝是中国最早的王朝，是破坏了原始民主制的世袭"家天下"的开端。一般认为，夏王朝始建于公元前 21 世纪，"夏商周断代工程"把夏王朝建立的年代估定为公元前 2070 年左右（夏商周断代工程专家组 2000），也有学者推算夏王朝始年不早于公元前 2000 年。总之，在以传世文献为本位的夏王朝始年的推定上，公元前 2000 年是一个便于记忆的年数。

但文献中的这些记述，却不易与具体的考古学现象相对应。到目前为止，学术界还无法在缺乏当时文字材料的情况下，确证尧舜禹乃至夏王朝的真实存在，确认哪类考古学遗存属于这些国族或王朝。狭义的王统的话语系统和视角，也不足以勾勒涵盖这段历史的波澜壮阔。在考古学上，那时仍处于"龙山时代"（根据最新的考古学和年代学研究成果，这一时代的下限或可下延至公元前 1800 年左右，与二里头文化相衔接）（严文明 1981、1993），在公元前 2000 年前后一二百年的时间里，也即在所谓的夏王朝前期，考古学上看不到与传世文献相对应的"王朝气象"。依考古学的观察，这段历史还有重新叙述的必要。

但纷乱中又孕育着新的动向。大体在公元前 2000 年前后，大河以东晋南地区辉煌一时的陶寺文化由盛转衰；几乎与此同时，大河之南的嵩山一带，在"逐鹿中原"的躁动中逐渐显现出区域整合的迹象，新砦集团开始崭露头角。显然，它的崛起，为随后以二里头为先导的中原广域王权国家的飞跃发展奠定了基础。在地缘政治上，地处中原腹地的郑州—洛阳地区成为中原王朝文明的发祥地。

鉴于此，公元前 2000 年，是中原文明史上的一个重要的转捩点。

二　陶寺的兴衰

陶寺遗址鸟瞰

　　地处晋南的陶寺聚落群几乎是其中最小的一群，但其聚落和墓葬形态及所显现的社会结构又是最令人瞩目的。

　　存在了大约 400 年的陶寺文化，被分为早期（公元前 2300—前 2100 年）、中期（公元前 2100—前 2000 年）、晚期（公元前 2000—前 1900 年）三个阶段（何驽 2004）。公元前 2000 年，正值这个社会的中、晚期之交。

考古学资料表明，恰恰在此期，作为该集团权力中心的陶寺聚落充斥着暴力的迹象：

原来的宫殿区被从事石器和骨器加工的普通手工业者所占据。一条倾倒石器、骨器废料的大沟里，30 多个人头骨杂乱重叠，头骨多被砍切；数十个个体的散乱人骨与兽骨混杂在一起；大沟的底部一具 30 多岁的女性颈部扭折，嘴大张呈惊恐状，阴部竟被插入一根牛角。联系到曾高耸于地面的夯土城墙到这时已经废弃，多处被陶寺晚期的遗存所叠压或打破，发掘者推测这里曾发生过大规模人为毁坏建筑的群体报复行为。

包括"王墓"在内的贵族大中型墓，往往都有这个时期的"扰坑"直捣墓坑中央的棺室，扰坑内还有随意抛弃的人头骨、碎骨和玉器等随葬品。这些墓同时被掘又一并回填，掘墓者似乎只为出气而毁墓虐尸，并不全力搜求宝物。

发掘者从日用品的风格分析，延绵数百年的陶寺文化大体是连续发展的。也即，报复者与生前显赫的被报复者，应当属于同一群团，这场破坏活动应是陶寺社会底层对上层的暴力行动，而非外来族群的攻掠。无论如何，它摧毁了陶寺社会的贵族秩序和精英文化，陶寺大邑自此由盛转衰。

在此之前，以陶寺大型城址为中心聚落的陶寺文化聚落群已经历了二三百年的辉煌。其所在的公元前 3 千纪后半，即考古学上的龙山时代晚期，在素有"东亚大两河流域"之称的黄河和长江流域，一座座拔地而起的城圈形成那个时代最显著的人文景观。矗立在黄河两岸的一座座夯土城址，是这一地区迈向文明时代处理人地关系和人际关系的杰作。陶寺文化中期陶寺城址圈围起的面积达 280 万平方米，是黄河流域最大的城址。城墙建筑的用工量所显示的社会动员力，庞大的城区中生活的人口数，都是后续研究的重要课题。

如果我们把视野再放宽些，可知与陶寺所在的晋南隔黄河相望，此后要在中国文明史上大放异彩的中原腹地河南，这时也是城址林立，但与陶寺的气派相比则不可同日而语。最大的城址也仅 30 多万平方米，其他城址的面积则大多仅有 10 余万甚至数万平方米（详后）。与中原相映生辉的海岱（山东）地区，此时最大的城址面积也只有 30 多万平方米（栾丰实 2006）。

城址内已有初步的功能分区。其中陶寺墓地已发掘的上千座墓葬所显现的金字塔式的社会等级结构，已为学界所熟知。占墓葬总数不足 1% 的大墓的随葬品一般都有一二百件，包括由彩绘（漆）木器、彩绘陶器及玉石器组成的各类礼器、生活用具以及以猪为主的牲体，等等。随葬的礼乐器中又以蟠龙纹陶盘、鼍鼓和特磬最引人注目。可知后来商周贵族使用的礼、乐器，有不少在陶寺大邑已经现身。有学者推断陶寺墓地已存在某种约定俗成的、严格按照等级次序使用礼器的规制（高炜 1989）。

但与二里头至殷墟王朝相比，陶寺礼器群又有较显著的特点。首先，这些礼器都不是用青铜来制作的，因此有学者称其为"前铜礼器"（高炜 1989）。其次，礼器组合种类齐全，存在着以量取胜的倾向，这也迥异于与二里头至殷墟王朝以酒器为主的"酒文化"礼器组合。此外，独木船棺、有棺无椁的特殊而简单的葬具，到了早期王朝时期也被复杂的成套棺椁所取代。由于陶寺晚期社会"金字塔"塔尖的折断和贵族传统的中断，中原王朝诞生前后向其汲取养分的程度或许也受到了影响。

陶寺遗址目前已发现了 4 件小铜器。其中，最引人注目的是一件红铜铃和一件含砷的铜容器（盆？）残片。陶寺文化所处的龙山时代，一般认为属"铜石并用时代"（严文明 1984），在时间上正处于以礼容器为特征的中国青铜时代的前夜；空间上，黄河与太行山之间的山西，历来是中原与欧亚大陆内陆交流的重要孔道，而陶寺所处的晋西南，本身就是大中原的组成部分。因此有理由相信，陶寺应该在中原青铜文明的崛起中扮演过重要的角色。

陶寺彩绘蟠龙纹盘

陶寺陶鼓

　　众所周知，在陶寺文化消亡一二百年后，坐落于中原腹地洛阳盆地的二里头都邑，出现了迄今所知东亚地区最早的青铜礼乐器群。以复合陶范铸造青铜礼乐器，成为中国青铜文明的标志性工艺。而陶寺铜铃则是迄今所知年代最早的完整的复合范铜器和第一件金属乐器。红铜铃和铜容器残片的出现，应该为其后青铜礼器群的问世准备了技术条件。

　　但这些铜器是否就是陶寺人的本土产品，学界对此还不能做出明确的回答。从几件铜器的出土环境看，它们都不是贵族墓的随葬品，这似乎表明复合范铸铜技术在出现之初并未被用来制作表现身份地位的礼器，并未在该集团的政治生活中扮演重要的角色。如是，这就与以二里头为先导的早期青铜文明的礼器传统形成鲜明的对比。此外，陶寺也还没有发现相应的铸铜作坊。从简单的比照中，可以看出陶寺铜器的出现，似乎较为突兀，并不是当地社会政治经济发展需求的产物，换言之，这一集团似乎缺乏制造和使用铜器的原动力。鉴于此，陶寺遗址出土的铜器，不排除外地输入或外来工匠在当地生产的可能，它们是否催生出了当地的铜器生产是需进一步探究的问题。

陶寺遗址另一项令人瞩目的发现是朱书陶文，已为学界所熟知，但对这些刻符的释义则异见纷呈。数年前在陶寺遗址建筑区又出土了一件朱书陶扁壶残片，证明陶寺文化晚期扁壶的朱书"文字"并非孤例。

从陶寺遗址的聚落形态上看，尽管社会阶层分化严重，但各等级的墓又都同处于一处墓地，并不见殷墟那样独立的王陵区，甚至几乎所有居民都被囊括进一个大的城圈。这种"全民性"，使我们对陶寺社会的进化程度无法作过高的估计。与早期王朝相比，这些现象或者是原始性的显现，或者是区域和不同族群间文化特征的差异。

陶寺朱书陶文

　　与陶寺城址显现出的庞大气势形成鲜明对比的是，以其为中心的陶寺聚落群的分布范围却并不大。

　　考古调查表明，陶寺文化聚落的分布，基本上限于陶寺遗址所在的临汾盆地。盆地位于汾河下游，迄今已发现上百处同时期的遗址。从面

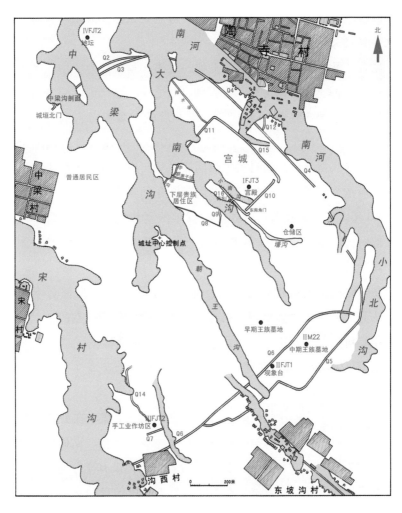

陶寺遗址平面图

积和内涵上看，遗址可以分成不同的等级，形成以陶寺遗址为中心的多层次的聚落群。"从考古发现看，在同时期各区系中，陶寺文化的发展水平最高，但它的覆盖面大致未超出临汾盆地的范围；它同周邻文化的关系，则表现为重吸纳而少放射。若同二里头文化比较，可明显看到陶寺文化的局限性，说明陶寺尚未形成像二里头那样的具全国意义的文化中心。"（高炜 1996）

回顾陶寺遗址的探索历程，我们知道这处大邑的发现本身就是有目的地寻找夏文化的结果。

循着文献提供的线索寻找夏王朝的遗迹，是被誉为"中国考古学之父"的李济博士在晋南考察与发掘的动机之一。中国科学院考古研究所山西工作队于1950—1960年代在晋南开展的大规模考古调查，是"围绕着探索夏文化的学术任务"（高炜 2007）。前述陶寺遗址的重大发现，令学界兴奋不已。当时占主流的假说是二里头和东下冯类型属于商文化，而按当时的碳素测年认识，陶寺文化的年代概算为公元前2500—前1900年。发掘者在前后可摇摆数百年的夏代纪年中，选取了最早的极端值：公元前24世纪—前18世纪。据此认为陶寺中晚期已进入夏纪年，陶寺遗址和墓地很可能就是夏人的遗存（高炜等 1983）。

在陶寺遗址的材料公布不久，即有学者提出了与发掘者不同的认识，认为"陶寺的许多发掘资料与文献中所说的尧舜时期的情况，实在可以相互对照"（李民 1985）。后来，发掘者也接受了"二里头夏文化说"，认为将陶寺集团的族属推断为陶唐氏更为合理（中国社会科学院考古研究所 2003）。

我们注意到，上述假说的提出以及放弃，都是建立在另外的假说及其变化的基础上的。而包括"二里头夏文化说"在内，诸假说都没有当时的"内证性"文字材料的支持，论辩各方也都没有充分的理由彻底否定他方提出的可能性。显然，在当时有足够历史信息的文书类资料出土之前，这一思路的探究注定不可能有实质性的进展。

无论如何，随着陶寺这个高度发达却"不称霸"因而并不"广域"的早期文明退出历史舞台，其所在的大中原区域内的晋南地区数千年来自主发展的历程也宣告终结。从随后的二里头时代起，这一地区开始接受来自大河之南中原腹地的一轮轮文明输出的冲击波，最终被纳入王朝体系。这样的命运，也是东亚大陆众多区域文明化或"被文明化"的一个缩影（见本书《"连续"中的"断裂"——关于中国文明与早期国家形成过程的思考》）。陶寺的文明成就，使其当之无愧地成为那个时代的顶峰和绝响，同时，它的衰落与退出历史舞台也昭示了一个新纪元的到来。

三　嵩山周围的动向

从海拔 500~400 米的陶寺大邑，向东南过黄河，山地丘陵连绵起伏，其间的河谷盆地降至海拔 300~100 米。这就是以中岳嵩山为中心的中原腹地。地处东亚大陆山地高原和平原丘陵区交界处的嵩山一带，属于生态环境边缘地带，这样的区位一般也是文化板块的碰撞交会处。有学者将其称为"嵩山文化圈"（周昆叔等 2005）。高度发达的文明，往往就是这种碰撞交会的结晶。

到了约公元前 2400 年以后的龙山时代晚期，中原腹地的考古学文化一般被称为"王湾三期文化"（严文明 1981）。其下又多以嵩山为界，将嵩山以北以东的郑洛地区及山南的颍、汝河流域有地域差别的文化分为两大类型，称为"王湾类型"和"煤山类型"（或"王城岗类型"、"郝家台类型"）（韩建业等 1997，董琦 2000，河南省文物研究所 1994）。有的学者甚至认为嵩山南北两大文化板块的差异，已到了可以划分为两大考古学文化的程度（冰白 1999，王立新 2006）。饶有兴味的是，这种考古学本位的、基于文化面貌的划分方案，恰好与中原腹地黄河水系和淮河水系的划分是一致的。

一般认为，嵩山南北这两个区域集团文化面貌上的最大不同在于炊器。即山北山东的王湾类型以深腹罐为主同时有鬲，而山南的煤山类型则以鼎为主。从接受周边地区不同文化影响的程度上，也能看出嵩山南北两大文化类型的地域差别。

总体上看，龙山时代中原腹地接受的周边地区文化因素可以分为三大类，即泛东方文化系统（含主要分布于豫北、豫东及更东的后岗二期文化、造律台文化或称王油坊类型，以及海岱龙山文化）、南方文化系统（主要是长江中游的石家河文化）和泛西北文化系统（含晋陕高原的各支龙山文化和甘青地区的齐家文化）（张海 2007）。从考古学现象上，可以窥见周边地区的人群通过不同的途径施加各自的影响，从而参与到"逐鹿中原"的过程中来。

考古学文化和类型的划分当然是一种极粗线条的归纳和概括。从聚落形态的角度，还可以观察到分布于众多小流域和盆地中一簇簇的聚落群，显然是众多既相对独立又相互联系的小集团的遗存。它们大致以各自所在的地理单元为区隔。各聚落群都由一处较大的聚落和若干中型、大量小型聚落组成。

在嵩山东南的豫中地区，以嵩山、伏牛山和黄河故道相隔，是淮河水系的颍河、双洎河和沙河、汝河流域，这一带共发现 300 余处龙山文化遗址。其中错落分布着 20 余处大中型聚落，应是各小区域的中心聚落。这些中心聚落中又有 6 处围以夯土墙或壕沟。每个聚落群都由一、二级中心聚落（面积在 10 万~20 万平方米以上）和若干小型聚落（面积在数千至数万平方米）组成。所有中心聚落都位于河流附近，它们之间的距离在 25~63 公里之间，平均距离 40 公里，平均控制区域面积 1200 多平方公里。聚落群之间往往有遗址分布稀疏的地带，表明这些共存的政治实体似乎有一定的疆域限制。大致等距分布的中心聚落和防御性设施的存在，显示这些政治实体具有分散性和竞争性（刘莉

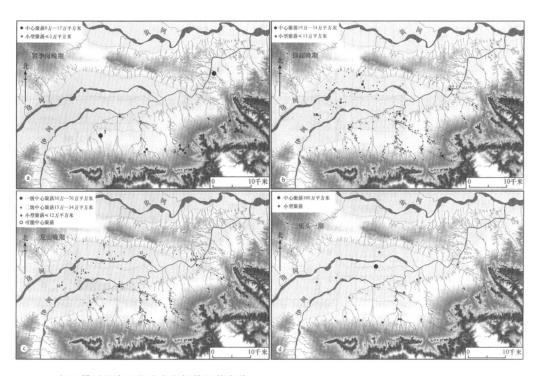

新石器时代洛阳盆地中东部的聚落态势

2007)。

　　嵩山西北的洛阳盆地及周边区域的聚落状况，也由于 21 世纪以来开展的区域系统调查而不断明晰起来。研究者将盆地中东部区域系统调查区域内发现的 95 处龙山文化遗址分为 3 群，即邙山聚落群、嵩山聚落群以及夹河平原聚落群。各群分别包括 19 处、61 处和 15 处龙山文化时期的聚落，最大的遗址面积达 60 余万平方米，而 1 万~20 万平方米的中小型遗址占半数以上。各聚落群之间在大中小型聚落比例、聚落结构和分化态势等方面都有较明显的差别（中国社会科学院考古研究所二里头工作队 2005，张海 2007)。位于嵩山北麓、伊洛河下游支流的坞罗河和干沟河流域，也显现出与洛阳盆地中"嵩山聚落群"相近的聚落

结构。坞罗河流域龙山文化时期出现 20 万平方米以上的大型聚落引人
注目（陈星灿等 2003）。

　　总体上看，龙山时代晚期阶段以各小流域为单元的聚落群广泛分布
于中原各地，它们多为一个中心聚落所控制，内部等级分化明显，从而
形成了一种"邦国林立"的局面。考古学文化谱系的研究表明，这些聚
落群分别拥有不同的文化背景和传统，而大量的杀殉现象、武器的增多
和一系列城址的发现（详后）又表明它们之间存在着紧张的关系，冲突
频繁地发生。正是在这一过程中，区域间的交流和融合也不断得以加
强，并最终促成了二里头广域王权国家的形成。

　　在林林总总的中原大小聚落群中，最令人瞩目的要算是迄今已发现
的十几座城址了。这类围以夯土城墙的聚落，其军事防御色彩无可置
疑，即它的主要功能是防人，充分显现了地区局势的紧张。功能问题较
为复杂，"如果遗址面积也是衡量居住其中的集体实力的一个指标的话，
各城址的情况也不一致"，因此，"将这些城址一概而论是危险的"（赵
辉等 2002）。

　　这些城址究竟是群团内部"阶级斗争"，还是大敌当前一致对外的
产物？如系后者，所谓外敌，究竟是中原集团内部邻人聚落、聚落群或
更大的集团，还是中原文化区以外的另一系统的大集团？围绕这类问
题，有多种假说。

　　其中之一可以概括为大集团间或文化间冲突说。该说针对龙山时代
晚期中原城址大体由北向南蜿蜒分布于中原地区东缘，主要存在时间集
中在公元前 2100 年—前 2000 年前后，城址的出土遗物中较集中地出现
了海岱龙山文化和江汉地区石家河文化因素的现象，认为出于抵御来自
其他集团尤其是东夷集团侵袭的考虑，正在崛起的华夏集团的东部一带
一定区域内的中心聚落或重要聚落筑城自卫，或许就是上述城址大体同
时出现的具体背景，应与夏代早期的夷夏交争相关联（魏兴涛 2010）。

　　但问题仍较复杂。首先，"共时性"的确认就很困难。由于考古学

上的一期可逾百年甚至更长时间，所以同属一期的遗存并不一定具有"共时性"。这些使用期短暂的城址，究竟是否同时存在过，颇难敲定。随着年代学的长足进展，仰韶—龙山时代遗存的碳素测定年代有趋晚趋短的倾向，既往的推定与最新的数据可以相差 200 年左右。种种因素的限制，使得各城址的标本采取和测定难以统一实施，从而放到同一平台上来比较。

登封王城岗遗址发掘主持人方燕明研究员，就排定其中 4 座城址使用时期的相对顺序（方燕明 2009）如下：

王城岗小城（2165—2077.5BC，两个数据取中间值，下同）

→王城岗大城（2102.5—1860BC）

→瓦店（2105—1755BC）

→古城寨（2017.5—1997BC）

→新砦（1870—1720BC）

至于郾城郝家台城址，则较王城岗还要早些，殆无异议。

另外，尽管遍布中原各地的聚落群在日用陶器等方面有若干共性，但同时又表现出很强的地域性。尤其值得注意的是，这一时期在整个中原地区并没有发现超大规模的、具有跨区域影响力的中心聚落，没有显著的区域整合的迹象。由是，也就难以想象整个中原集团在其东部"边境"一带会组织起统一有效的防御系统。

已有学者指出没有发现城邑的洛阳盆地，其社会分化程度也不似嵩山东南的颍河中上游高。后者的聚落群在龙山文化晚期时规模急剧扩大，而其他地区则基本保持稳定。从仰韶时代到二里头时代，"中原腹地区域聚落群的发展重心逐步由洛河中游地区、颍河中上游地区等中原的'边缘'区域转移到作为中原腹地中心的洛阳盆地"（张海 2007）。的确，二里头都邑在洛阳盆地的出现具有突发性，缺乏源自当地的聚落发展的基础，应当不是洛阳盆地龙山文化社会自然发展的结果（见本书《"连续"中的"断裂"——关于中国文明与早期国家形成过程的思考》）。

也就是说，如果把城址集中出现的中原东部地区看作一个大集团的"前线"，那么其后方的中原腹地的中心区域迄今并没有发现一个足以统御全境并必须拼死保卫的中心。

上述城址的忽兴忽废，一般被解读为当时各聚落群背后的集团之间军事冲突的存在。城址的存在时间都很短，与山东、长江中下游史前城址多长期沿用的状况有很大的不同。不少学者认为，这种现象的存在反映了各集团之间矛盾的激化和战争的频繁，表明这一时期社会处于急剧的动荡状态。

赵辉教授的解读是，"危险首先出现在规模和城址相当乃至更大，且内部结构大致相同、却无城垣建筑的附近村落之间的可能性甚大，而未必从一开始就来自距离更远的集团。只是随着在一系列冲突中某个聚落，譬如平粮台或古城寨最终取得了在整个聚落群中的支配地位后，越来越多的紧张关系才逐渐转移到更大的群体之间来了。这似乎是目前资料所见有关中原早期国家形成的方式。"（赵辉等 2002）

四　王城岗·瓦店·古城寨

嵩山东、南麓集中出现的城邑，以颍河中上游的王城岗、瓦店和双洎河流域的古城寨最具代表性。一叶知秋，我们不妨来剖析一下这三座城邑。

位于颍河上游的登封王城岗遗址，最先发现的城垣建筑是遗址东北边缘的两座小型城堡。两座小城东西并列，西城保存较好，面积不足 1 万平方米，东城大部分被河流冲毁。进入 21 世纪以来，又发现了面积超过 30 万平方米的大型城址，确认大城是在小城废毁后建成的。大城城墙外有壕沟，城圈基本上圈围起了龙山时代的整个遗址。据分析，小城之西城先是被作为仓窖区使用，后又改建为大型夯土建筑区并修筑了城墙。但不久，随着大城的兴建，大型建筑区可能移到大城以内，小城西城又重新作为仓窖区使用，直到龙山文化最末期（张海 2007）。

除了大型夯土建筑的线索，王城岗的小城和大城内都发现了若干"奠基坑"。这些"奠基坑"系将废弃的灰坑用夯土填实，西城不足 1 万平方米的小城内，曾发现埋有人骨的奠基坑 13 座，坑内人数不一。一个奠基坑的夯土层内有 7 具完整的人骨架，显然系非正常死亡。有的坑中则埋有被肢解下来的人头骨、肢骨或盆骨。这些死者中既有成年男女，又有儿童，很可能是在集团冲突中掳掠来的战俘。

在王城岗遗址小城之西城内的灰坑中发现了一片青铜器残片。该灰坑的时代属王城岗龙山文化晚期（第四期），绝对年代为公元前 2050—前 1994 年之间（夏商周断代工程专家组 2000）。铜片只有五六厘米见方，发掘者比照王城岗出土龙山文化陶鬶的形制，推测应为铜鬶的腹与袋状足的残片。经冶金史专家分析检测，可知该铜片系由锡铅青铜铸造而成。

夏鼐（左一）在标本室观看标本

1977 年，考古学家夏鼐（左五）在王城岗遗址考察

此外，王城岗遗址还出土有玉器（琮等）、绿松石器和白陶器等特殊的手工业制品。这些仅见于大中型聚落的高等级器物，由于原料不易获得或制作技术复杂，其生产、流通和使用应为社会上层所垄断。

王城岗遗址所处的颍河上游的登封盆地，迄今已发现了 12 处与其同时期的遗址，构成一个小聚落群，大中小型聚落呈金字塔式分布，其中 1 万平方米以下的聚落占绝大多数。因此，规模较大、规格较高的王城岗遗址属于一定区域内的中心聚落是没有问题的，问题在于它究竟是多大地域内的中心。

这一带历来是盛产传说的地方。由于附近发现了战国时代的阳城遗址，学界从王城岗小城堡一发现，就开始把它和"禹都阳城"或大禹之父"鲧作城"挂上了钩。发掘者最新的解读是，王城岗小城有可能为"鲧作城"，而大城才是"禹都阳城"。考古与上古史探索就是这样经历着发现——推想、再发现——再推想的过程。

据发掘者模拟实验和估算的结果，如调动 1000 人以当时的生产工

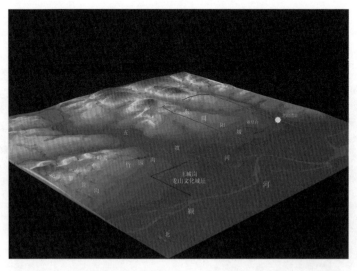

王城岗与战国阳城（西南→东北）

具完成王城岗城墙的修建，需要 1 年零 2 个月的时间。如果根据当地现代农村的经验，按照一个村落能够常年提供 50~100 个青壮年劳力计算，要 1 年完成这个工程，需要征集 10~20 个聚落的劳力。这与前述田野调查发现的登封地区龙山文化晚期聚落的数量基本符合。很可能王城岗城址的建设工程，是动员了以王城岗为中心的整个聚落群的力量来共同完成的。

这说明，即便像王城岗这样面积达 30 余万平方米的大邑，其筑城工程也只需十几个聚落组成的小聚落集团即可完成。因此，认为这类城邑如不具有广大地域的社会动员能力则无以为之的推论，以及由此断定它们应属夏王朝都城的思路，都有重新审视的必要。

如果我们把视野放宽到整个颍河中上游，就会对王城岗这类中心聚落的定位有更清晰的认识。

颍河中上游谷地以海拔 200 米等高线为界，可以分为登封和禹州两个自然区域，河流落差在禹州地段急剧变缓。由上游的王城岗顺河而下，就是地处中游的另一处大邑——禹州瓦店遗址，二者的直线距离约 37.6 公里。

从两个聚落群所处的自然环境看，登封盆地地势局促，水流落差大，可耕地范围相对狭小，但丰富的动植物和石料资源都处于聚落群的可控范围内。而禹州境内河道宽阔，地形呈半开放状态，可耕地相对较多。但与登封聚落群相比，某些资源尤其是日用石器的石料资源获取需花费更多的时间和劳力，因此聚落群内外的交流都较密切，整个聚落群的发展趋于开放。

以瓦店遗址为中心的禹州聚落群，目前共发现同时期的遗址 14 处，基本上沿河分布。中型聚落的规模较大，比例也高于以王城岗遗址为中心的登封聚落群。研究表明，这一时期的登封聚落群与禹州聚落群的文化面貌存在差异。总体上看，登封聚落群基本不见外来文化因素，而禹州聚落群，除了本地的王湾三期文化因素之外，还掺杂了大量来自东方海岱龙山文化和南方文化石家河文化的因素。

最新的考古收获表明，瓦店遗址所在的两个台地都有环壕连接颍河形成封闭的空间，面积分别在 40 万、50 万平方米（前者年代已确认，后者不晚于汉代），整个遗址的总面积超过 100 万平方米。

瓦店遗址的文化内涵也颇令人瞩目。遗址西北台地有由数条围沟组成的回字形大型夯土建筑，每边约 30 米，建筑基址或沟内发现了数具用于奠基或祭祀的身首分离的人牲遗骸和动物骨骼。另有长方形和圆形夯土建筑，建筑基址的铺垫层中也发现了人头骨。发掘者推测应是与祭祀活动有关的遗迹。东南台地灰坑和一般房基较多，出土了大量器物，两个台地可能存在着功能上的差别。

聚落中已用牛和羊的肩胛骨作为占卜用器。出土的玉器则有铲、璧和鸟形器等。玉鸟形器与长江中游石家河文化流行的"鹰首玉笄"相类，二者间应有交流关系。已发现的玉料中也有非本地出产者，或系由外地输入。遗址中出土的以觚、壶、杯、盉、鬶为代表的精制磨光黑陶、蛋壳陶和白陶酒器，一般认为应属贵族用礼器。形制相近、大小不

禹州瓦店王湾三期文化"列觚"

同的一组磨光黑灰陶瓾形器，被称为"列瓾"，学者们认为可能是测定容积的量器（北京大学考古文博学院等 2007）。

从年代学研究成果看，王城岗和瓦店两个聚落的兴盛期大体一致，已如前述。总体上看，瓦店遗址的"级别"似乎不在王城岗之下，至少二者在社会集团中是同一个等次的。王城岗从属于瓦店，以及二者相互对峙的可能性也不能排除。

禹州也是一处盛产关于夏传说的地方。尽管把"禹都阳翟"、禹之子"夏启有钧台之享"落实到禹州一带的说法，最早见于 2000 多年之后的东汉至西晋时期（《汉书·地理志》班固自注，杜预《春秋左氏经传集解》等），仍不妨碍人们把瓦店遗址与"禹都阳翟"等联系起来的历史复原热情。但从考古学上看，"各聚落群之间的相对独立性和相互抗衡性，以及各种迹象所体现出的暴力冲突现象的存在，似乎表明当时的嵩山南北尚没有形成一个统一的政治秩序，以规范和协调各部族之间的行为。"（王立新 2006）这也正是我们认为王朝诞生传说地并无王朝气象的缘由之所在。

王城岗和瓦店两座城邑，一般被归为王湾三期文化的"煤山类型"，新密古城寨则属于考古学上的"王湾类型"。

新密古城寨夯土城墙断面

古城寨城址平面呈长方形，除了西城墙被河流冲毁外，其余三面城墙保存完好，城墙最高处距现地表尚存 16 米余。城墙用小版筑法错缝垒砌，故墙基宽达 40 多米甚至更宽。其城址面积有 17 万平方米多，而城内可使用的面积仅 11 万多平方米。

城址南北两墙的中部偏西有相对的两个缺口，可能是龙山时代当时的城门，东墙则一线贯通，不设城门。城外有护城河，引城西河水流入。城北和城东还有人居住活动，城内外是否有功能分区上的意义，居民是否有身份差别，都有待探究。整个遗址的面积近 30 万平方米。

城中部略偏东北，已发掘出一处大型夯土建筑基址。基址坐西朝东，南、北、东三面都有回廊，总面积应在 2000 平方米以上。其主殿的规模与二里头遗址 1、2 号基址的主殿相仿，达 300 余平方米。这是目前发现的最明确的二里头大型宫殿基址的"前身"。城内出土的陶器大多形制规范，做工精细，还出现了施釉陶器，另外还发现有卜骨、玉

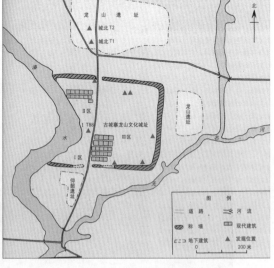

新密古城寨龙山时代城址

环和刻符陶器等。

这一带有关于黄帝的传说，所以古城寨一经发现即分别被指认为黄帝轩辕丘或"祝融之墟"，或黄帝集团中大隗氏的居所等，不一而足。因其仅早于新砦和二里头，考古学者推定其与王城岗、瓦店、新砦一道，属于"进入夏纪年的夏代早期重要城址之一"（方燕明 2009）。

从聚落形态上看，与王城岗相距约 40 公里的古城寨城址，周围也分布着 10 余处同时期的聚落。王城岗、瓦店和古城寨三座设防聚落均居于其所属聚落集团的中心位置，以它们为中心形成的三个聚落集团之间，都有较为明显的空白区域作为隔离地带。据分析，至少王城岗和古城寨两个聚落集团是东西对峙的（李宏飞 2011）。

五　新砦的发轫

在王城岗、瓦店、古城寨三座大型聚落相继衰落甚至废毁的同时，距离古城寨仅 7.5 公里之遥的新砦大邑兴盛起来，成为涵盖三个聚落集团在内的更大范围的中心聚落。

新砦之所以重要，首先是它的时空位置。从时代上看，它初兴于龙山时代末期，兴盛于向二里头时代过渡的所谓"新砦期"，这两个阶段供参考的绝对年代分别是公元前 2050—前 1900 年、公元前 1850—前 1750 年。

在群雄竞起的龙山时代末期，曾经光灿一时的各区域文化先后走向衰败或停滞，与其后高度繁荣的二里头文化形成了较为强烈的反差。我们称其为中国早期文明"连续"发展过程中的"断裂"现象（见本书《"连续"中的"断裂"——关于中国文明与早期国家形成过程的思考》）。我们注意到，这一"断裂"现象在嵩山周围虽也存在但不甚明显，二里头文化恰恰是在这一地区孕育发展，最后以全新的面貌横空出世，成为中国历史上最早出现的核心文化。身处这一演进过程中的新砦大邑及以其为代表的"新砦类遗存"，以及它们背后的新砦集团（不少学者认为应是早期夏文化），无疑是解开二里头文化崛起之谜的一把钥匙。一个送走了风云激荡的龙山时代并孕育着此后辉煌的二里头时代的存在，其意义当然非同小可。

其次，其地位之重要还在于这一大邑的规格和内涵。70 万平方米的设防聚落规模，在龙山时代末期的中原腹地独一无二。大概到了"新砦期"，三面临河的、半岛状的聚落北缘又有人工开挖的壕沟连通河流和自然冲沟，形成面积达 100 万平方米的封闭空间。外壕内有中壕，中壕内地势较高的西南部又有内壕，圈围起约 6 万平方米的封闭空间，应是聚落的中心区。这一区域分布有大型建筑，发现了铜容器残片、刻纹酷似二里头绿松石龙首图案的陶器盖等重要遗物，令人瞩目。

我们把与新砦遗址"新砦期"遗存相类的一群遗存称为"新砦类遗存"。这类遗存空间分布范围并不大，一般认为主要分布于嵩山周围尤其是嵩山地区的东半部（赵春青 2006）。这样一个龙山文化汪洋大海中的"异质斑块"，却是处于整个东亚大陆文化发展低潮期的中原文明，接续既有文化传统和生发新的文明因素的重要纽带。

它的文化特征虽有一定的个性，但更让人感觉是龙山文化因素、二里头文化因素以及形形色色或多或少的外来因素的汇聚。有的学者强调这类遗存在中原地域社会巨变中的整合作用："所谓的新砦期遗存，正是煤山文化与王湾三期文化二者大规模整合阶段的遗存"（王立新 2006）；有的学者注重这类遗存的外来色彩，认为其"主要是在继承本地王湾三期文化（即龙山文化晚期遗存）的基础上，大量吸收了泛东方文化系统的因素和部分泛西北文化系统和南方文化系统的因素而发展起来的"（张海 2007）；有的则指出"正是来自（东方文化系统的）造律台和后岗二期的传统文化因素，才引起了新砦期在王湾三期文化基础上的兴起"（赵春青 2006）。

比较一下新砦与既往龙山城邑的聚落形态，差异立现。首先，在大河以南的中原腹地，100 万平方米的大型聚落还是首次登场。其次，它抛却了像淮阳平粮台、新密古城寨那样方正的城垣规制，而以并不规则的壕沟连通自然河道、冲沟形成防御体系。其中中壕内缘的若干处地点还发现了宽 10 米左右的带状夯土遗存，发掘者推定为城墙。但从夯土全部位于沟内，远远低于当时的地面，夯层多向外倾斜的情况看，这应是为防止壕沟壁坍塌所实施的加固处理措施（许宏 2005，张海 2007）。迄今为止，还没有证据表明新砦遗址有高出地面的城墙存在。就现有的材料看，当时的新砦遗址应是一处大型环壕聚落。

无独有偶，"新砦类遗存"的另一处重要聚落巩义花地嘴，也有内外两重（四条）环壕，与伊洛河及其支流共同构成防御体系。这类多重防御设施划分出的多重空间，一般被解读为"同一聚落内不同安全等级的空间区域"，居住在不同区域的"社会成员很可能分别具有不同的社会等级地位，聚落内部的分化较为明显"，当然也有可能"不同壕沟之间为聚落不同性质的功能区划"（张海 2007）。

已有学者指出二里头广域王权国家流行以环壕作为聚落的主要防御设施，与龙山时代城址林立的局面形成了极大的反差。这一传统最早见于新砦遗址，而追根溯源的话，瓦店遗址应是该传统的最初来源（李宏飞 2011）。

新砦聚落内壕以内发现的所谓"大型建筑"，实际上是一处长条形的浅穴式露天活动场所，现存长度近百米，宽 10 余米。类似的浅穴式遗迹在二里头遗址宫殿区以北的祭祀遗存区也曾有发现，只是规模较小。两处遗址的发掘者都推测这类建筑很可能就是《礼记》、《尚书》等书中所载"墠"或"坎"之类的祭祀活动场所（中国社会科学院考古研究所 2003）。

新砦聚落的发掘与研究还刚刚起步，像古城寨和二里头那样高出地面、显现政治威势的大型宫室类夯土建筑尚未发现，已揭露的新砦浅穴

新砦"大型浅穴式建筑"鸟瞰

式建筑并不是这一系统中的链条之一。因此，认为其"面积比二里头遗址1号宫殿的殿堂还要大，很可能是一座宗庙建筑"，并据此推测"新砦城址很可能就是夏启之居所在地"的观点（赵春青 2004），还缺乏考古学材料的支持。

无论如何，关于"新砦类遗存"学界还是取得了不少共识。它们包括：嵩山南北两大集团开始整合，外来因素进一步渗透，文化进一步杂交，新砦开始独大。如果说二里头是"最早的中国"——东亚大陆最早出现的核心文化和广域王权国家（许宏 2009），那么新砦显然已是曙光初现。可以说，新砦大型设防聚落的出现，破坏了龙山晚期地域集团共存的旧秩序，给数百年来中原地区城邑林立的争斗史画上了一个句号。

前已述及1980年代在王城岗遗址发现了一片可能为青铜容器的残片。龙山时代能够铸造出铜容器，还是超出了当时学界的认知范围。在此后很长一段时间里也没有龙山时代的铜容器哪怕是残片出土。但多数学者认为，王城岗出土铜器残片是中原地区迄今发现最早的用复合范法铸造的容器之一，"它不可能是青铜铸造业刚刚产生时期的制品，而是青铜铸造业经过了一段长时间的发展后，趋于成熟的标志"（朱凤瀚 2009）。

直到20年后的2000年，新砦遗址又有了新的发现。在内壕以内的"新砦期"地层中，发现了一件残长8厘米多的铜片，应是鬶或盉类酒器的流部残片。经分析测试，这件铜器系红铜铸造而成。

这样，依据当前的年代学认识，试排列东亚地区最早的几件复合范铜铸件的年代如下：

陶寺遗址陶寺中期砷铜容器（盆？）残片：公元前 2100—前 2000年；

陶寺遗址陶寺晚期红铜铃：公元前 2000—前 1900 年；

王城岗遗址龙山后期锡铅青铜容器（鬶？）：公元前 2050 年—前1994 年；

新砦遗址"新砦期"红铜容器（鬶、盉？）：公元前 1850 年—前1750 年。

后二者都可判定为酒器，是当时陶质酒礼器的仿制品，同时与其后二里头文化以酒器为中心的青铜礼器群一脉相承。

与全球其他青铜文明大多首先把青铜铸造这一全新的技术应用于生产或日常生活不同，以嵩山为中心的黄河中游地区贵族阶层优先用这种贵金属制造出了用于祭祀的礼器和近战的兵器。也就是说，他们是把青铜这种新技术新产品首先用来处理人与人的关系，而不是处理人与自然的关系，或提高日常生活品质的。意识形态上提高凝聚力和掌握绝对的打击能力，被放到了至关重要的位置。所谓"国之大事，在祀与戎"（《左传·成公十三年》），确切地道出了中原早期国家之命脉所在。青铜器在当时国家权力运作中的重要地位，由此也可见一斑。

六　余论

由公元前 2000 年向后望，约 200 年后的公元前 1800 年或稍晚，二里头都邑及二里头文化崛起于中原腹地。它的出现最终结束了前述数百年"满天星斗"小国林立的政治图景。作为"国上之国"的广域王权国家，东亚大陆首次出现了以高度发达和强力辐射为特征的核心文化。

至此，中国历史进入了一个新的时代。

李峰教授在《西周的政体：中国早期的官僚制度和国家》中文版序中指出："更为重要的是，我们对西周国家的认识基本上可以在西周当代的史料（Contemporaneous Historical Sources）也就是青铜器铭文上建立起来，可以相对较少的受到后代文献史料价值观的困扰。""如果我们从后世文献譬如说《周礼》这本书出发，我们将搞不清这些文献中记载的哪些是西周真正的制度，哪些是后世的创造。我想对于重视史料价值的史学研究者来讲，这一点是很好理解的。因此，在西周政府的研究中我是不主张用，至少是不首先用《周礼》的。这不是'二重证据法'所能解决的问题，而是我们有关西周历史的研究真正的立足点究竟在哪里的问题。"（李峰 2010）

与李峰出于同样的考虑，我们"描述"这段历史的出发点也没有放在后世的文献上。虽然没有甲骨文、金文那样直接的文字材料，但相比之下，不会说话的考古材料本身还是具有很强的质朴性的。我们只要充分地意识到考古学材料和学科手段的局限性，注意过度解释的危险，避开它回答不了的具体族属国别等问题，考古学还是可以提供丰富的历史线索的。

对中原腹地文化态势和集团动向哪怕是粗线条的勾勒，正是中国考古学在历史建构上的重大贡献。公元前 2000 年左右中原腹地的考古景观，导致源自后世文献的统一强势的早期"夏王朝"可能被解构，已如上述。要强调的是，整个学科意欲逐渐摆脱"证经补史"的取向，意识到必须用自己特有的"语言"才能做出历史性的贡献，也只有十几年的时间。这使我们有理由对考古学参与古史建构的能力和前景感到乐观。

前中国时代与『中国』的初兴

　　近年，有多本书名中包含"中国"、论及古史的著作问世，如葛兆光的《宅兹中国》、《何为中国：疆域民族文化与历史》，许倬云的《说中国》等，笔者的《最早的中国》和《何以中国：公元前 2000 年的中原图景》，也忝列其中。有学者认为，这显现了当下我们社会的某种整体焦虑。这种分析是有道理的。这类著作的一个共同特点是，在切实追溯中国历史的同时，还都在认识论上进行反思，剖析了"中国"概念的建构历程。显然，何为中国，既是本体论的问题，更是认识论的问题。借此，古今中国被连接在了一起。

　　其中的"中国"诞生史，在近百年的时间里，由于考古学的努力，更由于民族精神唤起的需求，被不断地上溯、提前，进入了史前时代，也即有文字可考的时代之前。中华五千年文明的提出，让考古学这门看似冷僻避世的学科，又开始找回点"显学"的感觉。正如它在百年前被引进时国人的期待一样，要解决的是填补"古史辨"思潮荡涤下的上古史空白，解答中国从何而来的大问题。就此而言，回观学术史很重要。

　　何谓"中国文明"？中国文明在何时何地又是如何起源的？是否最早的国家在作为地域概念的中国一出现，就可以看作作为政治实体的"中国"的问世？围绕这些问题，中国学术界百年来有过执着而曲折的探索。总体看来，两大主线贯串其中。一是科学理性、文明认知，追求的是史实复原；二是救亡图存、民族自觉，意欲建构国族认同。就全球范围而言，中国是罕有的自现代考古学诞生伊始就以本国学者为主导进行考古探索的国家。这决定了中国考古学从一开始，就与探索其自身文明源流的"寻根问祖"密切相关，甚至可以说是将探索中国文明的起源——"中国"诞生史作为主要目的和任务的。本土学者与其研究对象

顾颉刚编著《古史辨》（1926）　　　《古史辨》自序手迹

间由亲缘关系决定的、心灵间的交流与沟通，使得他们更易于理解、解读后者，因而收获巨大。甲骨文的成功释读就是一个佳例。但与此同时，他们又是在浓厚的史学传统的浸淫下，饱含着建构民族文化认同的情感，投入到这一中国学界最大的、最重要的"寻根问祖"工程中来的。这一学术史背景或底色不能忽视。因而，对上述问题的认识，有赖于史料的不断积累，更关涉民族情感和当代的文化认同等问题。我们还是先从对考古材料的梳理谈起。

任何事物都有其从无到有、从小到大发生发展的过程，国家起源以及中国文明的形成也不例外。考古学揭示出的距今五六千年以来的东亚大陆展现了这样的图景。大约距今 6000 年以前，广袤的东亚大陆上的史前人群，还都居住在不大的聚落中，以原始农业和渔猎为主，过着大体平等、自给自足的生活。各区域文化独立发展，同时又显现出一定的跨地域的共性。到了距今 5500～3800 年间，也就是考古学上的仰韶时代后期至龙山时代，被称为东亚"大两河流域"的黄河流域和长江流域的许多地区，进入了一个发生着深刻的社会变革的时期。随着人口的增长，这一时期开始出现了阶层分化和社会复杂化现象，区域之间的文化交流和摩擦冲突都日趋频繁。许多前所未见的文化现象集中出现，聚落形态上发生着根本的变化。如大型中心聚落及以其为核心形成的一个个大群落，城墙与壕沟、大型台基和殿堂建筑、大型祭坛、大型墓葬等耗工费时的工程，随葬品丰厚的大墓和一贫如洗的小墓所反映出的社会严

龙山时代后期城邑分布，距今 4300～3700 年

重分化等，都十分令人瞩目。

众多相对独立的部族或古国并存且相互竞争。如中原及周边的仰韶文化、石峁文化、陶寺文化、王湾三期文化，西北地区的大地湾文化、齐家文化，辽西和内蒙古东部的红山文化，山东地区的大汶口文化、龙山文化，江淮地区的薛家岗文化，长江下游的凌家滩文化、崧泽文化、良渚文化，长江中游的屈家岭文化、石家河文化，长江上游的宝墩文化等，在文化面貌上各具特色，异彩纷呈。

那是一个"满天星斗"的时代，邦国林立是那个时代最显著的特征。有的学者将其称为"古国时代"或"邦国时代"，有的则借用欧美学界的话语系统，将其称为"酋邦时代"。无论如何，那是一个小国寡民的时代。整个东亚大陆的面积，与现在的欧洲差不多，而当时的这些星罗棋布的古国或部族，也和现在欧洲的样态差不多。那么，问题来了：它们都属于"中国"吗？

要说清这件事，得先捋一捋相关的概念。关于"文明"的解说五花八门，这里无法详细展开，但说古代文明是人类文化发展的较高阶段或形态，而其标志是"国家"的出现，应会得到大多数人的认可。国人最熟悉的，是恩格斯的那个著名的论断："国家是文明社会的概括。"

显然，中国有5000年文明史的提法，是把这些都当成了中华文明史也即"中国"诞生史的一部分。其认知脉络是，这些人类群团在相互交流、碰撞的文化互动中，逐渐形成了一个松散的交互作用圈，这也就奠定了后世中华文明的基础。随着1970年代末期以来一系列重要发现的公布，中国在三代王朝文明之前即已出现了城市和国家，它们是探索中国文明起源的重要线索的观点得到了普遍认同。源远流长，单线进化，从未间断，成为中国学术界在中国文明起源问题上的主流看法。

这当然是有道理的。比如我们说一个人的生命长度，可以是从呱呱坠地开始到死亡，其诞生也可以追溯到母腹中的胚胎成型，也可以从精子与卵子相撞的那一刻开始算起，甚至父方或母方的诞生，也是这个生命诞生的前提。说中华文明可以上溯到新石器时代甚至旧石器时代的认识，显然出于这样的考虑。但这样无限制地追溯，意义何在？同时，其认知前提是百川归海的单线进化论，而事实果真如此吗？甚而，在不少人心目中，一个默认的前提是，现中华人民共和国境内的古代遗存，理所当然就是中华文明的源头。这样的认识，可以成立吗？

首先，考古学家观察到的上述许多古国或部族，大都经历了发生、发展乃至最后消亡的全过程，也即它们各自谱写了完整的生命史的篇章，而只是给后起的中原王朝文明以程度不同的文化给养或影响。到公元前2000年前后，它们先后退出历史舞台，在这些人类共同体和后来崛起的中原文明之间，有一个"连续"中的"断裂"。这种断裂究竟是出于天灾还是人祸，原因想必多种多样，学术界还在探索之中。在某些区域，"大禹治水"传说中的大洪水，或许就是原因之一。考古学的研究对象是支离破碎的古代遗存，所以知其然不知其所以然的事，所在多有。

如前所述，我们知道在现在的中国境内，上古时期曾有众多相互独立的国家并存。而顾名思义，在"国"前冠以"中"字，"中国"也就有了"中央之城"或"中央之邦"的意蕴。这同时也说明"中国"已并非初始阶段的国家，显然，它一定是一个在当时具有相当的影响力、具有排他性的核心。因而，我们也就不能说最初有多个"中国"，作为发达、复杂的政治实体的"中国"也是不能无限制地上溯的。

说到"中国"，还要将将这一概念的源起和演化。在出土文物中，"中国"一词最早见于西周初年的青铜器"何尊"的铭文。而在传世文献中，"中国"一词最早出现于东周时期成书的《尚书》和《诗经》等书中。"中国"一词出现后，仅在古代中国就衍生出多种含义，如王国都城及京畿地区、中原地区、国内或内地、诸夏族居地乃至华夏国家等。"中国"成为具有近代国家概念的正式名称，始于"中华民国"，是它的简称，现在也是"中华人民共和国"的简称。其中，最接近"中国"一词本来意义的是"王国都城及京畿地区"，那里是王权国家的权力中心之所在，已形成具有向心力和辐射性的强势文化"磁场"。其地理位置居中，有地利之便，因此又称为"国中"、"土中"或"中原"。

那么，究竟是什么时候，后世"中国"的雏形或者说"最早的中国"崛起于世呢？

按古代文献的说法，夏王朝是中国最早的王朝，是破坏了原始民主制的世袭"家天下"的开端。一般认为，夏王朝始建于公元前21世纪，国家级重大科研项目"夏商周断代工程"，把夏王朝建立的年代定为公元前2070年左右。在考古学上，那时仍属于龙山时代，在其后约200多年的时间里，中原地区仍然处于邦国林立、战乱频仍的时代，各人类群团不相统属，筑城以自守，外来文化因素明显。显然，"逐鹿中原"的战争正处于白热化的阶段，看不出跨地域的社会整合的迹象。也就是说，至少在所谓的夏王朝前期，考古学上看不到与文献相对应的"王朝气象"。

与此同时，兴盛一时的中原周边地区的各支考古学文化先后走向衰落；到了公元前1800年前后，中原龙山文化系统的城址和大型中心聚落也纷纷退出历史舞台。代之而起的是，地处中原腹地嵩（山）洛（阳）地区的二里头文化在极短的时间内吸收了各区域的文明因素，以中原文化为依托最终崛起。二里头文化的分布范围首次突破了地理单元的制约，几乎遍布于整个黄河中游地区。二里头文化的因素向四围辐射的范围更远大于此。

伴随着区域性文明中心的衰落，此期出现了超大型的都邑——二里头遗址。地处中原腹地洛阳盆地的二里头遗址，其现存面积达300万平方米。经半个多世纪的田野工作，在这里发现了中国最早的城市主干道网，最早的宫城，最早的多进院落大型宫殿建筑，最早的中轴线布局的宫殿建筑群，最早的封闭式官营手工业作坊区，最早的青铜礼乐器群、兵器群以及青铜器铸造作坊、最早的绿松石器作坊、最早的使用双轮车的证据，等等。这样的规模和内涵在当时的东亚大陆都是独一无二的，可以说，这里是中国乃至东亚地区最早的具有明确城市规划的大型都邑。

　　二里头文化与二里头都邑的出现，表明当时的社会由若干相互竞争的政治实体并存的局面，进入到广域王权国家阶段。黄河和长江流域这一东亚文明的腹心地区开始由多元化的邦国文明走向一体化的王朝文明。作为广域王权国家概念的"中国"，在前一阶段还没有形成。

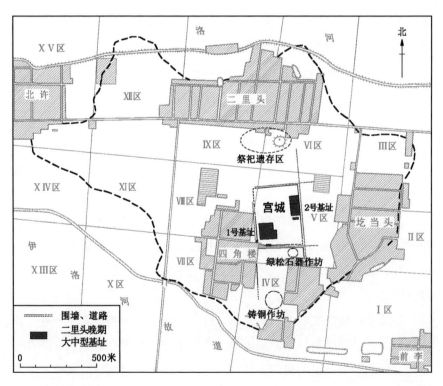

二里头遗址平面图

要之，我们倾向于以公元前 1700 年前后东亚地区最早的核心文化——二里头文化，最早的广域王权国家——二里头国家的出现为界，把东亚大陆的早期文明史划分为两个大的阶段，即以中原为中心的"中原（中国）王朝时代"，和此前政治实体林立的"前中国时代"和"前王朝时代"。

值得注意的是，这两大阶段也恰是东亚大陆青铜时代和前青铜时代的分野。

在二里头时代之前的数百年时间里，东亚大陆的多数区域，早期铜器的使用呈现出红铜、砷铜、青铜并存的状况。铜制品多为器形简单的小件工具和装饰品等生活用具，锻、铸均有，制造工艺处于初级阶段，尚未熟练掌握合金比例。如多位学者已分析指出的那样，东亚大陆用铜遗存的出现，应与接受外来影响关系密切。至于东亚大陆部分区域进入青铜时代的时间，依据最新的年代学研究，要晚到公元前 1700 年前后了。

考古学观察到的现象是，出土最早的青铜礼容器的中原地区，也是东亚大陆最早出现广域王权国家的地区。青铜礼器的出现和当时的中原社会，都经历了文化交流中的碰撞与裂变的历程。其同步性引人遐思。二者相互作用刺激，导致中原地区自公元前 2 千纪上半叶，进入了史上空前的大提速时代。早期中国，由此起步。那么，是青铜礼器及其铸造术，催生了最早的"中国"？

随着二里头文化在中原的崛起，这支唯一使用复杂的合范技术生产青铜容器（礼器）的先进文化，成为跃入中国青铜时代的一匹黑马。值得注意的是，这些青铜礼器只随葬于二里头都邑社会上层的墓葬中，在这个金字塔式的等级社会中，青铜礼器的使用成为处于塔尖的统治阶层身份地位的标志。这些最新问世的祭祀与宫廷礼仪用青铜酒器、乐器，仪仗用青铜武器，以及传统的玉礼器，构成独具中国特色的青铜礼乐文明。"国之大事，在祀与戎。"（《左传·成公十三年》）保有祭祀特权与强大的军力，自古以来就是一个国家立于不败之地的根本。从早期王朝流传下来的祭天崇祖的传统，几千年来一直是中国人宗教信仰和实践的主要内容。二里头都城规划中祭祀区的存在，以及以青铜为主的祭祀用礼仪用器，都与大型礼制建筑一样，是用来昭示早期王朝礼制传统的重要标志物。由于军事力量在立国上的重要性，青铜与玉石兵器也成为祭祀礼器和表现身份地位的仪仗用器的有机组成部分。二里头文化青铜礼器产品的使用范围主要限于二里头都邑的贵族，也就是说，二里头都邑不仅垄断了青铜礼器的生产，也独占了青铜礼器的"消费"，即使用权。

其中，酒器是具有中国特色的酒文化乃至它背后的礼仪制度的重要载体。作为统治阶层身份地位的象征，以酒器为中心的礼器群，成为中国最早的青铜礼器群。从这里，我们可以看出中国古代文明主要是建立在社会关系的巨变（在等级秩序下人际关系的大调整）而非人与自然关系巨变的基础上的。而铸造铜爵等造型复杂的酒器，至少需要精确地组合起内模和三件以上的外范，即当时已采用了先进的复合范工艺。克服其中的种种困难，最终铸造出青铜礼器的内在动力，应当就是这一时期新兴王权对宫廷礼仪的整饬。

二里头遗址发现的青铜钺，是迄今所知中国最早的青铜钺。钺作为象征军事权威的仪仗用器，也是一种用于"大辟之刑"的刑具。甲骨文金文中"王"字的字形，像横置的钺，在最初应指代秉持斧钺之人即有军事统率权的首领，随着早期国家的出现，逐渐成为握有最高权力的统治者的称号。早于甲骨文时代数百年的二里头都城中出土的玉石钺，和迄今所知中国最早的青铜钺，就应是已出现的"王权"的又一个重要象征。换言之，钺的礼仪化是中国王朝文明形成与早期发展的一个缩影。

在早期王朝的礼器群中，爵、钺等器种持续兴盛于三代逾千年，甚

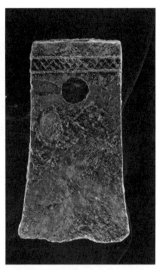

二里头青铜礼酒器：爵（左上）、盉（左下）、斝（右下）
二里头青铜礼兵器：钺（右上）

至成为后世中国社会政治文化的重要符号，个中原因，颇具深意。

　　另一个可资观察的角度是都邑的城郭形态。这一问题上的权威观点是，城墙是构成都城的基本政治要素，不存在没有城墙的都城。通过对以先秦至秦汉时期为中心的都城发展历程的初步考察，笔者认为整个中国古代都城史可以依城郭形态的不同，划分为两个大的阶段，即防御性城郭阶段和礼仪性城郭阶段。在自最早的广域王权国家都邑二里头至曹魏邺城前近200年的时间里，庞大的都邑不设防，有宫城而无外郭城，是都城空间构造的主流，这一现象可以概括为"大都无城"，在二里头、殷墟、周原、丰镐、洛邑、秦咸阳、西汉长安和东汉洛阳等一系列都邑中有清晰的显现。这与广域王权国家强盛的国势及军事、外交优势，作为"移民城市"的居民成分复杂化，对都城所处自然条件的充分利用等，都有一定的关联。处于都城发展史早期阶段的防御性城郭的实用性，导致城郭的有无取决于政治、军事、地理等诸多因素，"大都无城"的聚落形态应即这一历史背景的产物；而后起的带有贯穿全城的大中轴线、实施里坊制的礼仪性城郭，因同时具有权力层级的象征意义，才开启了汉代以后城、郭兼备的都城发展的新纪元。

　　在这一早期中国都邑布局的演变过程中，最令人瞩目的是二里头时代的到来，这是"大都无城"传统的肇始。如上所述，二里头遗址是迄今可以确认的中国最早的具有明确规划的都邑，其布局开中国古代都城规划制度的先河。但在逾半世纪的田野工作中，却一直没有发现圈围起整个二里头都邑聚落的防御设施，仅知在边缘地带分布着不相连属的沟状遗迹，应具有区划的作用。

　　如果将二里头时代的聚落形态与更早的龙山时代做比较，可知前者最大的变化，一是中心聚落面积的大幅度提升，由龙山时代的十余万至数十余万平方米，扩大至300万平方米；二是基本上摒弃了龙山时代普遍筑城的传统，代之而起的环壕成为这一时代的主流防御设施。

　　由对考古材料的分析可知，进入二里头时代，聚落内部社会层级间的区隔得到强化，而与此同时，对外防御设施则相对弱化。从聚落形态的角度看，二里头都邑是"大都无城"的一个最早的典范。究其原因，不能不考虑到都邑内的居民。二里头可能是最早集聚了周边人口的中心城市，其人口由众多小规模的、彼此不相关联的血亲集团所组成，这种特征又与其后的殷墟和西周时代的都邑颇为相近。而广域王权国家则是从二里头时代至西周时代社会结构上的共性。以"大都无城"为主要特征的都邑聚落形态与早期王朝阶段社会结构上的关联性，值得进一步探究。显然，"大都无城"，是前中国时代终结、最早的"中国"初兴的一个重要的标志。

　　要之，以二里头时代为界，东亚大陆的国家起源进程呈现出非连续

石峁石雕及图案

石峁人面石柱

性和多歧性。以良渚、陶寺、石峁文明为代表的龙山时代众多区域性邦国文明，各领风骚数百年，最终退出了历史舞台。它们走完了其生命史的全过程，而与后起的中原青铜文明仅有或多或少的间接关系，这就使东亚大陆的国家起源进程呈现出"连续"中的"断裂"的态势。这是我们把东亚大陆国家起源进程划分为两大阶段的重要依据。

通观东南良渚的水城、中原陶寺的土城、西北石峁的石城，都是因地制宜、适应环境的产物，它们也的确都是区域性文明，这与"大都无城"的二里头形成了鲜明的对比。它们所拥有的"前铜礼器群"还看不到像以二里头为先导的中原王朝礼器群那样严格的礼仪规制尤其是重酒的礼器组合。而以软实力见长的二里头，显然通过社会与文化的整合具有了"普世"的魅力，在众多族群的膜拜与模仿中扩大了自身的影响，其范围远远超出了中原地区。更为重要的是，它的文明底蕴通过二里岗时代、殷墟时代乃至西周时代王朝间的传承扬弃，成为中国古代文明的主流。

当然，对这一曲折而复杂的历史进程之细节的把握，还有待于今后的田野考古工作和相关的整合研究。

二里头与中原中心的形成

众所周知，中原是中国古代历史上政治、经济、文化活动的核心地区，这一地区既孕育了辉煌灿烂的三代文明，也相继发展出秦、汉、隋、唐等统一王朝。中原中心的形成，是中国文明起源中的大问题，自百年前中国考古学诞生以来，就成为考古学者致力探索的重要课题。随着考古发现的层出不穷，学术界关于这一问题的认识既在不断深化，也仍处于探索之中。

一　王朝乃中原中心之始的基本认识

由古典文献记载与地下出土文字材料对证，进而得到确认的最早的中国古代王朝遗存，是商代后期的殷墟遗址（王国维 1959，李济 1990）。至 20 世纪 50 年代，发现早于殷墟，而文化特征与之近同的二里岗文化及其中心都邑郑州商城，把考古学上的商文化又往前推了一步（邹衡 1956）。但一旦脱离"纸上之材料"与"地下之新材料"的互证，郑州商城究竟属商王朝中期抑或早期都邑，学术界聚讼纷纭。显然，殷墟文化与二里岗文化之间，是中原地区"历史"时代与更早的"原史"时代的分界点（见本书《商文明：中国"原史"与"历史"时代的分界点》）。1959 年，徐旭生在梳理文献的基础上率队踏查"夏墟"，又发现了位于中原腹心地区洛阳盆地的二里头遗址，熟谙古典文献的徐旭生却推断该遗址应为商王朝的开国君王汤所都（徐旭生 1959）。此后学术界围绕夏文化和夏、商王朝分界问题展开了旷日持久、至今仍莫衷一是的论争，从中可以显见考古学参与狭义史学探讨的局限性（见本书《方法论视角下的夏商分界研究》）。但缺乏或全无当时确切文字材料的"原史"时代和史前时代，恰恰是考古学可以扬长避短、大显身手的研究领域。考古学的一个重要研究方法是由已知推未知，无论二里头遗址和郑州商城属于何朝何都，其巨大的体量和高度发达的文化，都彰显出建立在社会复杂化基础上的大型权力中心和核心文化的存在。

　　作为中国考古学的领军人物，夏鼐在 20 世纪 80 年代的总结具有代表性。关于中国文明的开始，他认为："对于中国文明的起源，可以从殷墟文化向上追溯到郑州二里岗文化，和比这更为古老的偃师二里头文化。从新发现的文化内容上，我们可以证明它们之间是有互相联系、一脉相承的关系。""至少它（二里头文化——引者注）的晚期，是够得上称为文明，而又有中国文明的一些特征。它如果不是中国文明的开始，也是接近于开始点了。比二里头更早的各文化，似乎都是属于中国的史前时期。"论及这些考古遗存与古典文献中的朝代对应问题，他指出："夏朝是属于传说中的一个比商朝为早的朝代。这是属于历史（狭义）的范畴。在考古学的范畴内，我们还没有发现有确切证据把这里的遗迹遗物和传说中的夏朝、夏民族或夏文化连接起来……作为一个保守的考古工作者，我认为夏文化的探索，仍是一个尚未解决的问题。"关于对更早的文明要素的探索，他提示："中国新石器时代主要文化中已具有一些带中国特色的文化因素。中国文明的形成过程是在这些因素的基础上发展的。但是文明的诞生是一种质变，一种飞跃。所以有人称它为在'新石器革命'之后的'都市革命'。当然，中国文明的起源问题还有许多地方仍不清楚，有待于进一层的探讨。"（夏鼐 1985）

　　这些论断审慎有据，到目前为止，尚无因新的考古发现而需要修正其基本论点之处。按我个人的理解，夏鼐论述中有几点是较为明确的。首先，这里的"中国文明"指的是以中原为中心的青铜时代的王朝文明，这是探索中国文明更早起源的基点。其次，中原形成文明的中心，从当时的考古探索来看，只能上溯到二里头文化时期。二里头较之此前

的新石器时代的区域文化，是一种质变和飞跃。最后，"（各）地区史
前文化的发展自有演化的序列"，有相对的"文化圈"（夏鼐 1985），
也即尚无中心可言。

其中最后一点，被苏秉琦系统地梳理为六大区系，并将中国新石器
时代各区域考古学文化的这种多元状态形象地比喻为"满天星斗"（苏
秉琦等 1981）。他指出，"各大区系不仅各有渊源、各具特点和各有自
己的发展道路，而且区系间的关系也是相互影响的。中原地区是六大区
系之一，中原影响各地，各地也影响中原，这同以往在中华大一统观念
指导下形成的黄河流域是中华民族的摇篮，中国民族文化先从这里发展
起来，然后向四周扩展，其他地区的文化比较落后，只是在中原地区影
响下才得以发展的观点有所不同，从而对于在历史考古界根深蒂固的中
原中心、汉族中心、王朝中心的传统观念提出了挑战。"（苏秉琦

1988 年，考古学家张光直在二里头遗址考察，左起：郑光、徐苹芳、张光直、许景元

1999）类似的表述还有张光直的"中国相互作用圈"说或"中国以前相互作用圈"说，他指出，龙山时代一些可以被看作"中国共同传统"的"新建树到处滋出"，"但它们并不指向一个单一的龙山文化……从每一个区域文化个别的观点来说，外面的作用网和两千年间在内部所发生的变化，在这个区域史到公元前第 3 千纪之末之准备向国家、城市和文明跨进的准备工作上都是同等重要的"（张光直 1989）。

上述建立在全面梳理考古发现基础上的观点，排除了中原中心形成于中原王朝文明之前的可能性，大致廓清了中国文明从多元到一体的特质与鲜明的阶段性。

二　上推中原中心形成时间的问题所在

新中国成立以来，田野考古与研究工作成就斐然，尤其是中国新石器时代考古，许多发现具有填补空白和独立写史的意义。因而，考古界并不满足于因仅见诸后世文献而扑朔迷离的早期王朝史影，而意欲循此向前探究中国文明的起源，由是形成了一些关于史前时代中原文化历史地位和中原中心形成过程的独特认识。

严文明在认可"中国史前文化并非出于一源"的前提下，认为"早期文明的起源地区应包括整个华北和长江中下游。而在文明的发生和形成的整个过程中，中原都起着领先和突出的作用"，"在相当长的时期内，中原的文化比较发达，其次是它的周围地区，再次是边境地区"。他把主要分布于黄河、长江流域的新石器时代文化分为中原、甘青、山东、燕辽、长江中游和江浙六个文化区，进而认为，"五个文化区都紧邻和围绕着中原文化区，很像一个巨大的花朵，五个文化区是花瓣，而中原文化区是花心。各文化区都有自己的特色，同时又有不同程度的联系，中原文化区更起着联系各文化区的核心作用。我们看到在中原地区仰韶文化中发生的那种饰回旋勾连纹或花瓣纹的彩陶盆几乎传遍了整个黄河中下游，长江中下游的同期遗存中也偶尔能见到这类产品。"（严文明 1987）严文明认为，在仰韶文化兴盛时期（约公元前 4000 年前后），中原文化区即已"起着联系各文化区的核心作用"。张学海从聚落形态的角度，论证在"重瓣花朵"结构中，仰韶文化占有全国新石器文化的"花心"地位（张学海 2002）。余西云也有类似的表述："西阴文化（即仰韶文化庙底沟类型——引者注）发端于陕晋豫交界区。鼎盛时期控制了中原的广大地区……影响所及更是东越渤海，南抵长江之滨，北逾燕山之阴，奠定了先秦中国的空间基础……西阴文化时期，传统的家庭模式趋于瓦解，社会的层级化已然显现，私有观念逐步形成，成为中国文明的滥觞。"（余西云 2006）韩建业除了论证"仰韶文化东庄—庙底沟类型时期，中国大部分地区的考古学文化首次交融联系形成以中原为核心的文化共同体"外，更认为"正是由于地处中原核心的裴李岗文化的强大作用，才使黄河流域文化紧密连接在一起，从而于公元前第 9 千纪形成新石器时代的'黄河流域文化区'；才使黄河下游、汉水上游、淮北甚至长江中游地区文化也与中原文化区发生较多联系，从而形成雏形的'早期中国文化圈'"（韩建业 2012A、2009）。由是，中原中心或其雏形被不断提前。

支撑中原文化区核心地位的仰韶文化阶段的考古资料，大体上限于聚落数量、大小及聚落群的规模，以及彩陶的繁盛与地域扩展等，从中可提取的可靠信息，基本上限于人口的膨胀以及彩陶这种日常生活用品的制作技术和艺术水平，它反映的应是史前农耕生活的发达程度（见本书《"新中原中心论"的学术史解析》）。而在社会发展阶段上，远未达到同时期华东地区，如大汶口文化中晚期和良渚文化那样高度的贫富分化、社会分层和阶级分化（栾丰实 2003，赵辉 2017）。即便就陶器和玉石器制造技术而言，"通常会把仰韶文化的质地细腻、器形规整、烧成温度高而且图案漂亮的彩陶作为这个时期陶器制造技术的代表。其实，最早出现在大溪、崧泽文化的封闭窑室和黑、灰陶烧制技术，以及利用轮制成型技术而可能达成的批量生产的意义也不能低估。玉石器制作技术在长江流域诸文化中发展得较早且快，崧泽文化和南京北阴阳营、安徽含山凌家滩遗存中的玉器便是当时的代表作。"（赵辉 2000）而仰韶文化晚期秦安大地湾的所谓"原始殿堂"，虽稍具章法，但仍与更早的作为公共活动场所的"大房子"一脉相承，其他遗存则乏善可陈（见本书《"新中原中心论"的学术史解析》）。

　　赵辉把"中原文化区开始形成的时期"下拉到仰韶文化后期（公元前 3000—前 2500）。但这一时期的文化态势却是，与大汶口、屈家岭—石家河文化早期、良渚等文化相比，"同期的仰韶文化却显得比较衰弱"，"文化面貌十分统一的情形消失"，"进入一种离析状态"，开始"由各个地方文明对中原地区施加影响"，出现了"中原文化和周围几个地方文明实力对比的差距"。"在某种意义上说，当时的中原地区处在一种空虚状态"，所以周边地带的文化成就显得相当醒目，"地方文明都处在中原文化区的周边地带，它们几乎在相同的时间里达到很高的发展程度"。（赵辉 2000）从仰韶文化后期处于"比较衰弱"的"离析状态"，恐怕还看不出其已成为跨文化区的史前文明中心的态势。"周边地带"与"地方文明"的概念，是否也到了更晚的时期才开始出现的？如此种种，都需进一步探讨。而从地理上看，仰韶文化分布的区域既超出了中原地区，中原腹心地区也不是仰韶文化分布的中心区域。这也从一个侧面说明仰韶文化时期并没有形成以中原为中心的文化态势。（见本书《"新中原中心论"的学术史解析》）

　　此后，赵辉调整了自己关于中原文化区形成的推论。他指出，"仰韶文化松散离析的态势持续到大约公元前 3000 年左右，中原地区进入了一个各种文化重组的复杂阶段"，公元前 2500—前 2000 年，"中原地区在经过庙底沟二期文化的调整之后再度崛起，形成了上述'以中原为中心的历史趋势'"（赵辉 2006）。可知，他把中原中心形成的时间由公元前 3000—前 2500 年又下移到了此后的中原龙山文化时期。

但既有考古发现表明，龙山时代晚期以各小流域为单元的聚落群广泛分布于中原各地，它们多为一个中心聚落所控制，内部等级分化明显，从而形成一种"邦国林立"的局面。考古学文化谱系研究表明，这些聚落群分别拥有不同的文化背景和传统，而大量的杀殉现象、武器的增多和一系列城址的发现又表明它们之间存在着紧张的关系，冲突频繁发生。可以认为，这一时期在整个中原地区并没有发现超大规模、具有跨区域影响力的中心聚落，也没有显著的区域整合迹象；在公元前2000 年前后的一二百年里，也即在夏王朝前期，中原地区各人类群团不相统属，战乱频仍，筑城以自守，外来文化因素明显，考古学上看不到与传世文献相对应的"王朝气象"。（见本书《"新中原中心论"的学术史解析》）

与此大致同时，活跃于东亚大陆各地、异彩纷呈的区域性考古学文化先后走向衰落，甚至退出历史舞台。在这些人群共同体和后来崛起的中原文明之间，有一个"连续"中的"断裂"。（见本书《"连续"中的"断裂"——关于中国文明与早期国家形成过程的思考》）这种断裂究竟是出于天灾还是人祸，原因想必多种多样，学术界还在探索之中。

三　中原中心形成于二里头时代

上述"断裂"涉及诸多变化，随着考古发现的增多和研究的深入逐渐明晰起来。张弛即指出："其中最为重大者有三：一是中国新石器时代传统核心区域文化的衰落，二是中国史前文化格局的彻底改变，三是青铜时代全球化开始形成。这三个'事件'应当极大地改变了中国古代历史，使得龙山—二里头文化时期可以一并作为划时代的历史阶段。"

他进一步解释，中国新石器时代传统的文化核心区域一直在黄河、长江中下游地区，而这些核心地带中唯一没有衰落的区域只有嵩山以北的郑洛地区和晋南地区，也即中原腹心地区。几乎就在同时，燕辽地区—北方地区—西北地区—西南地区这一半月形地带逐渐兴盛（童恩正1986），彻底改变了新石器时代的传统文化格局，"至二里头文化时期（二期至四期），传统新石器时代核心区域中仅剩下洛阳盆地一块唯一持续发展的地方，更像是一处文化孤岛……龙山晚期—二里头文化时期乃是中国新石器时代传统文化核心区史上最黑暗的时段"（张弛2017）。在欧亚大陆青铜文化传播的视角下，他指出，如果没有欧亚大陆青铜时代"全球化"带来的半月形地带的兴起，或没有新石器时代核心区域的衰落，就不会有夏商周三代以中原为中心的中国历史。那么，二里头遗址和以其为代表的二里头文化这一"文化孤岛"，究竟有着怎样的内涵和特质，又放射出怎样的辉光，从而开启中原青铜时代和王朝文明的新纪元，就颇令人瞩目。

如前所述，1959年，徐旭生率队在豫西踏查"夏墟"的过程中发现了偃师二里头遗址，当年秋季，田野考古工作正式启动。2020年是二里头遗址发现与发掘61周年，这60多年的探索历程，可以分为两大阶段。二里头遗址田野考古工作的前40年，主要任务是建构文化史框架，二里头工作队的前辈通过大量考古资料的搜集和梳理，建立起了以陶器为中心的可靠的文化分期框架，二里头文化一至四期的演变序列得到学界普遍认可。这是二里头遗址及二里头文化研究的基础工作。与此同时，一号、二号宫殿基址等大型宫室建筑，能够生产高精尖青铜礼器的铸铜作坊，以及出土青铜、玉石和漆质礼器的贵族墓葬等高等级遗存的发现，确立了二里头都邑及以其为代表的二里头文化在中国早期国家、文明形成研究中的重要历史地位。自1999年秋季开始，二里头遗址新一轮的田野考古工作在理念与重心上都发生了重要变化，将探索二里头遗址的聚落形态作为新的田野工作的首要任务。在这一学术理念指导下，二里头遗址的田野工作取得重要收获：确认了遗址的现存范围、遗址边缘区的现状及其成因，确认了二里头都邑中心区和一般居住活动区的功能分区，在遗址中心区发现了成组的早期多进院落宫室建筑、井字形主干道网、车辙、晚期宫城及两组中轴线布局的宫室建筑群、大型围垣作坊区和绿松石器作坊、与祭祀有关的巨型坑和贵族墓葬等重要遗迹和珍贵遗物。与此同时，积极深化多学科合作研究，围绕二里头文化的聚落形态、技术经济、生计贸易、人地关系、社会结构乃至宏观文明进程等方面的探索研究，都取得了重大进展。以聚落形态探索为中心展

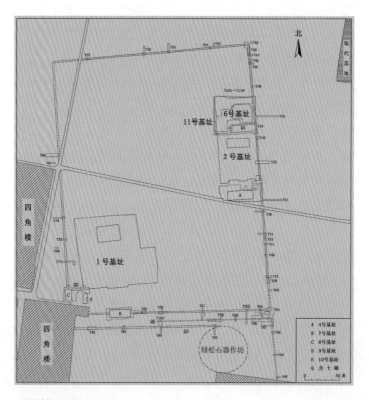

二里头都邑中心区
二里头宫城平面呈纵长方形，其内分布着成组的大型宫室建筑。其南为大型围垣手工业作坊区，有学者称其为"工城"。

开多学科合作研究，构成了世纪之交以来二里头遗址田野考古工作与综合研究的两大特色。可以说，二里头见证了中国考古学的发展历程，二里头考古则是中国考古学长足发展的一个缩影。（许宏 2015B、2019）

　　二里头文化的年代约相当于公元前 1750—前 1520 年（仇士华 2015），从时空分布与文化特征来看，二里头是探索中国最早的王朝文明——夏商文化及其分界的关键性遗址，但其重要性远不止此。经过 60 多年的田野工作，在二里头遗址发现了中国最早的城市主干道网，最早的布局严整、与紫禁城布局一脉相承的宫殿区与宫城，最早的多进院落大型宫殿建筑，最早的中轴线布局的宫殿建筑群，最早的国家级祭祀区和祭祀遗存，最早的封闭式官营手工业作坊区，最早的青铜礼乐器群、兵器群以及青铜礼器铸造作坊和最早的绿松石器作坊等。这里是中国乃至东亚地区最早的具有明确城市规划的大型都邑，这样的规模和内涵在当时的东亚大陆都是独一无二的。可以说，这些"中国之最"前无古人，开中国古代都城规制、宫室制度、礼乐制度和王朝文明的先河。就其文化影响而言，二里头文化的分布范围突破了地理单元的制约，几乎遍布整个黄河中游地区，二里头文化因素向四围辐射的范围更远大于此。至此，二里头文化成为东亚大陆最早的核心文化，二里头都邑则是中国最早的广域王权国家的权力中心，中国历史自此进入了开创新纪元的"二里头时代"。（许宏 2004A、2009）从严格意义上讲，真正的宫廷礼制，是发端于二里头都邑二里头文化晚期的宫室建筑和以酒器为核心的青铜礼器群以及玉质礼器群的（冈村秀典 2003）。

　　要之，二里头文化与二里头都邑的出现，表明当时的社会由若干相互竞争的政治实体并存的局面，进入广域王权国家阶段。黄河和长江流域这一东亚文明的腹心地区开始由多元化的邦国文明走向一体化的王朝文明。而二里头都邑与二里头文化，正处于华夏文明从多元到初步一体格局形成的重要节点上。以文化软实力见长的二里头政体，显然通过社

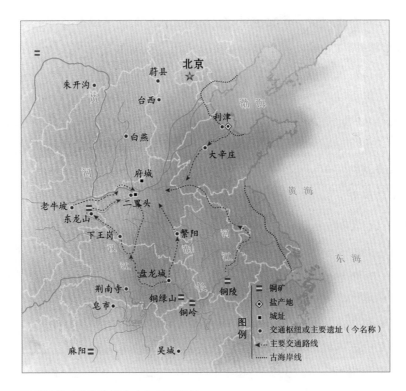

早期王朝时代的资源分布与重要遗址

会与文化的整合具有了核心的威势，在众多族群的凝聚与模仿中扩大了自身的影响，其文明要素的辐射范围远远超出了中原地区（见本书《前中国时代与"中国"的初兴》），成为"中华文明总进程的核心与引领者"（史一棋 2018）。只有到了此时，地处中原腹地的洛阳—郑州地区才成为中原王朝文明的发祥地，中原中心最终形成。作为中原王朝文明的先导，二里头文明建立起的管控协调大规模人群的政治架构，经青铜时代王朝间的传承扬弃，奠定了以中原为中心的后世王朝国家发展的基础。

二里头都邑的两次礼制大变革

　　考古学上能够观察到的礼制遗存，包括属于不动产的礼制建筑工程遗迹和礼器（群）。二里头都邑的礼制遗存，是我们观察其中的礼制变革、人群结构和社会状况的一个重要视角。

　　作为考古学文化的二里头文化，其前后四期的划分，主要是基于对陶器群组合、器形变化及谱系的认识。可以理解的是，少数陶礼器以外的海量陶器，具有相当的"民间性"，其与包括大型建筑工程和礼器在内的高等级遗存的递嬗并不一定具有同步性。

　　从聚落形态和高等级遗存存在状况的角度看，二里头遗址二里头文化存在的全过程，有五个大的节点：

　　其一，二里头文化一期大型聚落或聚落群出现。总面积逾 100 万平方米，聚落平地起建，具有突发性。

　　其二，二里头文化第一、二期之间，聚落庞大化，面积扩展至 300 万平方米以上，高等级遗存出现，进入都邑时代。

　　其三，二里头文化第二、三期之间，第一次礼制大变革。

　　其四，二里头文化第四期早、晚段之间，第二次礼制大变革。

　　其五，二里头文化为二里岗文化所取代，聚落规模急剧收缩，高等级遗存淡出，都邑时代结束。

　　这里，我们重点考察高等级遗存所反映的两次礼制大变革的情况。

一

　　"不动产"的建筑工程方面，我们可观察到下列变化。

二期早段：宫殿区东侧大路开始出现，3 号、5 号基址始建，院内贵族墓出现。

二期晚段：3 号、5 号基址持续使用，仍有贵族墓埋入，偏晚阶段废弃。围垣作坊区东、北墙的 5 号墙，以西的 7 号墙，至少在此段已建成。

二、三期之交：小型房址和灰坑等出现。宫城城墙建于大路内侧，开始形成墙外新道路。西南部作为宫城附属建筑的 7 号（南门塾？）、8 号基址应同期建成。

三期早段：4 号基址可能已兴建。宫城西南部 1 号基址兴建于偏晚阶段。宫城内东、西两组建筑群的格局开始形成。

三期晚段：3 号基址北院的大型池状遗迹被夯实填平，依托宫城东墙建起了 2 号基址。12 号基址可能与其大体同时。

四期早段：无大规模建筑活动。各建筑工程持续使用。

四期晚段：4 号基址东庑至少在偏晚阶段废毁。宫城城墙，1 号基址、4 号基址主殿、2 号基址应沿用至本期段结束。在偏晚阶段，6 号基址依托宫城东墙兴建，其西同时建有 11 号基址；围垣作坊区增筑北墙 3 号墙，10 号基址依托围垣作坊区北墙的 5 号墙兴建。这些新建筑与原有旧建筑均在该期段结束前废毁。

由是，我们可以观察到在二里头文化第二、三期之交至三期早段，二里头都邑发生了较大的结构布局上的变化，也即，由宫城的从无到有（第二期可能有栅栏类圈围设施，不易发现），宫殿区东路建筑从多进院落的 3 号、5 号基址，经一段空白期后，到新建了单体又成组、具有中轴线规划的 2 号、4 号基址；西路建筑则平地起建了 1 号宫殿，其与宫城南门门塾（7 号基址）形成又一组中轴线。

从大型宫室建筑的结构上看，二里头文化二期时由多重院落组成的 3 号、5 号基址废毁后，宫殿区东部区域有一个前后约数十年的空置期。新建的 2 号、4 号基址另起炉灶，采用单体"四合院"建筑纵向排列，

中国最早的多进院落宫室建筑——二里头 5 号基址（左）
二里头宫城南墙和 7 号基址（右）

压在被夯填起来的 3 号基址的原址上。其中 2 号基址的主殿和部分院
落，是在填平夯实 3 号基址内的大型池状遗迹的基础上建成的。虽然两
个时期的建筑还基本上保持着统一的建筑方向和建筑规划轴线，但建筑
格局大变，显现出"连续"中的"断裂"。值得注意的是，单体"四合
院"建筑应与二里岗文化和殷墟文化同类建筑一脉相承，而迥异于二里
头文化早期的多重院落式布局。

　　再看作为"动产"的礼器方面，则是在最早的空腔铜礼器——铃加
松石镶嵌器（从龙形器到嵌绿松石铜牌饰）的组合之外，变陶爵为铜
爵，开启了青铜酒礼器为核心的时代。
　　第二期遗存中除了刀、锥等小件铜器外，还发现有属于复合范铸件

的响器铜铃，但尚不见青铜礼容器。

其中一件铜铃与绿松石龙形器共存于宫殿区内的贵族墓（2002VM3）中。据分析，此墓属于二里头文化第二期的74座墓葬中3座甲类墓之一（李志鹏 2008）。墓内出土随葬品丰富，除铜铃和绿松石龙形器外，还有玉器、绿松石饰品、白陶器、漆器、陶器和海贝项链等，总计37件（组）。

要指出的是，这是迄今为止唯一一件因具有明确的层位关系和器物组合而可以确认属二里头文化第二期的铜铃。另外2座出有铜铃的所谓第二期墓葬（82ⅨM4和81VM4），其中一座被盗扰，没有可资断代的陶器出土；另一座墓中铜铃与嵌绿松石铜牌饰共出，但报道极其简略，语焉不详，未发表唯一一件共出陶器——陶盉的图像资料。学者从多个角度分析，推测其或属二里头文化第三期（叶万松等 2001，李志鹏 2008）。如是，则原来认为的最早出现于第二期的嵌绿松石铜牌饰也应属二里头文化晚期。因此，2002VM3所出铜铃是迄今可确认的二里头文化早期（二期）唯一一件礼仪性铜器，也是二里头文化最早的礼仪性铜器（许宏 2016B）。

铜铃铃体中空，桥形钮，单扉，器表有凸棱装饰。胎体厚实，铸造精良，应系以陶质复合范技术铸造而成，铸造品质较陶寺红铜铃又上了

二里头贵族墓中出土的绿松石饰（左）、海贝（右）

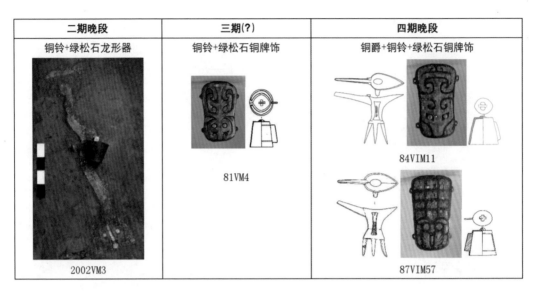

二期晚段	三期(?)	四期晚段
铜铃+绿松石龙形器	铜铃+绿松石铜牌饰	铜爵+铜铃+绿松石铜牌饰
2002VM3	81VM4	84VIM11 87VIM57

二里头铜铃与绿松石镶嵌器的分期组合关系

一个大的台阶。因铜铃仅见于高等级墓葬，可知此期的铜器已作为社会身份地位象征物来生产和使用。

到目前为止，在二里头遗址已发现的青铜礼容器计 17 件，这些器物集中发现于二里头文化晚期，即第三、四期。其中数量最多的是爵，计 13 件，另有斝 2 件，鼎、封顶盉各 1 件。这些青铜礼容器主要出土于墓葬。在已发掘的 400 余座二里头文化的墓葬中，已发表的出土铜器的墓葬仅有 20 余座，其中随葬青铜礼容器的墓葬则更少，构成了二里头文化墓葬中的第一等级，表明青铜容器在二里头文化晚期成为最重要的礼器。

近年来，重新审视二里头遗址二里头文化的分期问题，有不少新的认识，尤其是围绕二里头文化晚期重要遗存的期段归属。在此，我们略作梳理。

按目前的认识，属于二里头文化第三期的铜礼器墓可确认的只有 2

座，其中随葬铜铃一件的 1 座（62VM22，原报告定为二期，应属三期早段），随葬铜爵一种两件的 1 座（80IIIM2，原简报定为三期，应属三期晚段）。另有两座墓各随葬铜爵 1 件，被发掘者推定为三期，但因被扰，无陶容器出土或未发表图像资料，无从确证（许宏等 2010）。其他原定属二里头文化第三期的墓葬，应属第四期（详后）。

如上所述，在二里头文化第二期，铜铃与绿松石龙形器同出，开创了铜铃加松石镶嵌器组合的随葬模式。我们注意到，在现知随葬铜铃的全部 6 座墓中，除了被扰和偏小的 2 座外，其余的 4 座墓都是铜铃与松石镶嵌器（嵌绿松石动物纹铜牌饰，或大型绿松石龙形器）共出。偏早的绿松石龙形器与铜铃、偏晚的铜牌饰与铜铃的组合关系相对固定；绿松石龙形器和铜牌饰在墓葬中的位置相近，都置于墓主人的上半身。种种现象表明，绿松石龙形器和铜牌饰应大致属同类器，后者应为前者的简化或抽象表现（许宏 2009）。铜铃与动物母题松石镶嵌器应是二里头文化贵族墓随葬品中一个较固定的组合。以这一组合随葬的墓主人或许有特定的身份（许宏 2016B）。

值得注意的是，这一肇始于二里头文化第二期的随葬品组合，经二

二里头绿松石龙形器与青铜铃

里头都邑两次大的礼制变革，一直延续了下来。

最早的青铜礼容器——作为温酒和饮酒器具的爵出现于第三期，成为日后青铜酒礼器群的核心。在此后的商至西周时代，能否拥有铜爵以及拥有数量的多寡，是区分人们社会地位的重要尺度（杨锡璋等1985）。而这一传统要上溯到二里头文化早期，前述出土铜铃和绿松石龙形器的3号墓就随葬有陶爵、陶盉、漆觚等酒器。到了二里头文化晚期，爵又最早被作为青铜礼器，可见其在礼器群中地位之重要。"由于当时处在我国青铜文明的早期阶段，青铜礼器的使用尚不普遍。因此，礼器（主要指容器类）的组合，往往是青铜器与陶器、漆器相配伍，青铜器单独配置成套的情形并不多见。铜礼器与其他质料礼器搭配成组，主要是铜爵（或加铜斝）与陶盉、漆觚的组合，铜爵与陶爵、陶盉组合也常见。青铜器与漆器、陶器共同组成礼器群，构成二里头文化礼器制度的重要特征。"（中国社会科学院考古研究所 2003）

早于二里头文化的龙山时代的礼制，尚属于"形成中的或初级阶段的礼制"。各地域文化的礼制内涵与形态各异，在这些"前铜礼器"群中，似乎还未发现以酒器组合为核心的礼制系统（高炜 1989）。即便有酒礼器，也大多依附于食器而存在。只有二里头文化，才确立了"以重酒组合为核心的礼器组合"。"这是一个跨时代的变化，从此开启了夏商、西周早期礼器制度一以贯之的以酒礼器为核心的礼器制度。"（李志鹏 2008）而以青铜酒礼器为核心的礼器组合的最终形成，是始于二里头文化第三期的。

二

就二里头都邑高等级遗存而言，二里头文化第三、四期之交（自三期晚段至四期早段）似乎是一个守成的时段，乏善可陈。二里头文化第四期的早、晚段之间，可能是发生在二里头都邑的第二次大的礼制变革。二里头文化和二里岗文化的分野，或可提前到这个时段。二里头文化末期，具有更大的"启下"的地位。

近年来，学术界就二里头文化第四期的文化内涵及其反映的历史问题做了较为深入的探讨。但关于二里头文化第四期与二里岗文化早期早段（即"二里岗下层一期"）（河南省文物考古研究所 2001）在年代上的相互关系，以及相关遗存单位的文化归属问题还存在着不同的看法，无法对二里头文化和二里岗文化之交的遗存做明确的辨析。我们倾向于二者在年代上有共存关系，至少部分时段重合（许宏等 2004，中国社会科学院考古研究所 2014）。而二里头文化末期（四期晚段）已进入二里岗时代，应属于二里岗文化的范畴，这一阶段或可称为二里头-二里岗文化过渡期。这是二里岗文化因素肇始于二里头和郑州商城，以及郑州商城开始崛起的时期。

能够确认属此段的青铜器较少，且主要见于二里头遗址。

如前所述，考古发现与研究表明，在二里头文化末期几十年时间里，二里头遗址中心区的"不动产"——高等级遗迹发生了一些较为显著的聚落形态上的变化，即始建于二里头文化二、三期的若干大型建筑工程如宫城及 7 号基址（宫城南门塾?）、1 号、2 号、4 号、8 号、9 号等大中型建筑基址和围垣作坊区北墙 3 号墙的局部受损，和 6 号、10 号、11 号等建筑基址和围垣作坊区北墙 3 号墙的兴建。我们注意到，位于宫城东路建筑群北端的 6 号基址依托宫城东墙而建、南邻 2 号基址，其宽度仍与早已存在的东路建筑群（2 号、4 号基址）一致，暗寓 6 号基址属于东路建筑群的续建，该基址群西侧道路仍在使用；10 号基址依托围垣作坊区的北墙 5 号墙（始建于二里头文化第二期）而建，虽压占于宫城南路之上，但并未完全阻断道路；新开掘于此期的两口水井，仍南北对应、颇有章法地建于 1 号基址西墙外。而铸铜作坊和绿松石器作坊则一直延续使用。种种迹象表明，这些建筑工程虽可能遭到了局部破坏，但仍存留于地表，甚至继续使用。此期的二里头聚落仍集中着大量的人口，存在着贵族群体和服务于贵族的手工业（许宏等 2004）。这些新旧建筑工程应是到了二里头文化的最末阶段才被一并废毁的。

但这些变化与铜礼器生产和使用在时间上的对应关系，因无明确的考古层位关系资料支撑，尚无法究明其细节。

按目前的分期认识，属于二里头文化四期晚段的青铜礼容器墓有七座（75VIKM3，84VIM6、M9、M11、87VIM57，75VIIKM7，87VM1，原报告分别定为三期和四期）。可知只是到了此期，青铜爵之外的其他礼容器如酒器斝、封顶盉、盉（？）、食器鼎，礼兵器戈、长身战斧、钺，嵌绿松石铜牌饰等在内的东亚大陆最早的青铜礼器群才开始在二里头都邑出现；此期的墓葬，才开始有铜爵、铜斝，铜鼎、铜盉（？）的随葬品组合其中 75VKM3、84VIM6、M9 三座墓葬曾被定为四期早段，根据《二里头（1999—2006）》报告（中国社会科学院考古研究所 2014）的分期方案，调整为四期晚段（许宏等 2010，赵海涛 2016）。这与此前的二里头文化第三期至四期早段墓葬中仅见青铜铃、嵌绿松石铜牌饰和铜爵等的简单礼器组合形成鲜明的对比。总体上看，墓葬所见青铜容器和玉器等礼器的数量和质量均超过二里头文化第三期至四期早段。

其中，最值得注意的是 1987 年出土的铜鼎和圜底铜斝。此二器系农民发现并卖出，由调查可知，与其共出的还有一件疑似铜盉的器物，惜未能追回。报道者推断应系出自同一墓葬，编号 1987VM1，属于二里头文化第四期。有学者进而认为，鉴于"鼎、盉在已知的二里头三期墓葬中皆不见，所以此墓如确属二里头文化，亦当属四期偏晚，近于二里岗下层时期"（朱凤瀚 2009）。"考虑到二里头文化没有使用陶斝的传统，这种新出现的组合方式当是受二里冈文化前身的影响"（陈国梁 2008）。另有学者指出，该墓所出铜斝，鼓腹圜底、锥足有棱的作风一直延续至二里岗文化晚期早段（李朝远 2006）。甚至有学者认为这两件铜器已"属于二里岗期商文化系统"（高江涛 2014）。有学者则干脆将这两件铜器划归"早商一期青铜器"，认为"早商一期青铜器主要出土于二里头遗址"，除此墓出土的两件外，还包括出有著名的乳钉纹铜爵的贵族墓1975ⅦKM7。这些器物上"开始出现简单纹饰"（袁广阔等 2017）。这些纹饰，的确可以被看作二里岗文化青铜器装饰风格的肇始。

有学者指出，此期铸铜技术上一个显著的变化是，铸造铜容器的复合范由双范变为三范，而上述铜爵和铜鼎，就是迄今所知青铜器中最早的外范采用三范的例证。这种制造工艺习见于其后的二里岗文化。而出现铜鼎和铜爵的二里头文化第四期"应属于二里冈下层的最早期阶段"（宫本一夫 2006）。

此外，与二里头文化青铜容器铸造相对粗糙的一般情况相比，到了二里头文化四期晚段时，少数器物制作才显得比较精良，注意修整范痕。

二里头—二里岗过渡期青铜器：鼎（左）与圜底爵（右）

　　众所周知，无论从形制源流和铸造技术上看，二里头文化与二里岗文化的青铜文明都是一脉相承的，但同时又可窥见阶段性的差异（许宏等 2010）。值得注意的是，大致从二里头文化第四期晚段起，二里头都邑的铸铜作坊开始铸造鼎、斝等以非二里头系统陶礼器为原形的铜礼器，这与此前以爵、大体同时以盉、鬶（？）等陶礼器为原形的铜礼器铸造规制有显著的区别（许宏 2012）。而这些器类日后构成了二里岗文化青铜器群的主体。其背后暗寓的礼制的重大变化，颇耐人寻味。

　　青铜礼兵器，也是二里头文化礼器群的重要组成部分。属于近战兵器的戈、钺、长身战斧共出土了4件，应当都是墓葬的随葬品。目前可确认年代者均属二里头文化末期。其中出土于墓葬75VIKM3的曲内戈和长身战斧，应属二里头文化第四期晚段。从形制、纹饰分析，钺也应属第四期晚段。另一件铜戈系采集品，原报告归入第三期，缺乏层位学和类型学依据（许宏等 2010）。学者在对青铜兵器的综合研究中，就将商代早期青铜兵器的上限上溯到二里头文化四期偏晚阶段（郭妍利2014）。从材质成分及刃部较钝等特征分析，这类兵器并非用于实战，而应是用来表现威权的仪仗用器，在当时并未普遍使用。这是迄今所知中国最早的青铜礼兵器群。戈、钺在随后的二里岗文化时期继续使用，成为中国古代最具特色的武器。

　　二里头文化第四期的早、晚段之间的变化，应是发生在二里头都邑的第二次大的礼制变革。

三

　　能够上升到礼制层面的变革，肯定是非同寻常的变革。二里头文化第二、三期之间中轴线布局的大型宫室建筑群和宫城的问世、以青铜礼容器尤其是酒礼为核心的礼器组合的形成，就被认为是真正的"朝廷"

与"宫廷礼仪"发端的表征（冈村秀典 2003）。二里头文化第四期中，或曰二里头文化末期发生的变化，更是令人瞩目的。它们当然都有资格被认为是探索王朝分界问题的重要线索。

尽管如此，我们依然没有排他性的证据，可以把夏商王朝更替的历史事件，对应于上述两次礼制大变革的哪一个节点上。换言之，我们仍然无法辨识任何一次礼制变革，究竟是王朝内部的礼制革新，还是王朝更替带来的更为剧烈的改制。剪不断，理还乱。"连续"中的"断裂"，或曰"断裂"中的"连续"，仍是观察二里头都邑这两大礼制变革节点的最大感受。这也给了夏商分界研究者以极大的分析乃至想象的空间。

如果强为说之，到目前为止，二里头与偃师商城的兴废是中国历史上第一次王朝更替——夏商革命的说法，不能不说仍是最能"自圆其说"的假说。需说明的是，替代二里头都邑地位的二里岗文化系统的主都是郑州商城而非偃师商城。偃师商城没有铸造青铜礼器的作坊，其性质或为别都、陪都、辅都和军事重镇之类，已多有学者论及。其中的 1 号建筑群能否称为"宫城"，是应该存疑的（许宏 2014B）。我们通过梳理二里头都邑礼制变革所得新认识与此契合，可能性较大。另，早有学者指出朝代的更迭与考古学文化的兴衰并不一定完全同步，一般而言，文化的更迭具有滞后性（孙华 1999，王立新 2009）。近来有年轻学者更通过对中国青铜时代考古学材料的梳理，指出在夏商王朝的更替中，也存在"新朝代之初的考古学文化在面貌上与前朝晚期基本相同，直至中期前后方形成具有自身特征的考古学文化"的现象，进而认为夏商分界应在二里头文化二、三期之交，二里头文化三、四期应属商代早期文化，而真正形成商文化自身特色，则在二里岗下层二期（毕经纬 2018）。这些分析都是具有启发意义的。不能排除二里头都邑第一次礼制大变革是夏商分界的产物，而第二次礼制大变革则相当于新王朝的"中期质变"，或至少拉开了这种"二里岗化"质变的序幕。

但必须再次强调的是，所有推论假说均非定论，包括目前学界所谓的"共识"。无论持何种观点，认为夏商分界之所在究竟相当于第一次还是第二次礼制变革，二里头是否都可称为"最晚的夏都"和"最早的商都"？即便像目前大部分学者所同意的那样，夏商王朝更替发生于二里头文化末期，二里头都邑出土的大部分青铜礼器是否也应属于二里岗（商）文化系统，而不属于二里头（夏）文化系统？

宫室建筑与中原国家文明的形成

　　自新石器时代开始，黄河流域的住宅建筑形式经历了从半穴居到地面居再到高台居的发展过程（周星 1989）。建筑作为社会文化的产物，也一直在显示着社会进步的趋势。中国新石器时代晚期乃至其后的青铜时代，在穴居住宅依然存在的同时，出现了大型地面式甚至突出于地面的高台式建筑。这类大型建筑的出现既与建筑技术的成熟相关联，又反映着事实上日益扩大的社会分裂。大型夯筑高台建筑的建造需要庞大的社会动员力量，又因其首先成为表现礼制的宫殿和宗庙之所在而具有权力象征的意义。这决定了宫室建筑从诞生之日起就与礼制和文明有着某种内在的联系。（许宏 2000）

　　因而，探究宫室建筑的起源与早期发展，无疑是探索中原国家文明形成过程的一个重要途径。

　　作为社会上层使用的高等级建筑，宫室肯定是社会复杂化的产物。宫室的出现应不是一蹴而就的，但是否可以做无限制的上溯，其起源过程中是否有质变的关键点，都有待探究。在探索宫室建筑起源时，我们把观察的起点放在史前时期超出一般居住需求、建筑方式特殊的大型地面建筑上。

　　地穴或半地穴建筑，因湿度大、采光不足，故不甚适合人类居住。在史前和历史时代早期，因这类建筑建造简单，节省建筑材料，多被作为社会下层的居所。超出居住范畴的地穴或半地穴建筑，多用于宗教祭祀的用途。如辽宁牛河梁红山文化遗址的所谓"女神庙"、河南新密新砦的大型浅穴式建筑和偃师二里头遗址祭祀遗存区的长方形半地穴式建筑（被认为即古典文献中的"墠"）（中国社会科学院考古研究所 2003）。这类建筑，与主要作为政治性建筑的宫室无涉，因而不在本文的讨论范围之内。

一 关于"宫室建筑"概念的界定

在汉代及以前的文献中，一般将三代及更早的建筑泛称为"宫室"。如：

《易·系辞下》："上古穴居而野处，后世圣人易之以宫室"。

《世本·作篇》："尧使禹作宫室"。

《论语·泰伯》："（禹）卑宫室而尽力乎沟洫"。《史记·夏本纪》也有类似的表述："（禹）卑宫室，致费于沟减"。

《淮南子·泛论训》："古者民泽处复穴……圣人乃作，为之筑土构木，以为宫室"。

在这里，宫室是所有房屋住宅的统称，而不存在贵贱和等级上的差别。《礼记·儒行》的说法最能说明问题："儒有一亩之宫，环堵之室，筚门圭窬，篷户翁牖"。如此陋室，亦称为"宫"。

《尔雅·释宫》："宫谓之室，室谓之宫"；《说文》："宫，室也"。"宫""室"互训，宫和室为同义词。一般来讲，宫是形制的概念，指整栋建筑或建筑院落，室则是其中的组成部分，即单体建筑或房间。《礼记·曲礼下》："君子将营宫室，宗庙为先，厩库为次，居室为后"，可知当时的"宫室"即为广义的概念，包含宗庙、厩库和居室等。

汉代以后，"宫室"渐渐专指社会上层尤其是王者所使用的高等级建筑。

现代考古学出现后，学者一般以"宫殿"、"宫殿建筑"、"宫殿基址"指称考古发现的大型建筑遗迹。但"宫殿"一词相对晚出，词义较窄，一般指单体建筑。从语义上看，"宫殿"主要指朝、寝两种功能的建筑，而无法包含宗庙等礼仪性建筑，似乎比"宫室"具有更强的政治性建筑物的意味。

考古发现的大型礼仪类建筑中缺乏能确切说明其功能与性质的材料，上古时代的建筑又往往兼具多种功能，因而用涵盖范围相对模糊和宽泛、兼具宏观的建筑组群意味的"宫室建筑"来概括，可能是较为合适的。

二　以二里头为先导的早期宫室建筑

偃师二里头遗址发现的大型建筑群，是目前可以确认的中国最早的与礼制相关的宫室建筑，其后的二里岗文化和殷墟文化的大型宫室建筑与其一脉相承。因此，二里头遗址宫室建筑群，可以作为探索中国宫室建筑起源与早期发展的一个基点。

迄今为止，二里头遗址较全面揭露的大型夯土建筑基址共有8座。其中始建于二里头文化早期者2座（3号、5号），位于宫殿区的东部；始建于晚期者6座（1号、2号、4号、6~8号），分别位于宫殿区的东部和西南部。二里头文化晚期，建筑群的周围圈围起夯土城垣，形成宫城区。

其中，7号和8号两座基址分别跨建于宫城南墙和西墙上，属门塾等单体建筑。其余6座均为院落式复合建筑。

（一）早期建筑

早期的3号、5号基址东西并列，其间以道路及其下的排水渠相隔。两座基址已揭露的部分至少都由三重庭院组成，都有经统一规划、在同一轴线上的廊庑建筑。建筑营建和使用时间约当二里头文化二期。

3号基址已探明长度逾百米，宽度则在50米左右。其中中院主殿夯土台基宽6米余，其上发现有连间房屋遗迹，室外有前廊。中院院内南北宽20米，中院和南院院内发现有贵族墓葬和石砌渗水井等遗迹。北院内发现有积水迹象的大型坑状遗迹。

5 号基址保存较好。该建筑经多次修建或增建，最上层夯土东西宽约 48 米，发掘区内南北长约 45 米，并继续向南延伸，已揭露的面积超过 2100 平方米。每进院落包括主殿和院内路土，主殿以窄墙间隔成不同的房间。北院和中院院内也分别发现有同时期的贵族墓葬。

（二）晚期建筑

1. 宫殿区西南部建筑组群：1 号、7 号基址

位于宫城西南部的 1 号基址，为一大型院落建筑。整个建筑建于平面略呈正方形的大型夯土台基上，东西长 107 米，南北宽约 99 米，东北部凹进，面积近 10000 平方米。台基夯土厚 1~4 米，夯筑质量极佳。台基周围环绕着廊庑和围墙。主体殿堂位于台基北部正中，殿堂基址东西长 36 米，南北宽 25 米，其上有柱网遗迹，可复原为面阔 8 间、进深 3 间，周围有回廊的木构建筑。主殿以南是宽阔的庭院，面积不小于 5000 平方米。大门在南庑的中部，带有门塾和 3 条门道。建筑物下铺设

1 号宫殿南大门复原　　　　　　　　　　　　1 号宫殿主殿复原

有陶水管，作为排水设施。

　　7 号基址系一座大型单体夯土建筑，位于 1 号基址南大门以南 30 余米处的宫城南墙上。基址东西长约 32 米，南北宽 10～12 米。基槽最深逾 2 米，夯筑质量极佳，基槽下部夯层间铺有 3 层卵石，类似做法仅见于 1 号基址主殿下的基础处理工程。这一夯土台基与 1 号基址有共同的建筑轴线，二者应属于同一建筑组群。有学者推测其应为宫城南门的遗迹（杜金鹏 2005，刘绪 2005）。

　　1 号、7 号基址与宫城墙都营建于二里头文化三期。

　　2. 宫殿区东部建筑组群：2 号、4 号、6 号基址

　　2 号基址系利用宫城东墙圈建而成，亦为独立的院落建筑。其平面呈长方形，南北长约 73 米、东西宽约 58 米，面积逾 4000 平方米。台基夯土最厚达 3 米。整个基址由主殿、廊庑和围墙、大门等建筑组成。主体殿堂也位于庭院的北部正中，殿堂基址东西长约 33 米，南北宽约 13 米，其上有木骨墙和廊柱遗迹，可复原为面阔 3 间、四周有回廊的木构建筑。主殿以南为庭院。台基周围的围墙内侧设回廊。大门在南庑中部，门塾正中夹一通道。庭院内发现有两处地下排水设施，分别为陶水管和石板砌成的排水沟。

　　4 号基址位于 2 号基址正前方，其主殿北距后者的南庑和南大门 10 余米，系一座大型夯土台基。主殿台基东西长近 40 米，南北宽逾 12 米，大于已发掘的 1 号、2 号基址主殿的面积。夯土台基保存较好，基槽现存深度在 1 米以上，局部达 2～3 米。已在台基南北两侧边缘发现有成排的大柱础。主殿东缘外发现南北向的木骨墙墙槽和廊柱柱础遗迹，或属 4 号基址的东庑。从已有迹象推测，4 号基址应与 2 号基址有较密切的关系，二者应属于同一建筑组群。

　　上述两座建筑基址均始建于二里头文化三期，持续使用至二里头文化四期或稍晚。

　　6 号基址位于 2 号基址的北墙外，也是一座依托宫城东墙而建的大

二里头 6 号基址鸟瞰

型院落建筑，由北殿、西庑和东、南围墙及庭院组成。整个基址略呈横长方形，东西长 56.6~58 米，南北宽分别为 38.3 米（东部）、49.5 米（西部），总面积逾 2500 平方米。该基址始建和使用年代均为二里头文化四期晚段，应为 2 号基址使用一段时期后增建的建筑。

6 号基址与 2 号基址的东西宽度大体相等，又均依托宫城东墙而建，西庑柱础南北一线，反映了这一区域宫室建筑布局的继承性。但增建于第四期的 6 号基址不具有如 1 号、2 号基址的中轴对称特征，它的发现提供了二里头遗址宫室建筑的又一类型。

（三）规制分析

如上所述，封闭式的院落布局构成了二里头文化宫室建筑的最大特色。建筑方向接近磁北（172~174 度），主殿坐北朝南，以廊庑环绕庭院。建筑组群和绝大部分院落建筑内部呈中轴对称布局。显然，这类建筑无论体量之大、结构和技术之复杂程度，都是新石器时代的"大房子"所不可比拟的，显现出复杂的设计理念，和对建筑技术的熟练运用，对建筑者的协调组织能力。这些建筑规制，都开后世中国宫室建筑之先河，奠定了其发展的基础。

　　学术界围绕 1 号、2 号基址等宫室建筑的性质曾展开过热烈的讨论，认为其应属宫殿、宗庙、社稷等，或与祭祀活动有关，众说不一，就目前的考古学材料还无法得出确切的结论。其实，中国古代"事死如事生"，祖先亡灵所处宗庙与在世王者所居宫殿的建筑规制在早期可能是完全一致的。如东汉蔡邕《独断》所言："人君之居，前有朝，后有

盘龙城俯瞰

寝。终则前制庙以象朝，后制寝以象寝……总谓之宫。"文献资料亦表明，三代宫室建筑基本上是宫庙一体的。宫室之前殿、朝堂亦称为庙，"庙"、"宫"通用之例屡见于先秦文献。后世以"庙堂"、"廊庙"指代王臣议政的朝廷，也是宫庙一体这一先秦古制的遗痕。这时的宗庙不仅是祭祀祖先的场所，而且是举行各种重大礼仪活动的场所。鉴于此，"由于古代社会祭政合一，生人之宫和先人之庙无绝对分别"（杜正胜1987），应是合理的推断。

值得注意的是，二里头遗址二里头文化早期的宫室建筑仅发现两座，均为一体化的多重院落的布局。这与二里头文化晚期以独立院落组成建筑群的布局形成了鲜明的对比。考虑到一体化的多重院落布局在此后的二里岗文化（如黄陂盘龙城遗址 F1、F2、F3 组成的多重院落）至西周时期（如岐山凤雏甲组基址）都有发现，这两种布局形态似乎可以看作两种并存的建筑类型。至于它们是否有功能和性质上的差异，还有待探索。二里头遗址 3 号、5 号基址的院内都有成排的贵族墓发现，或可为探索这类宫室建筑的功能提供一定的线索。

就单体建筑而言，二里头的宫室建筑也形成了一定的规制。主殿建筑台基均呈横长方形，宽度一般在 11~13 米，长宽比例超过 1∶2。多座台基上发现以木骨泥墙相隔的多间房屋。4 座基址夯土台基大体相近的建筑模数表明当时的宫室建筑已存在明确的营造规制，但同时又显现出一定的原始性，这些特征又影响到二里岗文化和殷墟文化时期的宫室建设。

比较二里头时代至殷墟时代的建筑模数可知，尽管这些主体殿堂建筑有数百年的时间跨度，但其建筑规模却惊人地相近：木骨泥墙房间进深稳定在 5~6.4 米；南北双排柱间进深多在 10~11.5 米。这一方面说明大型宫室建筑建造上的传承性甚至规制的存在；另一方面则表明建筑技术上存在极限，使得房屋总进深无法进一步扩大。在这种情况下，为了体现宫室建筑的宏伟，这一时期的宫室建筑只得选择扩充长度，建筑面

阔与进深的比值几乎都在 3 以上，最大甚至达到 7 以上。这种状况到了
西周时期才有所转变。西周时期的大型建筑，由于采用了柱网支撑结
构，房屋进深得以扩大，从而创造出面阔进深比值较小（都在 1.5 以
下），面积在 100 平方米以上的室内空间（李萌 2009）。

三　宫室建筑的要素与肇始

如果循由已知推未知的方法，从可以确认的礼仪建筑来上推这类遗
存的肇始，偃师二里头遗址的大型建筑基址可以作为一个可靠的基点。
这批目前可以确认的中国最早的与礼制相关的宫庙类建筑，其在遗存类
型上表现为大型夯土基址。其后的二里岗文化和殷墟文化的大型建筑与
其一脉相承。由此可知，中国早期宫室建筑的考古学载体是大型夯土台
基址，可以从中提炼出宫室建筑的几个物化要素：

一是超常规的大体量，面积达数千至 1 万平方米；

二是建筑位于高出地面的夯筑台基上，土木结构；

三是复杂的建筑格局，形制方正规整、封闭的庭院式布局、中轴对
称等。

从建筑的空间布局上看，由微观到宏观，由单元到总体，可将宫室
建筑分为单体建筑、建筑院落和建筑组群（宫城）三个层次。在这三个
层次中，单体建筑不能单独存在，而只是作为建筑的"部件"。真正的
宫室建筑，从一开始就显现出一种复合式的结构，即建筑院落是其最小
的存在单元。

宫室建筑院落的密闭性，是与宫室建筑的政治性功能相关联的。诚
如有学者指出的那样，"不让看，也是中国传统城市建筑景观的一大特
点"。宫室建筑的内部"看不见，它只属于同样看不见的皇帝，而不属
于城市，不易转化为城市纪念物"（唐晓峰 2005）。由前述梳理分析可

知，宫室建筑从诞生伊始，就采用密闭性的院落形式。它与群众性的公众参与和开放性无缘，因而成为鉴别早期宫室建筑的一项重要的指标。

显然，宫室建筑的封闭性、独占性和秩序性特征，是早期国家政治组织形式的物化反映，构成中国早期文明若干特质的一个侧面。

由二里头文化的大型夯土建筑基址往上追，可知最早将夯筑技法用于建造城垣和建筑的，是郑州西山仰韶文化晚期城址。到了龙山时代，黄河中下游地区工程建筑上夯土的应用已较普遍。这一地区直立性和吸湿性强的黄土，使得夯土版筑成为可能。高大的夯土城墙和筑于高台上的宫室建筑等，昭示着社会的复杂化，也成为中国历史上最早的文明纪念碑。

山西襄汾陶寺城址的东北部已集中发现数座大小不一的夯土基址，发掘者推断为宫殿区。其中最大的一处夯土基础（IFJT3）属陶寺文化中期。夯土基础近正方形，面积大约 1 万平方米。基址中部偏东残留柱网结构，面向西南，发掘者推断应为主体殿堂。柱网所占范围长 23.5 米、宽 12.2 米，面积为 286.7 平方米。殿堂柱洞有三排，总计发现 18 个柱础。柱间距不一，窄者间距约 2.5 米，宽者约 3 米，中央最宽者达 5 米。但由于保存状况不佳，其建筑布局的细节无从知晓。

此外，破坏夯土基址的灰沟、灰坑中还见有陶板瓦片、刻花白灰墙皮、带蓝彩墙裙墙皮及压印绦索纹的白灰地坪残块等，都表明这里曾有高等级建筑存在。

在形制上与二里头宫室建筑大体前后接续并保存较好的夯土基址，见于属王湾三期文化的新密市古城寨龙山时代城址，其建造和使用年代约当中原龙山文化晚期，大致在公元前 2000 年左右（方燕明 2009）。

该建筑属于夯土台基建筑，有基础坑，但地面以上的台基已不存。基址坐落于城址内中部偏东北处，由主体建筑（F1）和附属建筑（F4）组成。主体建筑 F1 坐东向西，南北长 28.4 米，东西宽 13.5 米，其规模与二里头遗址 1 号、2 号基址的主殿相仿，达 300 余平方米。由于破坏过甚，无从判断建筑的室内空间是否有分隔。附属建筑（F4）由垂直相交的北庑和西庑组成，其中北庑长 60 米，它们与主体建筑围起一个面积应在 2000 平方米以上的大型院落。

古城寨大型建筑基址主殿呈长方形，体量庞大，长宽模数已与二里头及其后的宫室建筑相同。封闭式院落布局，主殿坐落在院落一端，廊庑拱卫主殿。如此种种，都开后世宫室建筑的先河。唯其建筑方向，与二里头及其后坐北朝南的建筑方向不同，或为其原始性。就目前的考古发现而言，这是中国现知最早的具有四合院特征的大型建筑。有学者进一步推断这座建筑可能是该城最高统治者的施政场所，是龙山时代的原始宫殿（杜金鹏 2010）。

已知早于二里头的、布局结构清楚的宫室建筑，仅此一处。早于龙山时代的大型建筑，都不见类似的结构。鉴于此，可以认为这已接近中国宫室建筑的肇始。

四　宫室建筑的远源

众所周知，以中原为中心的黄河中下游是华夏王朝礼乐文明形成的核心地区。其他区域的早期文化只有若干文化要素被中原王朝礼乐文明所借鉴。就早期宫室建筑而言，其起源及早期发展更植根于中原及周边地带的自然与历史传统之中。长江流域及其他区域的建筑传统，基本上没有对中原王朝文明的宫室建筑产生影响。所以我们把梳理中国宫室建筑源头的视野，大体放在以中原为中心的黄河中下游地区。

民族学材料所见大型建筑，一般可分为公共住宅、集会房屋、男子或女子公所及首领住宅等数种（汪宁生 1983）。多功能的大型建筑在民族志中也不鲜见。新石器时代聚落中发现的大型房屋遗迹（俗称"大房子"），其功能性质更不易做明确的划分。对超出了一般居住需求的

"大房子"的功能和性质的推断，也不能离开对当时社会发展程度的背景分析。

作为公共设施的新石器时代聚落中的"大房子"出现较早，最初应与社会复杂化没有必然的关联。如在约公元前 6 千纪、相当于新石器时代早期的内蒙古敖汉旗兴隆洼遗址兴隆洼文化聚落中，已出现面积达 140 平方米的"大房子"。

在黄河中游地区，关中地区的陕西西安半坡、临潼姜寨等遗址，都见有相当于公元前 5 千纪的仰韶文化时期的"大房子"，最大的面积也在 100 平方米以上。这些"大房子"周围都有若干小型建筑围绕，学者一般推断其为公共活动场所（汪宁生 1983）。其中西安半坡 1 号房址（F1）已由木骨泥墙分割出不同的空间，总体由进门的大空间和后部三个小空间组成，有学者推测这应是目前所知最早的"前堂后室"的实例（杨鸿勋 2001）。

进入公元前 4 千纪，以晋、陕、豫交界地带为中心区域的庙底沟类型在各区域的交流互动中臻于兴盛。河南西部的灵宝一带是该类型的中心区域。面积达 40 万平方米的西坡遗址应是中心性聚落之一。

遗址的中心部位已发现多座大型房址，其中房址 F105 外有回廊，占地面积 500 余平方米，房址 F106 室内面积达 240 平方米。这是目前发现的该时期最大的两座单体房屋建筑。两座建筑技术复杂，F106 居住面下有多层铺垫，地面和墙壁以朱砂涂成红色。发掘者认为，宏大的规模、复杂的建筑技术和在聚落中的特殊位置，均显示它们不是一般的居住址，而应该是整个聚落举行大规模公共活动的场所。

与此大体同时的洛阳王湾遗址，也发现了面积达 200 平方米的大型地面式房址。

甘肃秦安大地湾仰韶文化晚期聚落，面积达 36 万平方米，应是聚落群中的中心村落。聚落布局以最大的建筑 F901 为中心，呈扇面形展开。房址 F901 坐北面南，以 131 平方米的长方形的主室为中心，两侧

秦安大地湾仰韶文化大型房址

扩展为与主室相通的侧室，左右对称，主室后面又间隔成单独的后室；主室前面有附属建筑和宽阔的场地，总面积达 420 平方米左右。经测试分析，居住面的胶结材料物理、化学性能近似于现代 100 号水泥砂浆地面的强度（李最雄 1985）。总体上看，它是由前堂、后室和东西两个厢房组成的多间式大型建筑，布局井然有序，主次分明，形成一个结构复杂严谨的建筑群体。一般认为该建筑应是集会或举行宗教仪式的公共建筑，堪称"原始殿堂"（苏秉琦 1994B）。

值得注意的是，这座多空间的复合体建筑，主室前有三门，中门有凸出的门斗，室内居中设大火塘，左、右接近后墙处各有一大柱，已形成轴对称格局（杨鸿勋 2001）。而"前堂后室"的空间基本构成，也颇具章法，从中或可窥见后世礼仪建筑的雏形。

五　由宫室建筑看国家文明的形成

比照前述史前时代的"大房子",可知它们大部分仅具有大于当时聚落中其他建筑的体量;虽均采取地面式建筑形式但尚未充分使用夯筑技法;最重要的一点,是"大房子"的形制结构具有开放式的特点,与其作为公共建筑的功能互为表里,而与宫室建筑密闭性的特点迥然有异。因此,这些史前时代的"大房子",都不能看作以二里头都邑为先导的三代宫室建筑的直接前身。

鉴于此,宫室建筑的肇始,就被限定在介于仰韶时代和二里头时代之间的龙山时代。这一时代也恰恰是东亚大陆青铜时代到来和广域王权国家初兴的关键性时段。

以中原为中心的黄河中游地区,在进入新石器时代的繁荣期后,迄于秦汉帝国崛起,可划分为两个大的发展阶段。

公元前6千纪—前4千纪的仰韶时代(苏秉琦 1994B)。尽管经历了从大体平等到初步复杂化的社会进程,但植根于东亚大陆农耕文化的区域性多元和平发展是其主流。除了红衣彩陶这一最醒目的文化符号外,以环壕为主的、向心式的聚落布局,作为公共活动场所的"大房子"和中心广场,盛行薄葬,玉器不发达等,构成了这一时代的重要标志。

公元前3千纪—前1千纪的铜石并用时代至青铜时代,包含龙山时代和随后以二里头为先导的早期王朝时代。考古材料表明,进入龙山时代,若干考古学文化的社会分层已较显著,贫富分化加剧,在聚落形态、建筑规格与品类以及遗物上都有一些令人瞩目的现象出现。如红陶彩陶为灰黑陶、彩绘陶所取代,向心式的聚落布局与有序的公共墓地退出历史舞台,"大房子"与中心广场为封闭而排他的、中轴线布局的院落式宫室建筑所取代,城垣建筑普遍化且以矩形为主,厚葬风习蔓延,玉器发达,青铜逐渐使用广泛并被用于制造礼容器、乐器和兵器，小麦、绵羊和骨卜习俗等外来因素进入社会生活，文字与文书开始出现。可以说，龙山时代是以礼乐制度为显著特征的华夏文明起源与形成的关键时期。诸多文化现象与制度层面的因素，为早期王朝文明所承继。在经历了数百年"逐鹿中原"的纷争之后，广域王权国家脱颖而出，"中国"最终问世。

考古发现与研究成果表明，仰韶时代与龙山时代间曾发生过重大而深刻的社会变革。就黄河中游及邻境地区而论，仰韶文化晚期至庙底沟二期文化时期，社会在经过了极其繁盛的仰韶文化庙底沟期之后进入了一个大分化、大动荡、大重组的调整阶段。与庙底沟期相比，遗址的数量和分布密度明显下降，各地文化的面貌也从具有极强的一致性转变为富于地方色彩。这些现象暗示着原有的社会秩序遭到破坏（赵辉等2002），一个重要的契机，是中原东方及东南文化因素的渗入（魏兴涛2012）。逮至龙山时代后期，即中原龙山文化阶段（约当公元前2400—前1800年），包括宫室建筑在内的与三代礼制相关联的遗迹的出现，可以纳入礼制系统的成组早期礼器的问世，应都是此次社会变革与重组的直接产物，而与前此的社会秩序、行为规范和宗教思想意识似乎仅存在间接的联系（见本书《礼制遗存与礼乐文化的起源》）。

就早期宫室建筑的特征而言，密闭式院落布局反映了政治决策的隐秘和排他性，以及宗教祭祀的垄断性，中轴对称格局反映了权力中心的秩序性和威仪感，不同规模和结构的建筑共存，反映了统治机构和管理流程的复杂化。而这些作为早期国家特征的要素，都不可能作无限制的上溯。

如果我们认可"国家是文明社会的概括"（恩格斯1972）的论断，认可国家是凌驾于社会之上的、以暴力或合法性为基础的权力机构的话，那么秦安大地湾及此前的"大房子"类建筑和附属广场因其"全民性"和开放性，以及所处聚落形态显现出的血缘宗教色彩，都与国家文明无缘。由宫室建筑遗存的角度看，中国国家文明形成的上限至多可追溯至公元前3千纪后半叶的龙山时代后期。

中国古都的恒与变

以早期城郭布局为中心

一　问题的提出

20 世纪中叶，在探索中国国家起源的路径和商周国家形态的过程中，一些学者运用文化人类学的模式，提出殷商、西周乃至春秋为"都市国家"（即中国学界的"城市国家"）的学说。如侯外庐认为中国"城市国家"的起源可追溯到殷商，而"西周时代……产生了大规模的封国运动，从东营洛邑以至春秋初年所谓'诸侯城楚丘而封卫'，可以说是城市国家筑城建国的一串历史"（侯外庐 1943）。宫崎市定则认为氏族社会—城市国家—领土国家—大帝国是世界古代史普遍的发展阶段，在比较了古代希腊、罗马城市形态的基础上，认为中国的城市国家阶段相当于殷周到春秋时期，其"无邑不城"的聚落形态甚至延续到汉代："我认为像亭这样的小聚落，其周围也都筑有城郭，之所以这样认为，是中国上古时期人民居住在城郭之内是基本原则，是他们生活的习性。"（宫崎市定 1957）

的确，在卷帙浩繁的中国古典文献中，关于城与筑城的记载不绝于书；至今仍耸立于地面之上的古城墙也不鲜见。至于湮没于地下、经发掘出土者，更是比比皆是。鳞次栉比的里坊或胡同，以及将它们圈围起来的高大城郭，构成了中古以后帝国都城最鲜明的物化表征。

所以不唯公众，即便学术界，一般也是把"无邑不城"作为中国古代都城的一个显著特色来加以强调的："城墙是构成都城的基本政治要素，没有'城墙'的都城实际上是不存在的"（刘庆柱 2006）；"对于古代都城而言，城郭不是有无问题，都城的城郭是其标志性建筑，这是古代'礼制'所限定的"（刘庆柱 2009）。

但细加分析，就不难发现这一特征并非贯穿中国古代都城发展的始末，而是有其鲜明的阶段性。历数十年的田野工作与研究，学术界取得的大体共识是，拥有南北向长距离的都城大中轴线、城郭与里坊齐备的古都布局，可以上溯到北魏洛阳城（宿白 1978）和曹魏时期的都城——邺城（徐光冀 1993）。再往前，如东汉洛阳城、西汉长安城乃至更早的先秦时期的都城，就不是那么形制规范、要素齐备了。中国古代都城的早期阶段（本文所言中国古都的早期阶段，限定于二里头时代至汉代，约公元前 1750—公元190年）有着怎样的发展轨迹？是单线平缓"进化"，还是有重大"变异"和波动？城郭齐备的状态是主流吗？其背后的动因又如何？如此种种，都是关涉中国古代都城甚至古代社会发展进程的大问题，因而成为学术界关注的焦点。

二　早期：二里头至东汉时代

通过对都城遗址考古材料的梳理，笔者认为"大都无城"——主要都邑外围不设防（无外郭城）——是汉代及其以前中国古代都城的主流形态。以下即分阶段对此加以分析。

（一）二里头至西周时代："大都无城"是主流

约公元前 1700 年前后，伴随着区域性文明中心的先后衰落，中国乃至东亚地区最早的具有明确城市规划的大型都邑——二里头出现于中原腹地的洛阳盆地。二里头文化与二里头都邑的出现，表明当时的社会由若干相互竞争的政治实体并存的局面，进入到广域王权国家阶段（许宏 2014A）。

至少自二里头文化二期始，二里头都邑的规模已达 300 万平方米以上，具有明确的功能分区，在其中心区先后出现了面积逾 10 万平方米的宫城、大型围垣作坊区和纵横交错的城市主干道等重要遗存。但在逾半世纪的田野工作中，却一直没有发现圈围起整个聚落的防御设施，仅知在边缘地带分布着不相连属的沟状遗迹，应具有区划的作用。可知，进入二里头时代，都邑聚落内部社会层级间的区隔得到强化，与此同时，对外防御设施则相对弱化。从聚落形态的角度看，二里头都邑是"大都无城"的一个最早的典范。

到了商王朝二里岗期，二里岗文化不仅迅速覆盖了二里头文化的分布区，而且分布范围进一步扩大，聚落形态和社会结构都有极大的飞跃。郑州商城和偃师商城都围以城郭，有极强的防御性。郑州商代遗址群的总面积达 15 平方公里，外城加沼泽水域围起的面积超过 10 平方公里。而由不足 1 平方公里扩至 2 平方公里的偃师商城，则城垣宽厚且有意设计出多处拐折，城门狭小，加之城内府库类建筑的设置，都体现了较浓厚的战备色彩。鉴于此，郑州商城为商王朝主都，偃师商城是军事色彩浓厚且具有仓储转运功能的次级中心（刘莉等 2002）或辅都（张国硕 2001）的意见应是较为妥当的。

关于二里岗国家的性质，学者多有论述。由大规模城郭的出现，以及对晋南和长江中游等地的扩张和据点建设，有学者认为商周王朝"战士国家"的特质，在这一时期就已显露无遗（冈村秀典 2008）。可以说，"商代晚期以安阳为中心的政体显示出商王室政治影响力复苏，但始终无法获得像二里冈时期那样的霸权地位"（刘莉 2009）。有的学者在对全球早期文明进行比较分析的基础上，甚至提出了二里岗文明是否应属东亚大陆最早的"帝国"的问题（Wang Haicheng 2014）。这些特征，都有助于我们理解城郭兼备的形态在二里岗时代出现的历史背景。

随着以郑州商城为典型代表的二里岗文化的衰落，以洹北商城为中心的洹河两岸一带作为商王朝的都邑崛起于豫北，殷墟遗址群开始走向繁荣，殷墟文化也自此发端，成为商代后期文化的典型代表。

就殷墟遗址群的总体分布看，殷墟从建都伊始就是跨洹河两岸的，其内部格局在殷墟文化的不同阶段有所变化。建都初期，其城市重心在洹北。以洹北为中心，开始营建宫殿区和面积约41万平方米的宫城，但不久，大片宫殿建筑即被火焚毁，在聚落周围挖建了圈围面积达4.7平方公里的方壕。出于目前还不知道的原因，刚刚挖就的方壕随即被草草回填，南壕甚至未加夯填，都城的重心即移到了洹南（岳洪彬等2011）。以洹南小屯宫殿宗庙区和洹北西北冈王陵区为中心的200余年的时间里，殷墟都邑经历了规模由小到大、结构逐渐复杂的过程，聚落总面积达36平方公里。但在80余年的田野考古工作中同样未发现外郭城的迹象。

安阳殷墟宫庙复原区鸟瞰

无论如何，在相隔了 100 余年军事攻防色彩浓烈的二里岗时代后，殷墟的聚落形态又呈现出与二里头都邑相近的状况，并正式进入了至西周王朝结束近 500 年"大都无城"的阶段。

位于陕西关中西部的周原遗址，总面积约 30 平方公里，先为周人灭商前的都城，终西周王朝则一直是周人祖庙之所在，也是王朝诸多贵族的重要聚居地。在数十年的考古工作中也一直没有发现城垣的迹象。有学者认为这是不同于夯土围城的另一种城的类型，即"因自然山水地形地貌加以堑修（挖掘）而成的河沟台地堑城"（彭曦 2002）；而长安丰镐和洛阳洛邑遗址，也应类同。

西周王朝的都城——丰京和镐京遗址，地处西安市西南沣河两岸。据最新的勘查结果，丰京遗址总面积约 8.62 平方公里，镐京则为 9.2 平方公里。新发现的面积广大的自然水面或沼泽地构成了天然的屏障。迄今尚未发现夯土城垣或围壕等防御设施。

西周初年，周王朝即着手在洛阳营建东都洛邑，作为经营东方、巩固政权的重要基地。西周时期的洛邑究竟为一城还是分为王城和成周两个城邑，其具体位置何在，长期以来莫衷一是。越来越多的学者倾向于认为成周即洛邑，而西周时期并无所谓的"王城"（梁云 2002）。从考古发现上看，西周文化遗存集中分布在瀍河两岸一带，但迄今未发现城垣。其兴盛于西周早、中期，到西周晚期已衰落，应即金文和传世文献中的成周（洛邑）（叶万松等 1991，刘富良等 2005）。

据分析，周代主要诸侯国都城曲阜鲁国故城，可确认的最早的城垣大致属两周之交或稍晚（许宏 2000）；临淄齐国故城范围内西周晚期遗存的发现与文献所载齐国始都临淄在时间上大致相合，但目前发现的零星西周时期的城垣性质尚难以遽断。

在拙著《先秦城市考古学研究》中，笔者已指出"在上述夏商西周三代王朝都城和方国都城中，城垣的筑建并不是一种普遍的现象，后世严格的城郭制度在这一时期尚未最后形成"（许宏 2000）。此后长时段的都邑观察和深入思考，使我们意识到这样的归纳尚不足以把握当时都邑与社会发展的切实脉络。显然，除了商代前期这一特殊历史阶段的城郭形态，"大都无城"是广域王权国家时代都邑制度的主流。

（二）春秋战国时代：兴于乱世的防御性城郭

进入春秋战国时代，政治上列国分立，各自立都，军事上兼并战争频繁，具有防御功能的城郭布局应运而生。徐苹芳将其概括为宫城加郭城的"两城制"的形态（徐苹芳 1995）。

在春秋时期的都邑中，我们还能看到上一个时代"大都无城"形态的残留。首先是位于侯马的晋国都城新田，在 40 余平方公里的范围内分布着具有宫城性质的数座小城及宫殿基址，盟誓、祭祀遗址及手工业作坊遗址、居住遗址和墓地等大量遗存，整个都邑遗址没有外郭城。另一个例子是洛阳东周王城，对以往发掘材料的分析表明，"东周王城城墙的始筑年代不早于春秋时期"，结合"新的考古发现证明东周王城东墙始筑于战国时期，而与东墙一体的其余三面城墙的始筑年代也应相同，则东周王城的城墙始筑年代是在战国时期"。从春秋遗存的分布上看，平王东迁之王城也应在遗址范围内，只不过春秋时期的王城没有郭城（徐昭峰 2007）。从考古发现和文献记载看，位于荆州的楚国郢都纪南城在春秋时可能并无大城城垣，现存遗迹应主要反映的是战国时期郢都的形态（许宏 2000，梁云 2006）。

有学者主要依据文献资料对春秋战国时期的城郭布局进行了复原，认为将宫城置于郭城之中也即"内城外郭"是这一时期城郭布局的正体。与此形成鲜明对比的是，从现有的考古材料看，凡战国时期新建或改建的都城，格局都为之一变，出现了将宫城迁至郭外或割取郭城的一部分为宫城的新布局（马良民 1988）。

这种变化似乎还可以更为简洁地概括为从"内城外郭"变为"城郭并立"。这一观察结果在对相关城址的深入分析中也得到了验证。就

邯郸赵故城"龙台"鸟瞰

燕下都西城南垣城墙

城、郭的相对位置而言，战国时期的列国都城大体可分为两类。一是宫城在郭城之外，如临淄齐故城、邯郸赵故城等；二是割取郭城的一部分为宫城，如曲阜鲁故城、新郑韩故城、易县燕下都（东城利用河道分割宫城与郭城，西城则为附郭），洛阳东周王城、楚都纪南城似乎也可归入此类（许宏 2017）。如果说内城外郭的格局是春秋时期"卫君"的最佳设防，那么随着社会矛盾的日益尖锐，各国统治者竭力使自己的栖身之所脱离居民区的包围并满足其恣意扩建宫室的奢欲，似乎就成为战国时期各国都城新格局出现的主要原因。而军事、国防设施等的长足进步，也使宫城单独设防成为可能。

（三）秦至东汉时代："大都无城"的新阶段

已有学者指出，与上述兴盛于东方列国的"两城制"的城郭形态不同，"从雍城到咸阳，秦国都城一直采用了一种'非城郭制'的格局，并对汉代国都的城市布局产生了深远的影响"（梁云 2006，韩国河等 1992）。的确，在战国时期城郭布局盛行的大势中，秦都咸阳尤其给人以"异类"感。

战国中晚期秦国及秦王朝（秦代）都城咸阳遗址，地处关中平原中部的咸阳原上、渭水两岸。虽然数十年的考古工作中在这一区域发现了大量与秦都咸阳密切相关的各类遗存，但迄今尚未发现外城城垣，都城的布局结构也不甚清楚。

有学者对秦都咸阳遗址不见城垣的考古现状做了如下解释："秦咸阳实际是个有范围而无轴心，有宫城而无大郭城的城市，在布局上呈散点分布的交错型，政治中枢随时间转移，所以中心建筑也未定型，这一状况的出现，应该说由于秦国处于特定的历史条件下所形成的。"（王学理 1985）总体上看，秦都咸阳是一个缺乏统一规划思想指导的不断扩展的开放性城市，其范围从渭北逐步扩大到渭水以南，最终形成了横跨渭水两岸的规模（韩国河等 1992，李令福 1998，徐卫民 2000）。

位于现西安市西北郊的汉长安城，是西汉王朝和新莽王朝的都城，据新的测绘结果，其城垣圈围起的面积近 34.4 平方公里（董鸿闻等2000）。该城址究竟是内城还是外郭？抑或属于"非城郭制"城市？学术界莫衷一是。针对汉长安城发现以来的主流观点——30 多平方公里的城址就是汉长安城的外郭城，杨宽认为其"很明显地属于宫城（即内城）的性质"，"长安城内，主要是皇宫、官署、附属机构以及达官贵人、诸侯王、列侯、郡守的邸第。一般居民的'里'所占的面积是不大的"（杨宽 1984）。对此，主持长安城田野考古工作的刘庆柱则认为"确认汉长安城为宫城的论点是不能成立的"，"因为宫城是围绕皇宫（或王宫）修筑的城"（刘庆柱 1987）。

二者对宫城概念的不同解释，差异在于杨宽取的是广义，而刘庆柱取的是狭义。其实，内城、小城、宫城本不易做明确的划分，三者在一定情况下是可以通用的。《汉长安城》一书（刘庆柱等 2003）的章节和附图，就包括城外的礼制建筑、离宫和苑囿，甚至汉长安城附近的诸陵邑。可见即便坚持认为汉长安城的城圈即郭城的学者，也不否认上述城圈以外的部分，属于汉长安城的重要组成部分。

或许，汉长安城的城郭布局和人们的认同，有一个动态发展的过程。有学者推测长安城"横门外夹横桥大道的市，当属汉朝臻于极盛时，长安城内工商业高度发展，为城市布局所限制，不得不向外蔓延的产物"（刘运勇 1992），这些认识都已得到考古发现的印证。可以认为汉长安城的"郭"有一个扩大的过程，且从延续战国时代大立郭城的传统，转变为内城加郭区的"大都无城"的状态，进一步彰显出巍巍帝都的气势。

如果再放开视野，可知汉王朝继承了秦代的京畿制度，改秦"内史"为"三辅"；又在京畿地区建置陵邑（《汉书·地理志》），这些陵邑也是西汉京师行政区和经济区的组成部分。关于西汉长安居民的分布问题，王子今的观点具有相当的代表性："西汉长安城内有限的平民居地集中'口二十四万六千二百'，就当时的居住习惯而言，居民的生存空间显然过于狭小。然而通过'乡'的设置，推想有部分长安户籍资料统计的民众居住在城外的可能。"（王子今 2007）

　　类似的争议延伸到了对东汉洛阳城性质的论定上。与叙述东汉洛阳城仅限于城圈的主流观点（王仲殊 1984）相左，杨宽认为"洛阳城依然属于内城性质。南宫和北宫不仅面积很大，而且占据城中主要部位……宫殿、仓库、官署，和西汉长安一样，布满整个都城之内"，"洛阳整个城属于'皇城'（内城）性质"（杨宽 1993）。的确，总体上看，东汉洛阳城内宫苑面积也达全城总面积的二分之一左右，仍处于以宫室为主体的都城布局阶段。相比之下，对居民里闾与商市的安排则处于从属地位。

　　另外，东汉洛阳城已有较大的郭区，但尚无具有实际防御作用的郭城城垣。杨宽据《洛阳伽蓝记》的相关记载指出，汉魏洛阳与西汉长安一样，"以天然河流与新开漕渠作郭区的屏障，同样以桥梁与郭门作为郭区的门户，或者以桥梁与外郭亭作为郭区的关口"，而"汉魏洛阳之所以会有与西汉长安如此相同的结构，该是东汉都城的建设沿用了西汉的制度"（杨宽 1993）。

　　《中国考古学·秦汉卷》对洛阳城外的遗存做了较详细的介绍："据文献记载，当时在洛阳城周围，最高统治者同样精心营造了为数众多的宫、观、亭、苑，近城地带，更是各种重要礼制建筑的所在地和人口较为密集的居民区"，"历年来勘察实践显示，当时的手工业遗址主要分布于城外"（中国社会科学院考古研究所 2010）。显然，上述种种，构成了郭区的内涵。

三　晚期：魏晋至清代

随着曹魏邺城和北魏洛阳城外郭城垣的兴建，"大都无城"的都邑形态才最终退出了历史舞台。总体上看，从魏晋到明清时代的中国古代都城，具备了下列三个重要特征：城郭兼备的总体布局，全城大中轴的设计理念，里坊街巷的统一规划。这三者又是互为表里，大体同步的。

对曹魏邺北城、北魏洛阳城、东魏北齐邺南城、隋大兴城和唐长安城等城址的发掘与研究，表明以都城为代表的中国古代城市至此逐步发展成为布局严整、中轴对称的封闭式里坊制城市。

三国时期的曹魏都城邺北城，开始出现方正的布局，连接东西两大城门的大道将全城分为南北两大部分。北区为宫殿、苑囿、官署和贵族居住区（"戚里"），宫城建于城的北部中央，官署集中于宫城前的司马门外。南区为一般衙署和里坊等。北区大于南区。位于全城中部的南北向大道，经宫城南门，直通南垣中央城门中阳门，形成全城的中轴线（徐光冀 1993）。至此，中国古代早期都城中分散的宫殿区布局被中轴对称的规划格局所取代，曹魏邺北城的这种平面规划，对后世中国古代城市的发展产生了深远的影响。

北魏洛阳城的主要部分仍沿用东汉至西晋的洛阳旧城，仿照邺北城的规划格局，宫室北移。正对外朝主殿太极殿、由宫城南门阊阖门南伸至南垣城门宣阳门的铜驼街，形成了一条明确的南北中轴线。铜驼街的两侧分布着中央官署和太庙、太社，使中轴线的设计更为突出。至此城内部分几被占尽。于是在旧城外围新筑外郭城。外郭城范围广大，其内规划了320个坊，封闭式坊制至少在这一时期已开始出现。相应地，作为工商业区的三个"市"也设置在外郭城中。（宿白 1978，段鹏琦 1986）

这一阶段的城市规划，到隋唐时期发展至顶峰。隋大兴城和唐长安城，是中国中古时期封闭式里坊制城市的典范。长安城面积达 84 平方公里。宫城位于全城北部，便于控制全城。宫城之南设有皇城，是中央高级衙署和太庙、社稷所在。全城以对准宫城、皇城及外郭城正南门的朱雀大街为中轴线。在外郭城范围内，以 25 条纵横交错的大街，将全城划分为 109 坊和东、西两市。这种方格网式的规划，使整个城的平面如同棋盘。隋唐东都洛阳城，除因地形关系将宫城和皇城设在郭城西北部外，格局与长安城大体一致。（宿白 1978，马得志 1982，徐苹芳1982）

随着社会商品经济的发展和工商业的日趋繁盛，从唐代末期至北宋前期，封闭式的坊市制逐渐被开放式的街巷制所取代。此后的元、明、清各代的城市规划及制度，均采用这种开放的形态，并有所发展。宋元明清时期，是中国古代城市发展的成熟阶段。

北宋都城汴梁和南宋都城临安，都是在唐代旧城基础上改建扩建而成的。在街道布局上虽不甚规整，但在城市布局的科学性和合理性方面有了长足的发展。汴梁全城有内外城墙三层。中间一层为内城，主要分布着中央各官署，内城中部又有宫城，即大内（丘刚 1990）。这种宫城居中、布局方正的重城式平面规划，对后来金中都、元大都乃至明清北京城都有很大的影响。

元大都平面呈矩形，由宫城、皇城、外郭城三重城套合组成，中轴线的规划更为明确。城内的九条纵街和九条横街构成了全城的主干街道。据此，元大都的总体布局与《周礼·考工记》所载"营国"制度最为符合。在城内南北向主干街道之间分布着数百个胡同，今天北京城内的许多胡同就是元代火巷胡同的残迹。全城以街道划分为五十个坊，但周围已无围墙相隔，呈开放之势。元大都的城市规划是中国王朝时代后期开放式街巷制的典型，这一新的城建规制为后来的明、清所继承。（徐苹芳 1988）

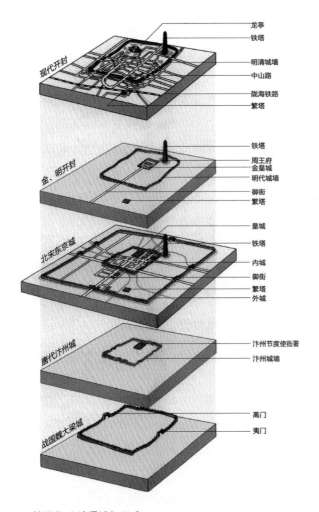

现代开封
龙亭
铁塔
明清城墙
中山路
陇海铁路
繁塔

金、明开封
铁塔
周王府
金皇城
明代城墙
御街
繁塔

北宋东京城
皇城
铁塔
内城
御街
繁塔
外城

唐代汴州城
汴州节度使衙署
汴州城墙

战国魏大梁城
高门
夷门

开封历代"城摞城"示意

　　明永乐年间立为都城的北京城（内城）是在元大都的基础上缩北展南，改建而成的。内城的街巷，基本上沿用元代旧制。嘉靖年间，又在城南加筑一外城，实际上是尚未完工的环城外郭城的南部。中轴线仍沿元大都之旧，更为加长。所有城内宫殿及其他重要建筑都沿着这条南北向的中轴线展开。皇城和宫城占据全城的中央部分，以帝王为中心的建中立极的都城规划思想在这里得到了最充分的体现。清定都北京后，基本上袭用明的都城和宫殿，此外又开辟了西郊的皇家林苑。（徐苹芳1984）

可见，只是在先秦秦汉"大都无城"时代之后的魏晋至明清时期，中国才进入了"无都不城"的时代。

四　余论

通过对以先秦至秦汉时期为中心的中国古代都城发展历程的初步考察，笔者认为整个中国古代都城史可以依城郭形态的不同，划分为两个大的阶段，即实用性（防御性）城郭阶段和礼仪性城郭阶段。由此，可以揭示中国早期都城发展史上的一些重要现象，提炼出若干规律性的认识：

（一）在自最早的广域王权国家都邑二里头至曹魏邺城前近2000年的时间里，"宫城+郭区"而非"宫城+郭城"的布局，才是都城空间构造的主流（约三分之二的时间），这一现象可以概括为"大都无城"。值得注意的是，这一阶段正处于以中原为中心的早期王朝和帝国的上升阶段，大都不设防，应与广域王权国家和早期帝国强盛的国势及军事、外交优势，对都城所处自然条件的充分利用等，都有一定的关联。

（二）其间只有二里岗时期和春秋战国两个时期为城郭布局的兴盛期，二者都有特殊的历史背景，军事局势的高度紧张是其共性。战国时期城郭并立的布局，是社会矛盾尖锐、列国对峙兼并这一特定历史时期的产物，前无古人后无来者，并非像以往认为的那样，属于一脉相承的中国古代都城史上一个承前启后的环节。

（三）处于都城发展史早期阶段的防御性城郭的实用性质，导致城郭的有无取决于政治、军事、地理等诸多因素，"大都无城"的聚落形态应即这一历史背景的产物；而后起的、带有贯穿全城的大中轴线和严整里坊的礼仪性城郭，因同时具有权力层级的象征意义，才开启了汉代以后城、郭兼备的都城发展的新纪元。

综上，实用性城郭和礼仪性城郭，构成了中国古代都城发展史上一个极为重要的阶段性差异。贯穿中国古代都城演进之始终而大致不变的是作为社会上层禁地和统治中枢的宫城或内城，直至紫禁城；随社会发展变动不居的则是都邑的总体布局结构，尤其是外郭城的有无。

已有学者注意到，马背上的族群在征服中国广大地域，占据国家的支配地位以后，面临着如何对人口占绝大多数的农耕地区原住民进行统治的问题。为满足原住民的心理需求，而在国都建设上尽可能地采用符合礼制的城郭与宫室形态，用充满象征性的建筑空间和具有隔离性、封闭式的管理来强化统治。从北魏洛阳、隋大兴、唐长安和洛阳起，直至后来的元大都、清北京城皆如此（李孝聪 2017）。这从另一个侧面诠释了"后大都无城"时代上述规制产生的背景和意义。当然，其背后复杂的历史动因，尚待今后深入的研究来解明。

【 论 理 】

三代文明与青铜时代考古

以概念和时空流变为中心

众所周知，三代文明，指夏、商、周三代王朝文明。这是中国考古学研究的一个重要领域。作为大的阶段划分的概念，其与史前时代、秦汉至明清时代一道被相提并论，三者当然有其相当的共性，但三代的特殊性也颇鲜明。同时，这些特殊性又并不都是不言而喻的。"概念是对研究对象的理性意义上的把握……概念的含义和阐释往往也标示着研究者对问题的把握深度和对其复杂性的认识。关键概念范畴的界定往往是研究工作的首要任务。"（何平 2009）因而，对与三代文明相关的概念和时空流变，以及其与青铜时代的关系等问题再做梳理，就有其必要性，这也即本文的立意所在。

一　中国考古学阶段划分的范式特色

首先，在中国历史学和考古学中，构成约定俗成的分类系列的几个概念本身就不是同类项。这形成了历史与考古研究的"中国特色"，同时也带来了诸多的尴尬。

作为开篇的"史前时代"，采用的是史前（Pre-history）、原史（Proto-history）和历史（History）的分期话语体系（Christopher Hawkes 1981）。这一时代划分方法立足于各个时期在研究材料和方法上的差别，着重考察文字与文献的演进及其作用。陈星灿归纳了各国学者关于"史前"与"原史"的解释，认为"几种说法尽管不同，但都表达了同样的意思，即史前史应该是研究没有文字时代的历史，而原史则是研究文字最初产生时期或文字不起关键作用时期的历史"（陈星灿

1997）。显然，夏商周三代至少有一部分时段是属于"原史时代"的（见本书《商文明：中国"原史"与"历史"时代的分界点》）。但长期以来，中国考古学界摒弃这一概念，认为"从实际意义来说，原史考古学的重要性不如前两者（指史前考古学和历史考古学——引者注）"（夏鼐等 1986）。

史前时代，从人类物质文化发展阶段的角度看，主要属于石器时代。旧石器时代和新石器时代的概念，也被广泛使用。这里采用的又是石器时代、青铜时代和铁器时代的分期话语体系（丹尼尔 1987）。但这一话语体系也没有被中国考古学界彻底贯彻。由于进入王朝阶段就有清晰的朝代传承记录，所以只有"石器时代"被借用，其后的阶段划分就直接利用传世文献的话语体系了。

1952 年，文化部、中国科学院考古研究所和北京大学联合举办了全国第一届考古工作人员训练班。当时由考古所的郭宝钧讲授"殷周"一段考古。1953 年至 1955 年，郭宝钧在北京大学任教，开始编写《殷周考古》的正式讲义（1954 年油印本）。1956 年始，北京大学历史系考古专业"殷周考古"课更名为"商周考古"，1956 年编成《商周考古》讲义，截至春秋时期（油印本）。在 1958 年出版的中科院考古所业务学习教材《考古学基础》（中国科学院考古研究所 1958）中，断代考古被分为石器时代考古、商周考古、秦汉考古、魏晋南北朝至宋元考古四个大的部分。此后的 1960 年，北京大学正式铅印了系列教材《中国考古学》第三编《商周——青铜时代》（北京大学历史系考古教研室商周组 1979）。

将"商周"和"青铜时代"并用，显现了当时社会风潮的影响。郭宝钧在其 1963 年出版的《中国青铜器时代》一书的"绪论"中，述及"本书依据这些地下资料，参以先秦文献和文字的写实，在历史唯物主义的思想指导下，拟分门别类，通商殷两周的史迹发展，作如下的综述"。在书中，作者分章概述了青铜时代人们的生产、生活、社会组织和精神文化。现在看来，这也是极其难能可贵的。

此后，中国大陆再没有出版过一本综述整个中国青铜时代的专著了。关于后来对"青铜时代"概念的弃用，1970年代出版的《商周考古》中有专门的说明："考古学的分期法，是根据制造工具和武器的材料，把属于原始社会范围内的历史划分为石器时代、青铜时代和铁器时代。这种分期法正确地反映了人类征服自然界的历史过程，曾经得到无产阶级革命导师马克思的赞许而被普遍采用。但是，自从人类进入了有文字记载的历史，就成为'阶级斗争的历史'（《共产党宣言》），考古学三时代的分期法已经不足以代表其时代的特征而失去了意义。夏、商、西周已是奴隶制时代，春秋已开始向封建制过渡，因此，我们一般地不采用青铜时代和铁器时代的分期法。"（北京大学历史系考古教研室商周组　1979）

代之而起成为潮流的，是以文献所载王朝为线索的"以复原王统历史为目的的研究"（唐际根　1998）。至此，史前时代（石器时代）＋王朝分期，成为中国考古学阶段划分的一种权威范式。

二　三代考古：模糊的时间上限

回到"三代"，可知上述物质文化和王朝断代的"嫁接"，在其衔接之处，却不是没有问题的。这与三代（至少是其早期）尚处于前述"文字最初产生时期或文字不起关键作用时期"也即"原史时期"是有着直接的关系的。但由于中国考古学界长期以来弃用"原史时代"的概念，在"史前时代"和"历史时代"两分法的框架下，夏商周三代多被简单地划入历史时期。如"作为历史时期考古学，夏、商考古必须参照文献记载，并倚重于地下出土的当时文字记录，以期对相关遗存做出符合历史实际的科学解释"（中国社会科学院考古研究所　2003）。事实上，这是一个到目前为止都搞不清时间上限的研究领域。单就此点而言，它并不符合"历史时期"最基本的条件——存在丰富而可靠的文献记录。

对传说中的"夏"的处理，最能说明问题。在 1950 年代的"殷周考古"或"商周考古"讲义中，编著者认为由于"有比较可靠的文字记载，从商殷开始"，而"史记夏本纪所提到的夏代，也应该存在的，将来要靠发掘来证实"（中国科学院考古研究所 1958），所以对"夏"存而不论，由石器时代考古径直转入"商周考古"。

1961 年出版的《新中国的考古收获》，则在"奴隶社会"一章下设"商殷"和"西周春秋"二节，"封建社会"一章下设"战国"一节。在"商殷"一节中，已开始探讨可能的夏文化了，但囿于材料，编著者仅提出"（河南龙山文化和洛达庙类型文化遗存）两种文化在探索夏文化中是值得注意的"（中国科学院考古研究所 1961）。

1979 年出版的北京大学考古专业教材《商周考古》，对"商周考古"的定义是"指夏、商、西周、春秋这一历史阶段的考古"，且在"商代"一章之前专辟一章"二里头文化"，虽书名和章节题目上未言明"夏"，但正文中已认为"二里头文化大体相当于历史上的夏代"，是"一种介于龙山文化和早商文化之间的古代文化"（北京大学历史系考古教研室商周组 1979）。这已将龙山文化排除在夏文化之外，而将二里头文化排除在商文化之外，从而确指二里头文化为夏文化了。翌年，邹衡的《夏商周考古学论文集》出版，该书特辟专章论述二里头文化即夏文化，这也是首部在考古学上肯定夏文化存在的重量级学术专著（邹衡 1980）。显然，邹衡在执笔《商周考古》教材时，已为其学术观点埋下了伏笔。在集体编写的公共教材《商周考古》中，具有极强的个人风格的"夏"学说已呼之欲出。

1984 年，集中国社会科学院考古研究所全所之力编撰而成的《新中国的考古发现和研究》出版。该书为夏鼐总负责，持论审慎平和。在

"新石器时代"一章后仍沿袭成例，列"商周时代"专章，而综述三代。"商殷时期"一节下设"关于夏代文化的探索"专题，紧接其后的是"偃师二里头的早商遗址"，显然仍持二里头文化晚期属于商文化的观点。（中国社会科学院考古研究所 1984A）

《中国考古学年鉴（1984）》"考古学研究"综述一栏，在"新石器时代考古"下列《商周考古》一文，同时附专文《夏文化探索和早商文化研究》，综述此前多年该领域的研究状况。连续两个年度的《商周考古》综述文，都是由考古所的学者撰写的。到了《中国考古学年鉴（1986）》，由北京大学李伯谦教授撰写的该时段的综述，正式冠名为"夏商周时期考古"，延用至今。（中国考古学会 1984、1985、1988）

此后，各校的"商周考古"课不约而同地改为"夏商周考古"，中国社会科学院考古研究所商周考古研究室也改为夏商周考古研究室。1990 年代后期，"夏商周断代工程"启动。这应该和邹衡《夏商周考古学论文集》的学术标杆作用和其研究方法、学术观点日益深入人心有关，抑或与 1980 年代偃师商城的发现导致更多的人倾向于二里头文化为夏文化有关。无论如何，在没有决定性证据出现的情况下，由知名学者论断的影响和新的考古发现导致主流观点的变化，即可以使确认一个传说中的朝代的存在成为学界的共识，这是颇具意味的事。

2003 年中国社会科学院考古研究所出版的《中国考古学·夏商卷》，仍在"二里头文化"一章前设专章介绍"夏文化探索"（中国社会科学院考古研究所 2003）；2013 年吉林大学三代考古教材《夏商周考古学》，鉴于"目前考古上尚未发现可标志夏代开始的确切遗存"，"只能暂将（早于二里头文化的——引者注）'新砦期'遗存的起始年代作为夏商周考古研究的时代上限"（井中伟等 2013）。可见，尽管相关教材专著经历了从书名无"夏"到明确有"夏"的变化，研究方向由"商周考古"改为"夏商周考古"，但夏王朝遗存的不确定性，却一直延续了下来。国际学界通行的阶段划分之"青铜时代考古"，并未被

《商周考古》（1979）　　　　　　《夏商周考古学》（2013）

采用和强调，这反映了中国考古学界的研究取向。

三　三代考古：模糊的空间外延

在 1950 年代，"商周考古"的课程和教材内容还基本上是以中原王朝的考古发现与研究为限的（中国科学院考古研究所 1958）。这当然是受限于当时考古工作和认识的结果，但不能不说那时的概念界定是名实相符的。

1960 年，北京大学历史系考古专业铅印了系列教材《中国考古学》第三编《商周——青铜时代》，开始增加了"商周时期的边区青铜时代"部分。到 1979 年出版的《商周考古》，就分别在"商代"部分增加了"北方和南方地区商代其他青铜文化"一节，在"西周至东周初"

部分，增加了"北方和西北地区的其他青铜文化"，在"春秋中叶至春秋战国之际"一节，增加了"华南、东南地区的青铜文化"一节（北京大学历史系考古教研室商周组 1979）。

在 1984 年出版的《新中国的考古发现和研究》中，"商周时代"一章中的最后一节，是"殷周时代边远地区诸文化"。2003、2004 年出版的《中国考古学·夏商卷》《中国考古学·两周卷》分别设专章介绍"周边地区的考古学文化"。新近出版的《夏商周考古学》也有"周边地区的青铜时代文化"一章。

与史前时代（石器时代）概念的普世性，秦汉至明清时代以帝国为主的政治与文化"疆域"的大体稳定形成鲜明对比，三代王朝是从无到有、从小到大，内涵和外延都处于剧烈的变化中的。在广袤的东亚大陆上，它们是最早的一批广域王权国家。在其外围还分布着众多与其有交流、受其影响或完全未发生关系的其他青铜文化，甚至石器时代文化实体。这些文化实体，是无法用三代或夏商周的概念来涵盖的。张光直的《古代中国考古学》在这一问题的处理上，就将"最早的文明：夏、商、周三代"和"'三代'以外的最早文明"以两个并列的专章区分开来（K. C. Chang 1986，张光直 2002B）。从这个意义上讲，中国考古学界的三代考古或夏商周考古，已成为一个时段的考古学的概念。

那么，其空间外延，如果不限于三代王朝，又如何界定呢？

《中国考古学·夏商卷》对周边地区考古学文化的介绍，不仅包括黄淮下游、长江上中下游、关中与晋陕高原、内蒙古中南部、甘青、燕山南北地区，还囊括东北及闽粤桂地区，甚至新疆天山南北也原本在其收录范围之内（中国社会科学院考古研究所 2003）。《夏商周考古学》更开宗明义，指出"从地域范围看，本课程研究对象不仅包括中原地区的……文化，而且也包括周边地区同时期诸考古学文化"（井中伟等 2013）。其收录周边地区的同时期的考古学文化，远较《中国考古学·夏商卷》更为"齐全"。上述处理原则，已有学者一言以蔽之："夏商周考古学的研究对象是现今中国境内夏商周时期的人类文化遗存。"
（王巍等 2006）"现今中国境内"这一当代行政和政治区划范围，成为
考古学一个研究领域的空间界定指标。

关于这些问题，我们还心存困惑：

三代文明＝夏商周王朝文化＝夏商周时代的文化＝公元前 2 千纪至
前 1 千纪前半段、现中国境内所有文化遗存，这一等式及研究上的处理
方式是否成立？

所有在"现中国境内"的三代时期的文明，都属于三代文明的研究
范畴吗？

三星堆、吴城、马桥、夏家店下层、朱开沟、齐家、四坝，甚至新
疆地区的青铜文化……它们都属于三代文明吗？

所有年代上在"夏商周时期"的考古学文化，都属于"青铜时代文
化"吗？

与此同时，《中国考古学·夏商卷》《中国考古学·两周卷》《夏商
周考古学》中三代王朝周边地区诸文化的介绍部分，分别约占其总篇幅
的 33.3%、11.4% 和 26.4%。由此可知，首先，三代王朝本体的内容，
占了三分之二甚至五分之四以上，处于绝对优势；其次，与夏商相比，
两周时期华夏核心文化的范围有了大幅度的扩展，强力"挤压"了所谓
"周边地区"文化的生存空间。因此，上述统计数字也显现了三代文明
不断扩展的动态过程。

至此，可以说，由邹衡等前辈奠基的三代考古或曰夏商周考古臻于
大成。如果说邹衡是夏商周考古研究一个时代的代表，而从某种意义上
讲，"我们仍然生活在邹衡的时代"（许宏 2013），那么，这个时代的
特色是什么？其定鼎之作《夏商周考古学论文集》，7 篇长文，分别论
证了考古学上的（先）商文化、夏文化和先周文化。用邹先生自己的
话，他的工作就是"把某些考古学上的问题引向夏、商历史问题的研
究"（邹衡 1980）。罗泰的归纳也许更切中其实质："这几篇论文系统

邹衡著《夏商周考古学论文集》（1980）
2005 年，作者陪同考古学家邹衡（右）考察二里头

论证了邹衡关于夏、商、周三个朝代的考古学特征，商、周两个朝代的起源以及重要遗址的历史定位等重大学术问题的观点。"（Lothar von Falkenhausen 2006）这是否也就是"以复原王统历史为目的的研究"？或者说，其最大的特色已蕴含于这个时段考古学的定名——"三代考古（夏商周考古）"中，或可称为"王统的考古学"？

　　如果"王统的考古学"对于此前"王统的文献史学"是一场材料和方法上的革命的话，那么今后我们应做的是什么？大概就是超越三代王统考古学的、对东亚大陆青铜文化宏观体系的建构。

　　如前所述，以三代作为中国考古学阶段划分标尺而淡化青铜时代概念的不足，是可以显见的。有学者甚至认为，"由狭义史学观影响，考古发掘热衷于寻找与王统有关的遗迹和遗物"，"以复原王统历史为目的的研究造成了古代遗迹遗物作为科研资源的重大浪费"（唐际根1998）。鉴于此，李伯谦早在 1980 年代即有构建中国青铜文化发展阶段与分区系统的思考（李伯谦 1990A），希望能"着力探讨中国青铜文化的起源、发展以及不同谱系文化之间的影响、碰撞、融合等问题，使读者对中国青铜文化有一个鸟瞰式的全面、系统的认识"。他指出，"我之所以对中国青铜文化的结构体系课题情有独钟，是因为我很早以前就形成了一种认识。我认为，中国幅员辽阔，古代文化错综复杂，过去由于历史的原因，大家将中国青铜文化的研究重心放在中原地区的夏、商、周文化固然无可厚非，但随着中原以外各地大量青铜文化遗存的不断涌现，对之仍然不加重视，很可能就要犯'以点带面''以偏概全'的错误了。"（李伯谦 1998）李先生在上引其文集的前言中述及本想按着这一思路撰就一部专著，但一直未能如愿，这是颇为遗憾的事。

值得欣慰的是，仍有学者对此做了进一步的思考。孙华指出，"由于中国幅员辽阔，青铜文化体系繁复，要从总体上全面梳理中国青铜文化的材料，阐述中国青铜文化的概况，解释青铜文化存在的问题，理解青铜文化反映的社会历史背景，其困难是显而易见的。因此，目前虽然有不少研究者已经对一些具体的青铜文化做了文化这个层面的分析，但还缺乏对某一传统区的若干青铜文化从起源到消亡的全过程考察，至于从中国青铜文化体系这个层面进行研究的学者则更是寥寥无几。"（孙华 2003）他的这一长篇论文《中国青铜文化体系的几个问题》，对中国各青铜文化区的材料作了系统的整理，并在此基础上，对中国青铜文化的出现和消亡，以及中国青铜文化的发展历程等问题做了宏观的考察和分析，是十分难能可贵的。但诚如作者所言，迄今为止，仍缺乏全面论述中国青铜文化的论著问世。学界翘首以待。

四　青铜文化视角的若干问题

预计具有中国特色的"王统的考古学"研究还将持续下去。与此同时，在前述学术背景下，若干问题或许是我们在中国青铜时代考古探索中最需要加以思考并尽力解决的。这些问题可归纳如下：

（一）中国青铜文化的发生及其动因。

（二）欧亚大陆青铜文化格局下的中国青铜时代文化研究。

（三）深入系统的分期和分区研究。把握中国青铜文化发展的动态过程，关注各青铜文化发展的不平衡性，梳理出其消长脉络。

（四）中国青铜时代的终结，青铜时代与铁器时代的更替。

（五）三代政治文明与中国青铜文化的关系。

其中最重要的，是构建考古学本位的关于中国青铜时代研究的话语体系。今天，当中国考古学学科的主要着眼点逐渐从建构分期与谱系框架的所谓文化史的研究移向以社会考古为主的研究，我们需要加深对作为考古学基础作业的"考古学文化"深度与广度的认知和把握（许宏2011）。预计从"聚落本位"的精细化的微观背景关系，到诸区域"文化"的态势及互动关系，到诸如各类城址、建筑、青铜礼乐器、各类兵器、空三足器、金器、卜骨、权杖、铜鼓、大石墓—石棚、石棺墓、土墩墓等重要遗存"圈"存在状态的探究，都会有长足的进展，研究方法也将随着整个中国考古学学科的转型而得到提升。类似于《试论我国从东北至西南的边地半月形文化传播带》（童恩正 1986）这样的研究，应当得到提倡，增扩其深度与广度。作为一级学科的考古学，应当搭建与其他人文社会科学学科对话的平台，以其独特的学科视角与能力，贡献于哲学社会科学一般法则的建构。

有理由相信，中国青铜时代考古，将在这一洪流中大有可为。

商文明：中国『原史』与『历史』时代的分界点

在 20 世纪的数十年中，中国考古学界一直未普遍采用国际同行所使用的"原史时代"的概念。这一由于文献很少、考古材料的重要性超过或等于文献材料的时期（Glyn Daniel 1981）曾被评价为"从实际意义来说，原史考古学的重要性不如前两者"（夏鼐等 1986）。随着考古发现与研究的进展，中国学术界越来越关注这一介于史前时代和历史时代之间的重要时期（李学勤 1984，刘文锁 1998，钱耀鹏 2002，吴晓筠 2005）。我们认为，史前、原史与历史时代三分法的提倡有助于学科发展及对中国古史进程的总体把握。

总体上看，倾向于同意使用"原史"概念的学者，在对"原史时代"的时间位置和基本定义的认识上并无太大的分歧，但概念的模糊和不确定（如仅把这一时期定义为"文献记载不足、需要大量考古工作补充的时代"）（李学勤 2004），仍使对中国"原史时代"年代范围的界定缺乏准确性和可操作性。因此，在具体划定中国"原史时代"的上下限问题上存在着不同的意见（表1）。具有代表性的表述是："比较简单的想法，是将夏商周三代都划归这个时期"（李学勤 2004）。

有学者认为，"中国的原史时代大致相当于考古学上的铜石并用时代和青铜时代，亦当古史传说中的五帝时代和夏商周（西周）三代，代表着中国古代文明的早期阶段。而原史时代早、中、晚三期的划分，似可比较清楚地揭示出中国古代文明脱胎于史前氏族社会，以及这一时期文字制度和社会政治结构逐步走向完善和成熟的发展历程。"（钱耀鹏 2002）显然，这主要是从文化和社会发展进程角度来讨论"原史时代"的。我们认为，"原史时代"尽管与早期文明、国家或青铜时代密切相关，却不应是它们的代名词。指出上述问题有助于我们理解相近的划分方案是如何得出的。

　　法国《史前大辞典》指出，"原史"这一概念"首先具有一种方法论之意义，应用于一些为历史文献所不能确定的文化群体。……它可以是指那些自身尚未拥有文字、然而却为同时代的其他人群所记述和提及的人群；也可以指那些通过后世的口头传说、记忆或者记载而保存下来其历史的人群。在此两种状况下，其研究可以包括考古学资料及间接的文字记载资料两方面。此时期在年代学体系中只具有一个很短暂的时间范围，而且也不精确"（DICTIONNAIRE DE LA PREHISTOIRE 1988，刘文锁 1998）。这一表述具有代表性。陈星灿归纳了各国学者关于"史前"与"原史"的解释，认为"几种说法尽管不同，但都表达了同

表 1　关于中国"原史时代"划分的主要观点

时代 ＼ 主要观点	夏鼐 王仲殊 1986	石兴邦 2001	李学勤 1984 2004	钱耀鹏 2002	吴晓筠 2002	笔　者
秦汉及以后						
战国						
春秋	商始					
西周						晚商始
殷墟	商 夏 五帝 三皇		夏始	五帝始	夏始	
二里岗						
二里头						
龙山		五帝				
仰韶及前仰韶						

注：□ 史前　□ 原史　■ 历史

样的意思，即史前史应该是研究没有文字时代的历史，而原史则是研究文字最初产生时期或文字不起关键作用时期的历史"（陈星灿 1997）。关于史前（Pre-history）、原史（Proto-history）与历史（History）时代的划分，立足于各个时期在研究材料和方法上的差别，着重考察文字与文献的演进及其作用。相关讨论也应在这一前提下进行。

我们认为，一般被划归"原史时代"的龙山至西周时期的考古学文化，在由文字材料所决定的社会集团被复原的程度以及研究方法上都有着重大的差别。具体而言，可以二里岗文化和殷墟文化为界，将其划分为两个大的阶段。前一阶段的龙山、二里头至二里岗时代诸文化，均属于已发现了零星的直接文字材料，为若干后世文献（间接文字材料，属口传历史而非编年史）所追述（许宏等 2008），主要靠考古学材料来研究，但还不足以确认其"历史身份"的人们共同体的遗存。后一阶段的晚商、西周王朝文化则已有了直接的文字材料来"自证"其族属或王朝阶段，因而已不属于"无法依据文字材料复原的群体"。其与以后的历史时代考古学文化，在文字材料的占有上仅有多寡的不同，而无本质的区别。即便典型的"历史时代"如中古甚至近古时期，也并非均"有比较全面的史学著作"，其内容也"不足以充分表现当时历史的方方面面"（吴晓筠 2005）。因此，目前"原史时代"与"历史时代"的分界点应即在此。简言之，从宏观的角度看，"历史时代"可定义为有直接的文字材料可"自证"考古学文化所属社会集团的历史身份的时代。

由于"身份"明确，历史时代的考古学文化一般均可与文献所载的社会集团相对应，因而可以直接以国（族）或王朝名来命名。史前至原史时代一直分列的文献史学与考古学两大话语系统（前者一般采用神话传说人物和朝代名，后者习惯以考古学文化来命名）至此才开始合流（许宏 2004A）（表2）。晚商文化、西周文化均属此类，殷墟则因有甲骨文的出土与释读而成为第一座"自证"身份的王朝都城，从而走出了

"传说时代"。徐旭生先生在半个世纪前指出，"我国，从现在的历史发展看，只有到殷墟时代（盘庚迁殷约当公元前一千三百年的开始时），才能算作进入狭义的历史时代。此前约一千余年，文献中还保存一些传说，年代不很可考，我们只能把它叫作传说时代。"（徐旭生 1985）其后的几十年间，中国上古时期考古学的发现虽层出不穷，研究不断深入，但却未能"更新"或深化当年的认识，关键即在于直接文字材料的阙如。

应当指出的是，与商文明有关的三大考古学文化的史料性质是不同的。

如前所述，殷墟文化已被确证属商代晚期。二里岗文化作为早于殷墟晚商文化又与之一脉相承的考古学文化，可推定为商文化。但其本身还没有可"自证"身份的文字材料，因而还具有"原史时代"文化所特有的模糊性或不确定性。由于不能确认二里岗文化究竟仅属商代中期

表 2　史前、原史、历史的阶段划分与对应史料

	直接文字材料	间接文字材料	文献史分期		历史阶段
秦汉及以后 战国 春秋 西周	较系统的记录	↓	书写历史	编年史	历史
殷墟	商 夏 五帝 三皇	零星或无		口传历史 神话		原史
二里岗						
二里头						
龙山						
仰韶及 前仰韶					史前

抑或涵盖整个商前期，所以早于它并与其有密切文化关联的二里头文化的归属也就无法确认。类似二里岗文化乃至二里头文化、下七垣文化的族属及所属王朝阶段之类的问题，是无法通过考古学的努力来解决的。正因为商文明介于"原史时代"和"历史时代"的分界点上，可谓"一脚门里，一脚门外"，这种状况导致商王朝的下限已经澄清，而上限则仍是模糊的，迄今为止还无法究明。就方法论而言，"原史时代"研究因其研究对象的特质而导致研究结论具有极强的相对性，这是应引起研究者"自觉"的。"任何把个人的描述、解释和复原绝对化的倾向都没有意识到考古资料的局限性，当然更没有意识到解释者个人所处时代和能力的局限性。"（陈星灿 2006）

有关二里头文化的性质归属及其与二里岗文化的关系问题存在多种假说。与此相应，关于二里头、郑州商城和偃师商城究竟属文献记载中的哪座都邑，也有多种推定意见。择其要者，可罗列如下（表3）。

由表3可以显见，只有最后一种推定意见，即以小屯宫庙区为中心的洹南殷墟属商王朝最后一座都城的观点，因有直接文字的出土而可成定论，对其余诸遗址的性质归属问题均存在多种推测。到目前为止，除了"偃师商城盘庚亳殷说"（郑光 1991）因与考古事实相差太远而不为学界接受外，我们还没有确切的证据来排除或否定其他任何一种假说所提示的可能性，没有证据去证实或否定古代文献中关于夏和早商的历史。在可"自证"遗存归属的直接文字材料发现之前，由于学科的局限性，考古学尚无法使二里头文化与二里岗文化成为真正"信史"的一部分，尽管学术界一直寄望于通过发现的机缘与自身的努力将"历史时代"的上限进一步提前。

早有学者指出考古学存在着若干局限性，其中之一是，"考古学只能见到人们表现于物质的活动，和能揣测到物质遗存所能体现的人们的关系及其他思想等方面的内容"（张忠培 1999）。落实到本文所要探讨的问题，可以说考古学仅可提供某一人类共同体的社会发达程度是否接

表3　与商文明有关的都邑遗址的推定意见

朝代与推断都邑		二里头文化	二里岗文化		殷墟文化	
		二里头	偃师商城	郑州商城	洹北商城	洹南殷墟
夏	夏都斟鄩					
	夏桀都					
商前期	汤都亳					
	伊尹城					
	辅(别)都重镇					
	太甲桐宫					
	太戊新都					
	仲丁都隞					
商后期	河亶甲都相					
	盘庚都殷					
	武丁—帝辛都殷					

近或达到国家（王朝）水平的证据，可以探索文明的形成过程，却无法在没有直接文字材料的情况下证明狭义史学范畴的具体社会实体如夏、商王朝的存在。"夏文化、商文化同后来的宗周文化、秦文化、楚文化一样，是历史时期考古学文化的名称。它们同以典型遗址或最初发现的遗址地名命名的诸史前文化或二里头文化、二里岗文化、小屯文化的命名原则不同，属于考古学与历史学整合层面上提出的命名。"（中国社会科学院考古研究所 2003）如前文所述，前殷墟时代的遗存因尚未进入"历史时期"而具有模糊性和不确定性，相关的整合性研究结论也就具有不可验证性，如"五帝文化"、"夏文化"、"先商文化"、"中商文化"等。就现有材料而言，我们还没有充足的证据将龙山文化、二里头文化、下七垣文化、二里岗文化等属于"原史时代"的考古学文化用上述整合层面上的概念加以命名。认为这些考古学文化可以用整合层面上的概念加以命名的研究取向，其前提是"周甚至周以后的文献"即间接

文字材料"是形成关键论点的关键论据",这正是张光直主张在商文明研究中应加以避免的(张光直 2002A)。

　　明确了商前期及更早阶段属于"原史时代",有助于我们从方法论的角度把握相关问题研究的过去与未来。笔者在回顾夏文化探索历程时曾指出,"与夏王朝对应的考古学实体及作为夏王朝主体的族群,由于文献与考古材料的不足,加之我们一直也没有建立起有效地说明考古学文化和族属、考古学文化的变迁与社会政治变革之间相互关系的解释理论,可以认为迄今所做的研究在很大程度上属于推论的性质。我们认为,在能够说明夏王朝史实的内证性材料(如当时的文字)发现之前,靠单纯的考古学研究是无法最终解明夏文化的问题的。其实,考古学的学科特点,决定了其以长时段的、历史与文化发展进程的研究见长,而拙于对精确年代和具体历史事件的把握。长期以来聚讼纷纭的对文献所

偃师商城西二城门遗址发掘

1988 年，考古学家张光直在安阳出席殷商文化讨论会（右）
1989 年（？），张光直在偃师商城工作队观察陶器（左）
张光直作品《商文明》英文版（1980）、中文版（2019）

载夏商王朝更替和某一王朝都城具体地望的讨论，对某一考古学文化所属族别与朝代归属的论辩，至今久讼不决，莫衷一是，已很能说明问题。在对夏文化的探索上，我们只能说取得了长足的进展，至最终解决相关问题，恐怕还有很长的路要走。"（许宏 2004A）包括商文明前期在内的原史时代考古学的研究方法和取向，仍是学界应当加以深入探讨的问题。

方法论视角下的夏商分界研究

　　夏商分界研究是中国古代史研究中颇受关注的一个重要问题。它是现代考古学参与古史重建后的一个命题。这一课题试图从考古学遗存中辨析出文献所载国史上最早的两个王朝的更替，即从对夏、商文化分界的探究入手，最终确认夏、商王朝分界。它成为数十年来为学界关注的一个研究热点。

一

由已知推未知的探索

　　通观 20 世纪学术界对中国早期文明史的探索历程，其重要的研究方法之一是由已知的文明实体往上推，从其成熟的国家社会所表现出的明显的特征中，探究早期国家的某些本质的萌芽及其发生发展过程。由于丰富的文献材料及由此产生的史学传统，这一探索理所当然地以对具体王朝的确认为中心，即便在现代考古学诞生之后也是如此。

　　20 世纪初叶，王国维对安阳殷墟出土的甲骨文进行释读研究，证明了《史记·殷本纪》所载商王世系表基本可靠、商王朝的事迹为信史（王国维 1959）。这一重大学术收获给了中国学术界以极大的鼓舞。被誉为"中国考古学之父"的李济于 1926 年赴山西南部考察，其中就包括"关于舜帝和夏代的一些古老传说都集中"的中条山一带，以及夏县——"传说的夏朝王都"，在那里寻访了"夏后氏陵"。随后又有夏县西阴村的发掘，这是第一次由中国学者主持进行的考古发掘。位于晋南的夏县，是保留尧、舜、禹和夏王朝传说较多的地方，西阴村的西南即是安邑"禹王城"的传说地。循着文献提供的线索寻找夏王朝的遗迹，是李济在晋南考察与发掘的动机之一。其后，就曾有学者把其发现的含有彩陶的仰韶文化看作夏王朝的文化（徐中舒 1931，丁山 1935，翦伯赞 1947）。1930 年代晚于仰韶文化的龙山文化发现后，又有学者推测龙山文化属夏朝遗迹（范文澜 1955，吴恩裕 1956）。

1928 年开始的对安阳殷墟的发掘，确认该地系商王朝的晚期都城遗址，从而在考古学上确立了殷商文明。至 1950 年代，又由于早于殷墟而文化特征与之近同的二里岗文化和郑州商城的发现，考古学上的商文化遂被上推至二里岗期。早于殷墟的商文化的确认，是考古学的一个重要贡献。1959 年，徐旭生等在梳理文献的基础上对可能的"夏墟"进行踏查的过程中，又发现了二里头遗址。以此为契机，中国最早的青铜时代文化——二里头文化又进入了考古工作者的视野，这一文化在年代上晚于龙山文化而早于二里岗文化。截至近年，在二里头遗址发现了目前所知中国最早的宫城、最早的宫殿建筑群、最早的城市干道网、最早

1926 年，考古学家李济结束西阴村的发掘，坐马车返程途中（左）
1929 年，李济主持殷墟第三次发掘，在现场手持一块彩陶（右）

的青铜礼器群，以及官营作坊区等。依据上述考古发现，学术界大体上取得了这样的共识，即：二里头文化是早期国家或王国的遗存；二里头遗址则应是一处早期王朝都城的遗墟。

这一探索历程给我们的启示是，文献中的古史传说并非全属无稽之谈；经过系统梳理考证的文献，可以作为探索中国早期文明的有益线索。

上述认识，是考古学对中国古代文明史研究的重大贡献，现在看来，也是考古学在夏商文化探索中所能提供的历史信息的最大限。由于在二里岗文化和二里头文化中，尚没有发现像甲骨文那样的内证性文字材料，因而不能确认二里岗文化究竟仅属商代中期抑或涵盖整个商前期，早于它并与其有密切关联的二里头文化的归属也就无法确认。显然，就早期王朝与族属的研究而言，早于殷墟时代的考古学文化已进入未知的领域。

商王朝分期语汇与论争焦点

应当指出的是，中国考古学的分期语汇并不统一。在三分法的情况下，一般用"早期""中期"和"晚期"；在二分法的情况下，一般用"前期"和"后期"的概念。如与三分法加以对应，则"前期"大体上相当于早、中期；也有把前后期之交的遗存另划出来作为中期的。当然，二分法中也有使用"早期"和"晚期"者。在这种情况下，早、晚期大致相当于前、后期。

如以二分法划分商文化的发展阶段，一般以殷墟文化为商代后期或商代晚期。早于殷墟文化的商文化相当于商代前期或商代早期（二分法层面上的"早期"多见于1950—1960年代的论述）。对此学术界基本上无异议。随着研究的深入，学者们积极将考古遗存与文献所载商王世系相比附，以三分法对商王朝历史进行阶段划分的方案成为主流。一般以成汤、仲丁和盘庚三位商王的继位，作为商代早期、中期和晚期的开始。如与二分法加以对应，则盘庚以后属商代后期，此前则划归商代前期。

其中，以殷墟为代表的商代晚期是一个公认的已知的基点。再往前上溯，究竟是二里头文化的一部分属于商代早期、二里岗文化属于商代中期，还是二里岗文化属于商代早期，就已进入未知的范畴。换言之，商王朝的上限究竟能否上溯至二里头文化，如果能，相当于二里头文化的哪一期？或者说，二里岗文化属于商代前期没有问题，但它是不是最早的商文化？对此，学者间产生了严重的分歧。在没有直接文字材料出土的情况下搞清这个问题，就成了数十年来中国考古学界乃至史学界给予极大关注并孜孜以求的一个重要学术目标。

"二重证据法"的泛用

"二重证据法"的泛用，是这一由已知推未知的探索历程的最显著的特征。

1925 年，王国维在清华研究院开设"古史新证"一课，力倡"二重证据法"。他说："吾辈生于今日，幸于纸上之材料外更得地下之新材料。由此种材料，我辈固得据以补正纸上之材料，亦得证明古书之某部分全为实录，即百家不雅驯之言亦不无表示一面之事实。此二重证据法惟在今日始得为之。"（王国维 1994）

"二重证据法"的提出与运用，对中国现代历史学与考古学的发展都具有重要的意义，但对其内涵的理解却颇不一致。李济指出："这一时期，王氏所指的'地下材料'，仍以有文字者为限。"（李济 1968）《古史新证》中列举的地下材料，的确限于甲骨文与金文。所以"二重证据法"的本来意义应理解为以出土文字资料与传世文献互证为特征的研究方法。需要注意的是，互证的两方均为文字材料，这是"二重证据法"的本质特征，也是前述由甲骨文和《史记·殷本纪》的互证确认商王系的关键之所在。

殷墟花园庄东地刻辞卜甲

随着中国考古学的发展，学术界对"二重证据法"有了新的解释，其外延在不断地扩大。如李济认为，"'地下材料'这一观念，应由王国维氏的定义加以扩大。考古学家必须根据现代考古学的定义，把'地下材料'再作一番新的界说，即：凡是经过人工的、埋在地下的资料，不管它是否有文字，都可以作研究人类历史的资料。"（李济 1968）有学者将其称为"把传世文献、田野考古的遗迹、遗物及出土的文字资料结合起来研究，即所谓'三重证据法'"（田旭东 2003）。如果采用这一说法的话，可以显见，作为考古学家的李济所扩展的"第三重证据"是无字的考古学遗存。但还有学者认为"二重证据法"本来是"把考古学的东西和历史学的东西放在一起来研究，特别是把地下的东西和地上的传世文献放在一起来研究……如果说一般的考古资料和古文字资料可以分开，这第三重证据就是考古发现的古文字资料"（李学勤等2002），这恐怕有违王国维"二重证据法"的初衷与真实含义。

在此后的研究中，"二重证据法"往往被理解为一般考古材料与文献互证的整合方法而加以泛用。需要指出的是，互证的两方如一方属于无文字的材料，则另外的可能性就无法排除，相关研究也就进入了无法验证的推断和假说的范畴，研究结论势必带有极大的相对性。1950年代以来关于夏商分界问题的讨论，就大体可以作如是观。

夏商分界研究的认识前提

在成功释读甲骨文，证明商王世系的基本可靠之后，王国维本人即颇为乐观地推论道："由殷周世系之确实，因之推想夏后氏世系之确实，此又当然之事也。"（王国维 1959）由《史记·殷本纪》被证明为信史，推断《史记·夏本纪》及先秦文献中关于夏王朝的记载也应属史实，进而相信夏王朝的存在，这一由此之可信得出彼之可信的推论方式得到广泛的认可，成为国内学术界的基本共识，也是在考古学上进行夏文化探索和夏商分界研究的前提之所在。

此后，类似的表述习见于学者的著述中。"根据周代文献和铜鼎题铭，商代以前肯定有夏代存在，殷代祀商先王或自上甲，或自大乙，也暗示着大乙（汤）代夏之事。"（李学勤 1958）"据古代传说，商代以前有一个夏代。近十年来虽说一部分的疑古派学者对于夏禹个人的人格问题发出若干疑问，可是对于夏代的存在问题并没有人怀疑过。"（徐旭生 1959）"商代的世系已被安阳出土的甲骨文所证实，商代的历史被确认为信史，那么，有理由认为《史记·夏本纪》所记的夏代世系也非虚指了。因此，夏代的存在为人们所公认，并且都希望用考古手段去证实和补充夏代的历史。"（殷玮璋 1984）"在中国历史上最早的王朝是夏朝，两千多年前伟大的史学家司马迁在其名著《史记》中已有明确而详细的记载。夏朝是客观存在的，任何怀疑乃至否定都是没有根据的。

以往学术界曾经有人怀疑商朝的史实，但经过大规模考古发掘和大批甲骨文、金文的证实，所有这些疑问都烟消云散了。"（邹衡 2002）

对解决分界问题的自信态度

从成书于 1961 年的综述性著作《新中国的考古收获》中可以了解到，1950 年代考古学界对夏商分界探索的乐观态度：

"自从安阳殷墟发掘以来，商殷的历史不但为考古发现所证实，而且得到了很大的丰富，从而使人们相信夏代的历史也完全有可能通过考古工作取得同样的成果。解放以后，河南郑州等地商殷早期文化的发现，更加坚定了考古工作者对于探求夏文化和追溯商文化起源的信心。""可以预期在不久的将来，一定能够得出科学的结论。"（中国科学院考古研究所 1961）

1970 年代末至 80 年代，被认为是"中国考古学的发展，正在经历自己的黄金时代"（中国社会科学院考古研究所 1984）。进入这一阶段，整个学科对解决仅凭文献史学不能确证的夏文化及夏商分界问题更是充满自信，这也反映在当时的论述中：

"目前在考古学上还不能确切判定哪些是夏代的遗迹和遗物，这个中国古代史上的重要问题，随着新中国考古学的发展，总是可以解决的。"（北京大学历史系考古教研室商周组 1979）"一九八三年新发现的偃师商城遗址……肯定其为汤都西亳似无可疑。早商都城遗址的确定，必将极大地促进夏文化问题的进一步解决，不久的将来一定能够取得大家公认的正确结论。"（中国社会科学院考古研究所 1984）"探索夏代文化的工作还在进行之中。随着新资料的不断出现和讨论的进一步深入，相信这个课题必将获得圆满的答案。"（殷玮璋 1984）

以文献比附考古材料的初步探索

1951 年，中国科学院考古研究所调查郑州二里岗一带，从采集的遗物"推断它是属于殷代的遗址"。此后，郑州地区考古工作全面展开，相关发现层出不穷。1953 年，河南登封玉村首次发现了二里头文化遗存，发掘者初步意识到其"与二里岗遗址，似属于两个文化系统"。1956 年，郑州洛达庙遗址又发现了同类遗存，发掘简报直接冠之以"商代遗址"的标题，认为其与"龙山文化遗物接近，但仍属于商代文化范畴"，并"有其独立的特征"。这类遗存曾被称为"洛达庙类型文化"。（中国科学院考古研究所 1961）

　　徐旭生在《1959 年夏豫西调查"夏墟"的初步报告》中认为，二里头遗址的遗物"与郑州洛达庙、洛阳东干沟的的遗物性质相类似，大约属于商代早期"；又根据古代文献中西亳在偃师的记述，认为二里头遗址"在当时实为一大都会，为商汤都城的可能性不小"。1959 年始，对偃师二里头遗址进行了大规模的发掘。因二里头遗址的文化内涵较洛达庙遗址更为丰富和典型，夏鼐将其称为"二里头类型文化"，后改称"二里头文化"（夏鼐 1962、1977）。

古史学家徐旭生（1888—1976）　　　"夏墟"调查初步报告（1959）

自二里岗文化和二里头文化遗存发现以来至 1960 年代，围绕其族属和王朝归属问题，学者们纷纷发表推测性意见。

上引《新中国的考古收获》一书中的表述较有代表性："河南龙山文化"，与"有关夏代社会的传说颇为接近。至于洛达庙类型的文化遗存……在年代上可能与夏代晚期相当。因此，上述的两种文化在探索夏文化中是值得注意的"（中国科学院考古研究所 1961）。邹衡首次全面系统地论证了郑州与安阳商文化的相对年代关系，进而指出文献中关于商代中期仲丁迁隞（嚻）的记载"对于考订郑州殷商文化的几个分期的绝对年代问题自然也是重要的"（邹衡 1956）。虽有一定的倾向性，但并未作进一步的引申。

安金槐在 1961 年发表的《试论郑州商代城址——隞都》一文中，首次对郑州商城的历史属性作了较为明确的推断，认为郑州商城"很可能就是仲丁迁隞的都城遗址"，"郑州商代城址主要是属于商代中期的城市遗址"（安金槐 1961）。依作者行文中的表述，这一推断的主要依据，是《史记正义》引唐代成书的《括地志》中的一条记载："荥阳故城，在郑州荥泽县西南十七里，殷时敖地也。"随后即有学者指出其引用文献上存在的问题（刘启益 1961）。

总体上看，这一阶段属于考古发现的初期阶段，受材料的限制，在研究上限于"一笔带过"式的简单推测，仅将考古发现与文献作大致的比附，未能深入展开讨论。多数学者在具体遗存的朝代和族群归属上仅提出倾向性的推测意见，认为还难以得出确切的结论。就具体结论而言，学术界倾向于认为二里头文化的主体属商代早期，二里头遗址可能为汤都西亳；而二里岗文化属商代中期，郑州商城则可能为仲丁所迁隞都。虽有看法上的不同，但持论平和。文中使用最多的词汇是"可能"，表示自己意见的相对性。

碳素测年技术带来的论战

1974 年，二里头遗址 1 号宫殿基址简报在《考古》杂志上发表，标题中直接出现"早商"字样，发掘者已开始用非常肯定的口吻提出对遗址年代与朝代归属的意见。简报认为，这座"商代早期的宫殿建筑，为汤都西亳说提供了有力的实物证据，从而二里头遗址的性质问题也就清楚了"。这一推论的前提则是"二里岗文化属商代中期"的论断。正是由于"找到了三期早于二里岗期的地层根据，因此我们确定这座宫殿遗址是商代早期的"。从整合研究的角度看，除引用《汉书·地理志》河南郡偃师县下注"尸乡，殷汤所都"这条文献（偃师商城发现后，这条文献又被用来证明该城为"殷汤所都"）外，最大的证据就是发掘简报最新公布的两个碳素测年数据了。与宫殿基址同时的二里头文化三期的一个数据的树轮校正值是公元前 1590—前 1300 年，被认为"相

二里头 1 号基址简报（1974）

当于商代早期"；稍早的二里头文化一期的一个数据的树轮校正值是公元前 2080—前 1690 年。

这一观点，成为当时学界的主流认识。稍后，又有研究者循着这一结论，推断"王湾三期、二里头一期均相当于夏代"（佟柱臣 1975）。

不久，夏鼐梳理二里头遗址已测定的 4 个碳素测年标本，认为"其中三个数据成一系列，包括二里头文化的一期至四期，年代约自公元前 1900 至 1600 年"，因"可能是有误差"而剔除了属于三期"但测定年代反较上层（四期）的为晚"的一个数据（夏鼐 1977）。值得注意的是，这个数据恰是被上述简报作为最有力的证据来证明三期"相当于商代早期"的。而"公元前 1900 至 1600 年"的年代跨度则被另外的学者加以援引，认为"这个年代同依据历史文献记载所推算出现的夏王朝中、晚期的年代基本上是相符合的"，"二里头遗址应该确定为夏代的重要文化遗址"（李民等 1975）。

在随后关于夏商文化分界的论战中，不少学者是选择性地采用相关碳素测年数据，且往往引用单个数据，尤其在数据刚开始公布的 1970 年代。其实，夏鼐早在当时就已指出："只有一系列的基本一致的碳-14 年代才是有价值的，而一两个孤零的数据，就其本身而论，是没有多大意义的。"（夏鼐 1977）测年专家也告诫学界"孤零零的单个碳-14 数据一般是不可轻信的"，"在讨论夏文化时根据个别的碳-14 年代数据作出结论是很危险的"（仇士华等 1983）。另外，有的学者使用经树轮校正的数据，有的则使用未经校正的数据；有的使用半衰期为 5730 年的数据，而与半衰期为 5570 年的数据加以比较。这种非同类项间的比较结果的确切性，是可以显见的。

整合研究渐成热潮

1977 年 11 月，河南登封告成遗址发掘现场会上，展开了一场关于夏文化与夏商文化分界的大讨论。夏鼐指出关于"夏文化问题"的论证前提是两个"假定，邹衡正式提出了"二里头文化为夏文化"说和"郑州商城亳都说"。此后，各类观点层出不穷。同样是用上述几个指标来考察，其他学者又得出了全然不同的结论。譬如，将物质文化面貌的变化与社会政治发展中的渐变和突变相比附，就见仁见智。从作为先行文化的中原龙山文化晚期到二里头文化一、二、三、四期，直至二里岗文化初期，每两者之间都有人尝试着切上一刀，作为夏商王朝的分界，而且也都有各自的道理。

自 1970 年代后期以来 30 余年间，关于夏文化和夏商分界问题的讨论方兴未艾。我们仅引用一组数字就可以窥见这一研究课题的热度。以往关于二里头遗址与二里头文化的研究成果，可大体分为 9 大类。包括考古学文化、年代学、都邑建筑、墓葬、遗物纹饰与刻符文字、社会文化的宏观态势、地理环境、聚落形态以及文献与考古材料整合基础上的历史复原研究等方面。最后一项，实际上是关于夏文化探索和夏商王朝分界问题的讨论。据初步统计，上述 9 大类中前 8 类研究成果的总和，尚不到所有相关研究论著总数的一半，而最后一类则占了另一大半，仅论文就有 400 余篇。在不足半数的前 8 类研究课题中，又有相当一部分研究是为了论证第9 类即夏文化与夏商分界问题而展开的（许宏 2004B）。

相对于考古学层面的基础研究，运用有限的考古材料所进行的整合研究更受关注，这是一种时代现象，反映了 20 世纪下半叶以来学术界的总体学术取向和研究思路。

在这一问题的讨论中，还存在着阶段性的"共识"或"主流观点"，它们随着讨论的深入在不断地变化。考古学界先是因徐旭生的推测而认同二里头文化的主体为商王朝的遗存，此后又逐渐形成了以邹衡的观点为中心的"共识"。应当指出的是，这类所谓"主流观点"或"共识"的取得，都不是建立在获得决定性证据——即有像甲骨文那样的内证性文字材料出土——的基础之上的。问题的症结恰如邹衡所指出的那样，"所有主张二里头文化是商文化者都依靠一条最主要的证据，就是：河南偃师二里头遗址所在地是成汤所都的'西亳'。我们主张二里头文化是夏文化，其主要依据之一，就是成汤所都在'郑亳'。"（邹衡 1978B）准此，则持不同论点者都是把今人依据传世文献而提出的推论和假说当作争论的主要证据。在这种情况下，哪一种"主流意见"或"共识"更接近历史的真实是无从验证的。据最新的测年结果，测年专家倾向于二里头文化的年代上限，并非如原来推定的那样在公元前1900 年左右，而"应不早于公元前 1750 年"（张雪莲等 2007）。这一结论可能又会被认为支持了曾经的"主流"意见也即现下的"非主流"意见，论争也在持续进行。

对相关学术现象的粗浅分析

总体上看，论争各方的认识前提和思路方法大同小异。各方都以夏王朝的真实存在为讨论前提，即都认为后世文献（大多属东周至汉代）中至少有一种说法（一般是偏早的文献）是正确的，属于"信史"；而某一考古遗存应当甚至肯定是某族或某一王朝的遗存。在这一前提下，指认相关考古学遗存究竟属夏还是属商，甚至论证具体（个别）的历史事件如商汤伐夏在考古学上的反映等。其不同之处则仅仅是哪条文献为信史，哪种考古学遗存属于某一王朝（族属）而已。如果在夏商分界问题的论争中采用"学术流派"一词的话，那么可以认为论战基本上是在同一"派别"中进行的。我们权且称其为"可知论派"，相对的一方是"有条件的不可知论派"（即认为在没有决定性证据的前提下，夏王朝的实际存在仍须存疑，即便存在也无法在考古学上得到确认）。持这一观点的主要是国外学者。在一些参与论战的学者眼中，"不可知论"应属"谬论"，甚至是"居心不良"，因而不值得一驳，所以罕见着力回答对方质疑的讨论文章。真正认真而为的，是与"派别内"对具体问题持不同观点者的论战。

论争中显现出的问题还可列出以下数例。如，研究者对所引传世文献自身背景与传承关系往往缺乏必要的探究，存在"拿来就用"的现象。从文章中比比皆是的"当然只能"、"肯定"、"无疑"一类自信感较强的、排他性的措辞上，还可以看出论争各方一般也不认为己说属于假说或推论，这势必否定其他说法在反映史实上的可能性。另外，仅引用于己有利的文献证据和考古学材料的情况也并不少见。

概言之，在考古材料还相当不充分的情况下，考古学界将主要注意力集中在对这些发现的历史学解释上，集中于大型聚落与文献记载中的具体城邑，以及考古学文化与具体族属、王朝发展阶段的比附对应上。同时，在没有决定性证据出现的情况下，学者们随着新的考古发现与测年数据的不断推出而校正甚或改变观点，展开新的论战。其参与人数和发表学说之多，历时日之长，讨论之热烈，都远超其他学术课题，构成了 20 世纪下半叶直至今日中国学术史上罕见的景观。

二

考古学的学科特点，决定了其以长时段的、历史与文化发展进程的宏观考察见长，而拙于对精确年代和具体历史事件的把握。长期以来聚讼纷纭的对某一王朝都城具体地望的讨论，对某一考古学文化所属族别与朝代归属的论辩，对文献所载夏商王朝更替究竟对应于哪些考古学遗存的争论，至今久讼不决，莫衷一是，已很能说明问题。

可以认为，考古学仅可提供某一人类共同体的社会发达程度是否接近或达到国家（王朝）水平的证据，却无法在没有直接文字材料的情况下证明狭义史学范畴的具体社会实体如夏、商王朝的存在。到目前为止，我们还没有确切的证据来排除或否定任何一种假说所提示的可能性；出土文字材料的匮乏、传世文献的不确定性，导致我们对早期王朝的纪年等问题只能作粗略的把握。

　　在以文字材料为分野的历史阶段的划分上，我们倾向于认为史前（Pre-history）、原史（Proto-history）和历史（History）三分法有助于对中国古史进程的总体把握。从宏观的角度看，"历史时代"可定义为有直接的文字材料可"自证"考古学文化所属社会集团的历史身份的时代。而"原史时代"虽已发现了零星的直接文字材料，但其时序无法精确到日历年代，不足以确认人们共同体的遗存的"历史身份"；后世追述性文献所载"史实"不能直接引为历史真实。迄今为止可以确认的中国"原史时代"与"历史时代"的分界点，应在二里岗文化和殷墟（晚商）文化之间。即殷墟文化是最早的"身份"明确、可以与文献所载的社会集团相对应的考古学遗存，因而可以直接以国（族）或王朝名来命名。史前至原史时代一直分列的文献史学与考古学两大话语系统（前者一般采用神话传说人物和朝代名；后者习惯以考古学文化来命名）至此才开始合流。（许宏 2004A、见本书《商文明：中国"原史"与"历史"时代的分界点》）

　　由上述分析可知，商文明介于"原史时代"和"历史时代"的分界点上，其下限已可确知，而上限则仍是模糊的，迄今为止还无法究明。就方法论而言，"原史时代"研究因其研究对象的特质而导致研究结论具有极强的相对性，这是应引起研究者"自觉"的。"任何把个人的描述、解释和复原绝对化的倾向都没有意识到考古资料的局限性，当然更没有意识到解释者个人所处时代和能力的局限性。"（陈星灿 2006）"定论"、"正确"、"错误"一类倾向于绝对定性的词，恐怕并不适用于早期历史与考古研究领域。

　　受多种因素的制约，无论考古学文化谱系和编年，还是碳素测年、传世文献记载，以及整合各种手段的综合研究，都无法作为检核这一历史时段研究结论可靠性的绝对指标，无法彻底解决都邑的族属与王朝归属等狭义"信史"范畴的问题。就考古学而言，除了可以依凭的材料仍显不足以外，我们一直也没有建立起有效地说明考古学文化和族属、考古学文化的变迁与社会政治变革之间相互关系的解释理论。这种学术背景，决定了这一课题的研究结论也不可避免地具有推断和假说的性质，某些具体结论，尚有待于更多证据的支持和研究工作的进一步开展。

应当指出的是，对早期文明史的研究而言，历史文献学与考古学的整合研究，乃至二者与其他学科在更大范围内的整合研究仍是必由之路，关键的问题是如何整合。以每一学科为本位，都可以将其研究大体分为本体研究和整合研究两大类。历史文献学研究可以在掺杂神话与传说的有关王朝世系的记载中继续提炼史实；考古学则可以借其优势进行多学科合作研究，以了解其社会文化发展进程等问题。在各学科扎实做好本体研究的基础上，慎重整合。

三

对既往研究历程的观察与思考，会成为学科发展的宝贵借鉴。思路的拓宽、理论和方法论研究的加强，是研究深化的关键之所在。应指出的是，没有甲骨文这样的直接证据，商王朝是无法被证明的。是文字（甲骨文）的发现与解读才最终使晚商史成为信史。这一环节也应是确认夏文化、夏王朝以及夏商分界的不可或缺的关键性要素。关于早期文明史的研究方法和取向，仍是学界应当加以深入探讨的问题。可以预见的是，考古学将会把更多的关注，集中于它所擅长的对聚落形态、人地关系、社会结构、技术经济、生计贸易等方面的研究，将会对古史研究乃至史学理论与方法论的建设有更多更大的贡献。

论『青铜时代』概念的时空适用性

以中国东北地区为例

一　"青铜时代"的时空分布模式

一般认为，青铜时代是"以青铜作为制造工具、用具和武器的重要原料的人类物质文化发展阶段"（石兴邦 1986）。一个共识是，"青铜时代必须具备这样一个特点：青铜器在人们的生产、生活中占据重要地位，偶然地制造和使用青铜器的时代不能认定为青铜时代"（蒋晓春 2010），"青铜器的零星发现是不足以作为中国青铜时代开始的证据的"（井中伟等 2013）。

如是，在考古学上，我们可以依铜器制造使用现象的有无和对该人群社会生活的影响程度，分别从时空的角度做纵向与横向的划分。

其一是把某一区域（人群）的早期文化史细分为：

1. 前铜器时代，一般为（新）石器时代。

2. 零星小件铜器初现的时代。

3. 青铜时代（青铜器大量使用、在社会生活中占重要地位）。

4. 铁器时代。

其中，第 1 和第 4 阶段的存在在东亚大陆范围内具有普遍性，2、3 阶段则依区域的不同或有或无。依各区域上述时段存在的组合不同，还可以从空间上划分为：

1. 全无铜器发现，新石器时代直接下接铁器时代的区域（1—4 阶段）。

2. 从无铜器到散见小件铜器，而后直接进入铁器时代的区域（1—2—4 阶段）。

3. 从无铜器到直接进入青铜时代，下接铁器时代。青铜文化的出现具有突兀性、非原生性的特征（第1—3—4 阶段）。

4. 从无铜器到散见小件铜器，到先后进入青铜时代、铁器时代的区域（第1—2—3—4 阶段）。

借此，我们可以廓清青铜潮的波及范围，分析铜器的使用与否及利用程度，以及其与该地社会文化发展的关系。

梳理东亚大陆早期冶金遗存的发现与研究历程，中国东北地区（含内蒙古东部）显然是个较典型的例证，可以让我们来检讨"青铜时代"概念在时空上的适用性及其中所蕴含的学理问题。从下引考古文献可以看出，东北地区考古同仁既往全面系统的研究为我们的分析提供了扎实的学术基础。

二　东北地区用铜遗存的时空梳理

依据现有考古资料，结合学术史分析，我们可以对东北地区早期用铜遗存做一个初步的时空梳理（表1）。

（一）红山至龙山时代属于前铜器时代

1. 红山文化无用铜遗存发现

曾有学者提出，内蒙古东部至辽西地区的红山文化已进入铜石并用时代，后经冶金史与考古学测年等多学科分析，这一提法已被否定（见本书《从仰韶到齐家——东亚大陆早期用铜遗存的新观察》）。也即，到目前为止，尚无可靠的证据表明红山文化晚期遗存中存在用铜的迹象。

2. 龙山时代无用铜遗存发现

这又涉及两个问题，一是夏家店下层文化的年代上限能否早到龙山

表 1 中国东北地区龙山至西汉时期考古学文化时空框架示意

时期		绝对年代	辽西山地 西区	辽西山地 东区	辽西平原	辽东 北部区	辽东 南部区	嫩江流域	西流松花江流域	鸭绿江流域	图们江流域	三江平原
西汉	晚期	公元前202—9年			汉文化			(鲜卑?)汉书	(扶余?)西团山	(高句丽?)	(沃沮?)	(挹娄?)
战国	早中期	—公元前221年	水泉/井沟子	五道河子/凌河晚期	燕文化	双房晚期	双房晚期	二期	晚期	万发拨子三期	柳亭洞晚期	炕南一期
		公元前403—										
春秋		公元前770—前403年	夏家店上层	凌河早期		双房中期	双房中期	白金宝	西阴山中期	万发拨子二期	柳亭洞早期	
西周		公元前1000—前771年				双房早期	双房早期		西阴山早期		兴城晚期	
殷墟		公元前1300—前1000年	魏营子	高台山晚期	马城子晚期	双砣子三期	双砣子三期	古城				凤林
二里岗		公元前1500—前1300年	夏家店下层		高台山早期	马城子早期	双砣子二期	小拉哈			兴城早期	
二里头		公元前1700—前1500年			平安堡一期		双砣子一期					功衣
龙山晚期		公元前2000—前1700年						小拉哈一期				

说明: 无用铜遗存　少见铜遗存　青铜时代　铁器时代

1. 为简洁计,考古学文化遗存(某文化、类型或某类遗存)一律省略。

2. 括号内为学界对西周至西汉时期各考古学文化所属族属的推断意见。

3. 本表依下引论著改制。赵宾福:《中国东北地区夏至战国时期的考古学文化研究》,科学出版社,2009年;赵宾福等:《吉林省地下文化遗产的考古发现与研究》,科学出版社,2017,黑龙江省文物考古研究所:《考古·黑龙江》,文物出版社,2011年。

时代，二是辽东半岛上的双砣子一期文化是否是东北地区最早的青铜时代文化。

（1）关于夏家店下层文化的年代上限

地处内蒙古东部和辽西山地区的夏家店下层文化，一般被认为属青铜时代的考古学文化。而关于其具体的年代上限，还有进一步讨论的必要。该文化自 1960 年代被初步辨识后，对其年代上限问题的认识也不断深化，有一个逐渐明晰但又曲折反复的过程。

1979 年出版的《商周考古》指出"夏家店下层文化晚于龙山文化"，"绝对年代大体相当于中原地区的商代"（北京大学历史系考古教研室商周组 1979）。随后，有学者推测该文化早期与中原龙山文化（晚期）相当（李经汉 1980，郭大顺 1985、1986），郭大顺还依据辽西地区已发现大量夏家店下层文化遗存而从未发现龙山文化遗存的现象，提出辽西地区相当于龙山文化阶段的遗存应当就是夏家店下层文化最早阶段的见解。已有学者指出，郭氏将唐山大城山遗址下层划归夏家店下层文化，并据此判定该文化上限突破距今 4000 年，进而得出主要发展过程大体跨越龙山文化、二里头到二里岗期商文化的结论（陈平 2002）。而据后来的测定，早于夏家店下层文化的小河沿文化的年代下限在公元前 2100 年前后甚至更晚（陈国庆 2019），已进入龙山时代晚期的范畴。另外，邻境的冀西北壶流河发现的夏家店下层文化叠压在龙山期文化遗存之上的地层关系（张家口考古队 1984），也表明至少在该区域，夏家店下层文化的上限不早于龙山时代。嗣后，李伯谦在系统分析夏家店下层文化的论著中则明确指出，夏家店下层文化"不可能早到与龙山期文化同时……它基本上是与中原夏—商前期同时的一种文化遗存"（李伯谦 1990B）。作者引用邹衡的观点，将夏文化限定为二里头文化（邹衡 1980）。

此后，虽然夏家店下层文化的年代仍被表述为约当公元前 2000—前 1400 年间（徐光冀等 2001），但一般认为"大致同中原地区二里头文

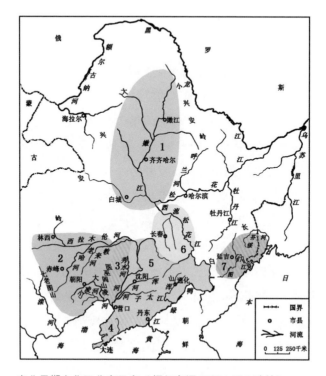

东北早期文化区分布示意（据赵宾福 2009A 图 1 改绘）
1. 嫩江流域　2. 辽西山地地区　3. 辽西平原地区
4. 辽东南部地区　5. 辽东北部地区　6. 西流松花江流域
7. 图们江流域

化和早商文化相当"（中国社会科学院考古研究所 2003）。而随着夏商周断代工程和中华文明探源工程系列测年研究的不断深入，"其所得到的年代结果也从最初由单一样品年代校正，而且其误差也相对较大的条件下得到的公元前 1900—前 1500 年的年代范围，逐步明确到二里头一期的年代为公元前 1880 年，再到目前的将二里头一期的年代上限定在不早于公元前 1750 年，显示了年代结果由模糊到相对清晰，由粗泛到细化的变化过程"（中国社会科学院考古研究所 2014）。夏家店下层文化的年代上限显然也应做相应的下调（表 1）。

（2）双砣子一期文化铜器质疑

辽东南部区指辽东半岛区域，该区域被认为属于青铜时代的有四种考古学文化，即双砣子一期文化、双砣子二期文化、双砣子三期文化和双房文化。最引人注目的是双砣子一期文化，其年代约当公元前2100—前1900年（赵宾福 2009A）。在属于双砣子一期文化的大连大嘴子遗址第一期文化层出土了一件残青铜戈。多有学者认为这标志着双砣子一期文化已经进入了青铜时代（陈国庆等 1993，徐建华 1994，赵宾福 2009A）。

在最初的简讯中，此器被称为"戈形器"，正式报告则肯定为戈，且认为此件铜器的出土层位无误："因事关重大，铜戈残段出土之时，我们反复核对了地层，同一地层出土有第一期文化彩绘陶片，确系第一期文化层出土。"

但已有学者指出，"从北方地区大文化背景看，中原二里头文化始进入青铜时代。在此之前，整个黄河流域包括山东龙山文化在内，铜器的出土地点和种类虽有不少，青铜器也占有一定比例，但尚没有达到铸造青铜戈那样的工艺水平，而东北同时期遗存更无确切实例可证。大嘴子青铜戈还有待进一步考实。"（朱永刚 1998）另有学者认为此铜戈的援部应系"商代早中期"（二里岗文化或稍晚）的风格（郭妍利 2014）；或认为该器所在的双砣子一期文化晚段地层的年代"约当商代"，而此器仅可称为"戈形器"，而无法遽断为戈（王成生 2003）。《中国考古学·夏商卷》和关于青铜戈的系统性研究著作《早期中国青铜戈·戟研究》（中国社会科学院考古研究所 2003，井中伟 2011）则未述及此器，已能显现作者对该器类别和时代的存疑态度。新近出版的《夏商周考古学》一书，也没有把相当于龙山时代晚期的双砣子一期文化归为青铜时代（井中伟等 2013）。

无论如何，此残器圆柱形中脊的形制具有相当的先进性，是可以显见的。在该区域，晚于双砣子一期文化、与胶东半岛的岳石文化大体同时且有一定关联的双砣子二期文化，尚基本无青铜制品发现（赵宾福 2009A）（表1）。鉴于上述，对这件属于孤例的铜器持慎重的态度是合适的。

（二）无缘青铜时代的区域

排除了青铜时代纵向上溯至更早时段的可能性之后，我们再看看空间上青铜时代覆盖区外缘的情况。与青铜时代无缘的区域又可以分为基本不见用铜遗存和仅见零星用铜遗存两种情况。

1. 基本不见用铜遗存的区域

小兴安岭-长白山脉以东的图们江流域、牡丹江流域和松花江、乌苏里江、黑龙江汇流的三江平原及其周边区域，在进入铁器时代之前，基本上无青铜制品发现（宋玉彬 2002，李伊萍 2004，黑龙江省文物考古研究所 2011，赵宾福等 2017）。这是典型的新石器时代下接铁器时代的区域。有学者指出，"镜泊湖南端莺歌岭遗址上层距今 3000 年左右，年代比许多青铜文化更晚，但这里并没有发现铜器，意味着当东北大部分地区正经历着青铜时代，领受着金属文明带来的灿烂光辉和浓重阴影的同时，这里的主人可能还仍然停留在原始古朴的新石器时代。"（王承礼等 1982）"与东北其他地区相比，图们江流域应该是一个相对比较封闭、文化自身很少受到外界影响、发展水平稍显落后的地区。"（赵宾福 2008）而三江平原，在相关学者论及中国东北地区夏至战国时期或青铜时代的考古学文化时，都未列为专门的一区加以讨论（赵宾福 2009A，井中伟等 2013）。

2. 仅见零星用铜遗存的区域

在进入铁器时代之前，仅见有零星用铜遗存而未进入过青铜时代的区域，可举鸭绿江流域为例。在此区域，相当于商周之际的万发拨子二期文化不见用铜遗存，而相当于春秋战国时期的万发拨子三期文化则发现有环、坠饰等小件铜器（赵宾福等 2017）。其后的西汉时期，该地区进入铁器时代。

（三）渐次进入青铜时代的区域

这类区域包括辽东南部区、辽西平原区和松嫩平原区。

1. 辽东南部区

如前所述，辽东南部区的辽东半岛，在双砣子一期文化和双砣子二期文化时期，都没有用铜遗存的发现。双砣子三期文化中开始出现青铜镞、鱼钩、环、泡等小件制品。其年代约当商代晚期，下限可到西周初年（井中伟等 2013）。

"到了两周时期的双房文化阶段……开始出现该文化系当中最具特色的曲刃矛、柱脊曲刃剑、方銎斧等青铜武器"，"伴随着青铜兵器的出现，'双砣子文化系'由原来的弱势一度发展成为强势。分布地域也由原来夏商时期的辽东半岛南端迅速扩张到西周至战国时期的整个辽东地区，而且影响范围甚至还波及辽西山地地区、朝鲜半岛和第二松花江流域"（赵宾福 2012）。显然，只有到了这一时期，整个辽东地区才真正进入了青铜时代。

2. 辽西平原区

这一区域相当于夏商时期的遗存主要有平安堡二期遗存和高台山文化，其中前者"应该是处在该地区新石器时代结束之后，高台山文化形成以前的一种考古学文化遗存"，其"年代应处于夏代的纪年范畴之内，大体和旅大地区双砣子二期文化的早期年代接近，即相当于夏代早期"（赵宾福 2009A）。

研究者推断平安堡二期遗存"应该是处在该地区新石器时代结束之后"，但在该遗存中并未发现用铜遗存。此外，如该遗存与双砣子二期文化早期大体同时，则其年代应不早于岳石文化，也即最早与二里头文化（早期？）大致同时，但这又与上述推断中的"夏代早期"不相符合。正如张忠培在给上引书所撰序言中指出的那样，"目前学界基本共识的意见是将夏代起止年代定于公元前 21 世纪到公元前 17 世纪，同时

认为二里头文化并非最早的夏文化，这本著作对此注意不够，有时将与
二里头文化同时的遗存，视为夏代最早的遗存。"（张忠培 2009）其实
这类用法在研究中较为普遍。这也正是笔者提出下述建议的缘由："鉴
于关于'夏时期''夏代（早期）''早期夏文化'这类狭义史学及从
中衍生出的复合概念人见人殊，具有极强的不确定性或模糊性，建议在
对具体考古学文化遗存的叙述中慎用为好，尤其是在罕有甚至全无早期
文献关联的中原以外区域。"（许宏 2019）

如前所述，早于高台山文化的平安堡二期遗存如与双砣子二期文化
早期年代接近，则高台山文化早期应不早于二里头文化早期，而高台山
文化晚期相当于商代晚期（赵宾福 2009A），那么高台山文化早期应大
致相当于二里头文化晚期至二里岗文化时期。只是到了此期，辽西平原
区才开始发现零星的耳环、小刀等铜器，如辽宁彰武平安堡遗址所见。
其中的铜耳环呈喇叭口状的 U 字形，与夏家店下层文化的同类器近同。
比至相当于商代晚期的高台山文化晚期，始有管銎战斧、鹿首刀等器形
稍大的武器和工具出现，或可认为其迎来了青铜时代的曙光。

3. 松嫩平原

松嫩平原地处欧亚草原东部，是欧亚草原文化分布的最东端，因而
在辽西山地区出现了东北地区最早的青铜时代文化的同时，也在这一区
域发现了零星的铜器。这是东北地区较早出现用铜遗存的一个区域。

最早出现零星铜器的是约略相当于"夏至早商时期"的小拉哈文化
（赵宾福 2009A），出土的铜器有小刀、笄、双联泡饰和节状饰件。这
是前殷墟时代东亚地区铜制品分布最北的地点。相关发掘报告称"小拉
哈文化的发现填补了长期以来松嫩平原早期青铜时代考古文化的空白"，
其实很难认为如此零星的发现即表明松嫩平原在此期就进入了青铜时
代，何况小刀和笄还都是失却了层位关系信息的采集品，暂且存疑。

小拉哈文化之后的"古城遗存"，约当中原地区的商代晚期，该文
化中未发现青铜器，但出土有制作青铜斧、刀、铲的陶范（赵宾福

2009B），表明该文化的人群已能批量制作青铜器，或已进入青铜时代。而该区出现较多青铜器和铸范的白金宝文化，已晚至西周早期到春秋晚期。结合陶质铸范，可知应有斧、刀、锥、环、连珠饰等。到了相当于战国至西汉时期的汉书二期文化，出土的青铜器和铸范仍主要为小型生产工具和装饰品，大安汉书遗址出土的一件属于青铜短剑附件的石枕状器，表明该文化应已存在青铜短剑（赵宾福等 2017）。铁器的出土，暗寓着至少自战国晚期始，该文化或已进入铁器时代。

（四）直接进入青铜时代的区域

可能由新石器时代直接进入青铜时代的区域有辽西山地区、辽东北部区和西流松花江流域。

1. 辽西山地区

辽西山地区新石器时代的小河沿文化之后，就是发现了较多青铜器的夏家店下层文化。该文化的年代上限早不到龙山时代，已如前述。仅在其中心聚落内蒙古敖汉旗大甸子遗址的 26 座墓葬中，就发现了 50 余件铜器以及零星的金器和铅器等金属器物，包括权杖头，冒、镦等斧柄饰件等，大宗者为耳环和指环。已检测的样品皆为青铜，铸锻兼有。其中绝大部分属于夏家店下层文化早期，约当二里头文化时期。在其他遗址则散见有铜刀、削、针、耳环、指环和青铜碎屑等，此外还出有用来制作饰品的陶范。辽宁锦州松山新区水手营子出土连柄铜戈，年代相当于二里头文化

夏家店下层文化青铜器：锦州水手营子连柄戈（左）、敖汉旗大甸子杖首（右）

四期或夏商之际，其制作工艺代表了这一文化铸铜技术的较高水平（井中伟 2008）。

这一区域青铜时代的遗存纷繁复杂，学者间看法不一。这里仅据研究最为系统的《中国东北地区夏至战国时期的考古学文化研究》一书的意见，罗列其大致的发展脉络。在相当于"商代早期"的夏家店下层文化晚期之后，这一区域的青铜时代文化分别是相当于商代晚期的以魏营子文化为代表的遗存，相当于西周至春秋时期的夏家店上层文化和"凌河遗存"早期，而相当于战国早中期的遗存则以"凌河遗存"晚期、"水泉遗存"、"井沟子遗存"（含"铁匠沟遗存"）、"五道河子遗存"为主（赵宾福 2009A）。到了战国晚期，燕文化遗存成为主流，该区域也大致进入了铁器时代。

2. 辽东北部区

如前所述，辽东地区从西周时期开始全面进入以双房文化为代表的青铜时代。在此之前，辽东南部区的双砣子三期文化仅发现了零星铜器，更早的相当于二里头文化、二里岗文化时期的双砣子二期文化尚无用铜遗存发现。在包括辽东山地丘陵和下辽河东岸平原的辽东北部区，与双砣子二期文化大体同时的马城子文化（含"新乐上层文化"、"顺山屯类型"、"望花类型"、"庙后山文化"等类遗存）早期也基本未发现用铜遗存（赵宾福 2009A），该文化的晚期则出现了管銎战斧、方銎斧、铃首刀、鹿首刀、环首刀、镜等多种铜器，年代相当于商代晚期至西周早期（井中伟等 2013），应已进入青铜时代。

3. 西流松花江流域

西流松花江，即松花江吉林省段，曾被称为第二松花江。该流域直到西周时期的西团山文化，才出现了用铜遗存，其中包括作为东北系铜剑之母型的青铜曲刃矛。在相当于春秋战国时期的该文化中、晚期，青铜曲刃矛、曲刃短剑和方銎斧等，代表了这一青铜时代文化的发展高度（赵宾福 2009A）。

（五）各区域青铜时代上下限的梯次

如表 1 所示，东北地区最先进入青铜时代的是辽西山地区。夏家店下层文化与河西走廊的四坝文化、甘青地区的齐家文化晚期和中原地区的二里头文化一道，是东亚地区最早进入青铜时代的四支考古学文化之一，绝对年代不早于公元前 1700 年（见本书《从仰韶到齐家——东亚大陆早期用铜遗存的新观察》）。这与其地邻欧亚大草原、较早接受内亚地区青铜文化的影响是密不可分的。与其大体同时出现用铜遗存，但仅限于零星小件铜器的小拉哈文化地处松嫩平原，也是因位于欧亚草原的东端而有地利之便的。但这一区域进入青铜时代要晚到相当于殷墟时期的"古城遗存"了。

除了松嫩平原，在相当于殷墟的时期进入青铜时代的，还有与辽西山地区毗邻的辽西平原区（高台山文化晚期遗存）和辽东北部区（马城子文化晚期遗存）。稍后，整个辽东区和西流松花江流域在相当于西周的时期也进入了青铜时代（双房文化和西团山文化）。横贯东亚的青铜潮也止于这些区域，没能越过小兴安岭和长白山脉。此线以东的鸭绿江流域在春秋战国时期仅见有零星的用铜遗存，而图们江流域、牡丹江流域和三江平原地区，则大致在汉代，由新石器时代直接进入铁器时代。而东北地区铁器时代的到来，显然是战国的燕文化和后来的汉代文化由西南向东北方向强力推进或影响的结果。

要之，东北地区不是全境都存在青铜时代，各区域进入青铜时代的时间也有早晚之别，呈现出"南部比北部先进，西部较东部发达"的态势（王承礼等 1982）。

三　"青铜时代"概念运用的学理辨析

在"青铜时代"这一概念的运用，尤其是探讨其从无到有的过程中，首先有一个内涵界定的问题。大家一般同意只有"青铜器在人们的生产、生活中占据重要地位"才算进入"青铜时代"，但在具体操作层面，不少学者仍把零星青铜器甚至小件饰物的发现作为该区域进入青铜时代的标志。在东北地区考古研究的实践中，就不乏将罕有甚至全无用铜遗存的考古学文化划归青铜时代的例子，已如前述。

其次是主体界定的问题。要明确进入青铜时代的"人们"的主体，也即谁的青铜时代的问题。进入青铜时代的主体，应是一个（考古学文化所代表的）社会，一个特定的人群，是生活于特定区域的这群人进入了"青铜时代"。如是，是否就不能把进入"青铜时代"的主体，无限扩大到这个特定的人群以外那些没有进入青铜时代的人群及他们所处的地域？但在具体操作层面上，这样的做法是被默认的，甚至是主流思维。

有学者在论及黑龙江东部的"青铜时代"考古时指出，"这一地区（松花江、乌苏里江、黑龙江流经的三江地区）的'青铜时代'与中原地区有些不同。中原地区的青铜时代是以青铜器的制造和使用为标志的，但这样的标准却并不适用于三江地区的实际情况，在中原地区进入青铜时代以后的一个相当长的时间里，包括三江地区在内的一些地区并没有制造青铜制品的能力，因此，这些地区青铜时代的早期阶段仍然是以石器为工具和武器。这一点，从这个地区以及周边地区目前的考古发现中可以得到证明。因此，本文使用的青铜时代概念，只是将其作为一个年代范畴，而并不表明这一地区青铜时代的全部文化都已经具有中原地区青铜时代的典型特征。"（李伊萍 2004）这清晰地表述了在无青铜遗存发现的区域使用"青铜时代"概念的思辨逻辑。

上文接着论述道，"黑龙江省东部地区的青铜时代考古学文化，在目前还处于空白状态，其中一个很重要的原因，就在于这个时代，尤其是其早期阶段青铜制品的缺乏，使得判断青铜时代遗存成为一件相当困难的事情，因此，即便已经发现的一些可能属于青铜时代的遗存，也由于种种原因，或被认作新石器时代，或者被归入铁器时代，从而直接导致人们对新石器时代、铁器时代年代范畴的模糊认识，造成后两者外延的扩大。寻找或从已有的发现中确认青铜时代遗存，已经成为三江地区考古学研究中一个迫切需要解决的问题。"（李伊萍 2004）在这里，"青铜时代"是在全无用铜遗存的考古学文化中"寻找"或"确认"出来的。

另有学者在专论图们江流域的"青铜时代"考古时表述道，"至于青铜遗物问题，图们江流域青铜时代文化堆积中均鲜见出土，是否存在青铜遗物不应该被看作是分辨遗存时代的硬性指标。"（宋玉彬 2002）而在关于吉林省青铜时代考古的研究论文中，通篇也全无对任何青铜制品的分析，也未对"青铜时代"的概念做出界定和阐释。所谓"青铜时代"涉及的时间范畴始于"夏至早商"，下限则到"战国至汉初"。文中回顾道，"从 20 世纪 50 年代开始，对西团山石棺墓地有针对性的发掘，首先将一些广泛使用石器生产工具并已出现青铜器的遗存，从所谓的'石器时代之文化'中分离出来，于此开创了吉林省青铜时代考古的新局面。"（朱永刚等 2015）再举一例："黑龙江地区也经历了青铜时代这一发展阶段，基本和中原地区是同步的。但在具体的文化面貌表现上，黑龙江东部、西部地区有明显的差异，这一时期东部地区的考古学文化均未发现具有该时代特征的标志物——青铜器（件），表现了显著的自身区域特点。因此，青铜时代的概念，作为一个年代范畴，黑龙江东西部区域存在着与中原地区不同的文化特征表现。"（黑龙江省文物考古研究所 2011）显然，上述论文所述"青铜时代"是以中原地区的青铜时代为参照系，意指相当于中原地区青铜时代的时段，而无关该区域用铜遗存的有无。

推而广之，"在中国境内的不同地区，金属器（青铜和早期铁器）在出现年代上有早有晚，在地域分布上也不大均衡，甚至各地区因文化传统的不同在应用范围上也各有特色。所以，上述中国青铜时代和早期铁器时代的开始和结束，我们都只能以黄河中下游地区为准。"（井中伟等 2013）显然，这是把现中华人民共和国境内全域当作一个叙事单元，来展开对数千年前各地异彩纷呈的史实叙述的。

需指出的是，一个地区没有青铜时代，全然不见或仅见零星铜器就由新石器时代直接进入铁器时代是很正常的，并非所有区域都毫无缺失地经历了所有的文化史发展阶段。在中国考古学乃至历史学领域，为什么一定要在每一个罕有甚至全无青铜制品的区域都划出一个与中原地区青铜时代大体同时的"青铜时代"来？中原王朝的影响波及范围以外的区域，有些还有待建立起根植于当地的文化史分期与谱系框架，但即便这个框架建立起来，其阶段划分的话语系统可能还仍然不同程度地受到"中原中心"本位的影响。这一学术思维方式及其演变历程，本身就值得深思，值得探究。

目下，学术界已充分地意识到作为研究对象的各地历史文化发展的不平衡性，具体的田野考古与综合研究作业也开始细密化，是时候在学术话语系统上也有相应的跟进了。这是深化相关研究的必由之路。谨以这一呼吁作为这篇小文的收束。

精细化分析：
早期国家形成研究的有效途径

从秦小丽教授新著说起

继日文著作《中国初期国家形成の考古学的研究 —土器からのア
プローチ—》（东京：六一书房，2017 年）之后，秦小丽教授又出版了
她的新著《中国初期国家形成的考古学研究：陶器研究的新视角》（复
旦大学出版社，2019 年）。而二书的原型，则是她 2001 年提交给日本
京都大学的博士学位论文。以十余年的时间钻研一个课题，打磨出相关
的著作，这两本书的分量不言而喻。作者的学术背景兼跨中日和欧美，
视野开阔，有"贯通"的优势，而理论方法论的思考尤其难能可贵。就
中国考古学所关注的课题而言，秦小丽教授的研究较之外国学者，则更
切近问题。虽然其博士学位论文的若干章节已陆续在中文论文中发表
过，但能够得窥"全豹"，得观作者整体的构思与文脉，对于国内学界
来说还是非常难得的。

按说，最新的译著，对于中国学界来说已是大好事，但需要指出的
是，秦小丽教授的中文新著并非其同名日文著作的简单译本，而是地道
的"升级版"。全书共七章，其中序章、第六章和第七章（陶器的社会
学与陶器研究方法、礼仪性陶器与陶器的生产与流通、二里岗文化都市
文明与初期国家形成）都是为中文版新撰的；第一章"研究史"则增
补了最新的考古发现与研究成果；作为本书主干的第二至五章（陶器的
型式分类和系统识别、中心地区陶器组合样式的变迁、二里头文化时期
的地域动态、从二里头文化向二里岗文化的转变），也都相应增补了最
新的数据，对研究结论做了适当的调整。可知，此书虽然建基于十余年
前的博士学位论文和此后的日文著作，但却是一部与时俱进的新著。

由上引各章标题，可知这部新著是紧扣"陶器研究的新视角"这一
主题的。所以，这本书的着力点和亮点在于副标题，网上推介中仅列正

标题，有以偏概全之嫌，是不足以昭示这本书的分量的。

在我看来，秦小丽教授的陶器研究以及这部专著的亮点，主要显现在以下两个方面。

第一，作者精细化的陶器研究，既是处于转型期的中国考古学的一个硕果，其研究实践又推进了这种转型，从而具有方法论上的示范意义。

众所周知，为完成物质文化史建构的任务，自 1959 年夏鼐引进了柴尔德的考古学文化界定的三原则并加以提炼概括（夏鼐 1959A）后，半个多世纪以来，"考古学文化"成为当代中国考古学的核心概念和基本方法论。这种物质文化史的研究基本上围绕着建立新考古文化，完善某个区域内考古文化的发展序列，以及对文化进行再细分类型来进行的，而"在当代西方考古学中，'文化'已经不再是一个很重要的词汇。'风格'（style），'认同'（identity），'族群'（ethnicity）等概念成为西方考古学者分析考古材料区域特征的主要术语。这些术语被用来探讨物质文化所反映的区域差异和社会界限。与欧美考古学相比，中国考古学界虽然有关于文化因素分析的探讨，对文化概念本身基本上没有太多的争论，并完全错过了西方考古学过去三十年来有关风格的大讨论。西方考古学界对文化概念的扬弃过程值得中国考古界深思"（焦天龙 2008）。

1980 年代中期以来，"文化因素分析法"开始在中国考古学界被提出并付诸研究实践（俞伟超 1987，李伯谦 1988）。这一方法的核心是对一个遗址或考古学文化内的遗物进行分组，进而辨别本地因素或外来因素，以及它们的混合形式。焦天龙进一步分析道，"这实际上是意识到了一个考古学文化的形成过程往往是复杂的，内因和外因都要考虑。但遗憾的是，这一方法论只是停留在现象的描述和对比，大多数研究都用简单的'文化交流'或'影响'来解释外因的出现。所以，在理论层面上，并没有脱离传统的考古文化的概念范围。而实际上，以中国考古材料之丰富、文化现象之复杂，我们完全有条件在文化理论上为世界考古学作出独有的贡献。只要我们在解释层面上多做探讨，以实际材料

来探索考古材料时空现象的形成过程，我们就有希望对考古学的这一最基本的课题提出新的解释模式。"（焦天龙 2008）

罗泰（Lothar Von Falkenhausen）教授也有类似的思考："我是一直希望能够通过经济学方法，就是人类学经济史的方法来弄清这些我们现在称之为'文化传统'的东西之间的区别，然后就不再说某某某'文化'，而是说也许某一个制作传统，或者某某一种交易网络，或者某某一种市场范围之类的。""我想将来如果有时间的话，再写一本书作为一个实验，就是说不再提考古学文化这个概念，就提某一个遗址所能看到的什么现象，然后把它跟周围的遗址如何联系，把这种市场关系、经济关系、网络还有动力慢慢地研究出来，这当然还要考虑到古代环境、自然资产等，这些都会变得很复杂。将来如果能够以这样的方法研究中国早期历史时代的考古学文化，也许可以更加具体，也更加全面、正确地从物质文化方面去了解它。"（《考古与文物》编辑部 2012）

值得欣喜的是，大致从 20 世纪八九十年代开始，"中国考古学研究的重心正处于由原来的建构文化谱系、描述文化过程为主的文化史研究，向人、社会、资源和环境及其相互关系为主的社会考古学研究方向转移。"（栾丰实 2004）"这是一场整个研究体系的变化。当考古学开始关心物质文化背后的社会时，它就立刻发现，这个任务的复杂程度，远远超出了物质文化史的研究。"（赵辉 2018）

笔者也曾有类似的思考。当学科的主要着眼点逐渐从建构分期与谱系框架的所谓文化史的研究转向以社会考古为主的研究，曾立下汗马功劳、作为考古学基础作业的"考古学文化"当然仍将扮演重要角色。但我们必须清醒地认识到，考古学上的"文化"是一种为便于聚类分析所做的人为设定，并非纯客观的一个存在。文化的时空边缘既不清晰可断，文化的内部也非铁板一块。人的思想和行为极为复杂，加之又移动交流，这就决定了历史发展的高度复杂性。这样的早期人类群团的图景，是大而统之，略显粗糙的"考古学文化"所无法涵盖的。

尤应指出的是，社会进入了复杂化阶段，考古学文化的面貌也变得复杂起来。与史前考古学文化的均质性不同，社会复杂化阶段的共同体中，中心聚落或都邑包含着上、中、下层文化及复杂的外来文化因素，次级中心聚落中包含着中、下层文化，普通聚落则仅有下层文化。这似乎可以称为聚落的异质性，它构成了社会复杂化阶段考古学文化的一大特质。一个文化的中心聚落，在这个文化的汪洋大海中，像一座孤岛，一座文化多元化的孤岛；次级中心的"纯净度"则介于它和普通聚落之间。"文化"内部的复杂性由此可见一斑。粗线条的、适应文化史构建的考古学文化（类型）已难以作为细密的社会考古研究的解码。

在社会考古学的视角下，研究的细化仍势在必行。"文化"之下有"类型"，以往学界主要在这两个层面上做文章；再下则为聚落，这是人类早期史的基本生产生活单元，也是社会考古的最佳切入点。随着学科的发展，一种可称为"聚落本位"的社会考古学研究方法，也将呼之欲出。这种方法强调精细化的背景关系研究，它可以理解为对存在于时空框架内的遗存及其关联性的深度把握。这应是考古学研究的一个重要路向。以聚落和最小的聚落组群为起点，在人地关系的视角下，进行缜密的个案分析，进而扩展至区域乃至区域间的地域整合，方能描绘出新时代的社会考古学画卷。对于传统意义上的"考古学文化"来说，这必将是一个超越和升华。唯其如此，社会复杂化阶段的考古学研究也才能最终有裨于广义历史进程的建构。（许宏 2011）

就陶器研究而言，赵辉教授感慨道："考古学发展到了今天，我们到了一个复原古代社会生活方方面面的一个新的阶段，对陶器的研究也呈现出多元化的现象。我很奇怪，既然陶器研究这么重要，而且我们这么多年来积累了那么多心得，但为什么我们没有一本《陶器考古学》？……我觉得这个事情值得做。我说的意思是，我们现在有必要来讨论一下研究陶器的工作体系了。"（赵辉 2019）我想，秦小丽教授这部新著，就是对上述呼吁的一个践行，在解构传统的"考古学文化"概念，建构陶器研究工作体系上迈出了坚实的一步。

秦小丽教授的研究立足于对陶器本身作为日常生活用品而产生的社会背景的再认识，其研究方法以恢复社会生活为目的。诚如冈村秀典教授指出的那样，"其最大的特点是将数量分析方法应用于陶器研究，这在 20 年前的中国考古学研究中可以说是极为罕见的一种研究方法。她以自己独特的研究手段，将日本考古学中的陶器法量（尺寸——引者注）比较、陶器表面绳纹数量测量等方法应用到她亲自发掘与整理的考古遗址资料研究中，并以此为出发点对其他遗址进行相同分析。""本书中使用了许多日本考古学的研究手法，所以不仅可以作为中国考古学研究的推荐书籍，也可以作为一本日本考古学研究方法在国家形成研究课题方面的实践性书籍，很值得一读。"（冈村秀典 2019）其实，岂止是20 年前，据本人所知，即便到了 20 多年后的今天，这一细密的研究方法也没有在中国考古学界普及开来，相关研究没有跟上。由是可知，这部初步完成于 20 年前且打磨至今的新著并未过时，而是可以作为转型期中国考古学研究的有益镜鉴，尤其有裨于中国学者陶器研究方法论的掌握与具体研究实践水平的提升。

第二，大量的考古学基础作业，图文表并茂，缜密的推导过程，使得这部专著研究结论扎实厚重。作者通过如此颇见功力的陶器（群）分析方法，得出了若干早期国家形成研究上的可信结论，极大地推进了相关课题的研究。

作者具有特色的陶器研究路向是基于对既往研究倾向的反思。她指出，"以夏文化和早商文化（探索）为目的而开始的二里头、二里岗文化研究，迄今为止经历了近 90 年的探索，在各个方面取得了许多成果。然而由于这两个时代的研究往往局限在古文献记载的夏王朝和早商王朝的固定地理范围中，并试图在强调考古学文化或类型的时空分布的基础上复原古代部族、民族或王朝的活动地域，而很少注意到各个考古学文化或类型之间交错分布，难以用线条划出范围的地域交流的错综复杂的局面。也缺少从国家形成的角度来研究二里头、二里岗文化的具体实践。"上述分析是切中肯綮的。基于这样的反省，作者才立意要"从国家形成过程这一视点出发，并利用日本考古学中以陶器分析来阐明地域间交流的方法来研究二里头、二里岗文化时代的社会支配体制和经济模式构成状况"。

作者不以偏于粗疏的"考古学文化"为分析单位，而是将二里头、二里岗文化时代的中原腹地及左近地区划分为若干区域，用数量分析的方法计算出每个遗址（聚落）陶器群中各个地域风格系统的构成比，进而通过这些数据来分析陶器风格在时间与空间上的变化，对地域间相互交流的复杂化状态做动态解读，并以此来阐释早期国家形成的经纬与关键之所在。可以说，作者最终圆满地完成了这一学术构想。

其具体做法是，对相关遗址的陶器资料，首先观察其形态特征、器表纹饰和制作痕迹，进行系统分类，再用数量分析的方法计算出各个遗址中典型单位出土的陶器中各系统的构成比例，以及这种比例在不同时期的变化，以此把握各个遗址的特征。在区别出本地系统陶器和外来系统陶器的

二里头贵族墓随葬陶器组合

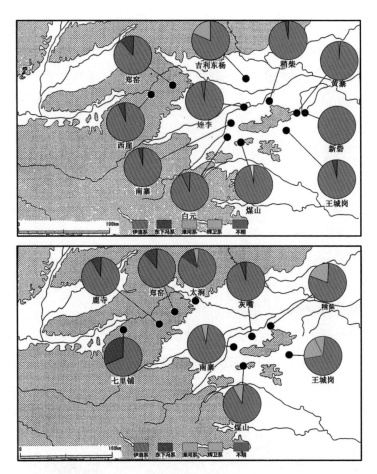

伊洛地区二里头文化陶器系统构成的比例变化（上：前期，下：后期）

基础之上，从每个遗址中外来系统陶器要素的数量变化，来探讨遗址之间的交流状况。对于有特殊陶器构成的遗址，从其与周围诸遗址的关系来把握其所具有的社会政治地位和在经济模式中所具有的作用。由于二里岗时代陶器系统所表现出的单一性特征，作者从陶器系统、器类构成、炊器容量大小和陶器表面绳纹的条数变化等方面的量变结果，来观察二里岗文化陶器组合的单一性特征在一般遗址中的存在状况。在观察结果的基础上，对性质不同的几类遗址的陶器组合进行比较，最后探讨这种具有规格化和一元化倾向的陶器组合特征的社会背景。

作者通过对海量材料的量化分析和缜密的比较后指出，尽管二里头文化时期各区域陶器群中伊洛系的比例总体上显现出与伊洛核心区的距离呈反比的特征，即距伊洛核心区越远，伊洛系陶器所占比重越小，但中心聚落中伊洛系陶器的较大比重显然突破了上述模式。原本被纳入同一考古学文化的不同性质的聚落，通过细密的分析观察，被解构为复杂的组织形态，认识得以深化，如是研究予人以深刻的印象。书中更廓清了"从二里头文化时期包含多系统器类的陶器组合风格，到二里岗文化时期具有高度统一性的一元化陶器组合风格的变化这一显著特征。伴随着这一变化，二里头文化时期不曾看到的伊洛郑州系鬲作为炊煮器替代各种罐类被广泛使用，其法量在小型化的同时，还出现了高度划一的规格化倾向"，她指出，"二里岗文化时期的陶器组合风格呈现广泛的齐一性，晋西南、伊洛地区、豫北、长江中游地区在二里头文化时期都是各自具有不同的陶器组合风格的地区，然而进入二里岗文化时期之后，陶器风格呈现出高度的共通性，而且这种共通性不仅限于器类构成的类似，在陶器的细部特征和制作技法方面也可得到确认。因此，可以认为在二里岗文化时期陶器的这种高度一元化的背后，不仅仅是陶器的简单模仿，可能还反映了某种强烈的支配性制度的存在。这种一元化的陶器组合风格，在中心都城的王都、地方城郭都市和一般聚落三类性质不同的遗址中均可得到确认。从这一点也可以推测出产生二里岗文化陶器风格这种共通性的背景里，存在着某种严格的陶器生产制度和规则。""与中心都市密切相关的地方城郭的出现，正好与二里岗文化一元化的陶器组合风格向周边地区扩大的时期一致。因此可以认为二里岗文化陶器风格在地域的一元化正是以郑州、偃师商城为中心的势力向周边地区的强势扩张和对地方影响的具体显现。"这就把对各区域陶器（群）的具体分析，上升到了对社会生产乃至政治组织考察的层面。二里头文化与二里岗文化所代表的人群社会结构上的显著差异，我们在聚落形态的探究上已略见端倪（许宏 2016A），秦小丽教授的陶器研究，又验证并加深了相关的认识。

除了作为全书主体的陶器本体研究，作者新撰的第七章以更宏阔的视野论及各类聚落的功能性、铜器与玉器遗存乃至手工业模式和经济运营模式，范围超出了陶器，但也都是围绕陶器研究而展开的，构成了本书的又一亮点。有学者利用人类学的"大传统与小传统"概念与理论来分析夏商周三代考古中存在的青铜礼器文化与陶器文化、主流礼乐文化与地域宗教信仰文化之间的关系，指出"我们不仅要关注以陶器特征和组合为标准的考古学文化区系类型的划分和研究，也要对以青铜礼器为主要特征的'礼器文化圈'及其背后的社会、文化意义予以重视。两者之间反映出怎样不同的文化意义、社会行为和人际关系？彼此之间是一种怎样的关系？"，"研究夏商周三代以后的中国历史，我们在关注具有一致性的文化面貌，占据上层主流地位的大文化传统时，要承认不同区域、居于社会下层非主流地位的各种小文化传统的存在，并予以重视；另一方面，我们在研究不同区域小文化传统特征和彼此差异时，要重视对它们之间的共性及其背后原因，即文化大传统的研究。只有对大小文化传统进行综合考察，才能更全面地理解中国历史发展过程。"（徐良高 2014）秦小丽教授此书专研作为"小传统"的陶器而兼及作为"大传统"的礼器乃至主流礼乐文化，以其为背景全方位审视中国早期国家形成的过程，这种研究风格与视野，是值得大力称道的。

秦小丽教授这一新著，无疑是近年关于中国早期国家形成研究的一部力作。众所周知，日本京都大学冈村秀典教授以治学谨严、出言审慎著称，但他作为导师对秦小丽教授此书的总体评价却是不吝褒扬的："可以毫不夸张地说，本书为继新石器时代晚期而崛起于中原地区的二里头、二里岗文化时期的地域交流动态研究开辟了一个新的研究方向。"（冈村秀典 2019）对此，笔者深表赞同。

【 观 潮 】

高度与情结

夏鼐关于夏商文化问题的思想轨迹

1980 年，夏鼐正在翻阅《考古学报》

　　今年，是夏鼐先生诞辰 100 周年，整个学界将会从不同的角度来纪念这位巨匠。这篇小文仅想通过重温夏鼐关于夏商文化的论断，略述对这一领域探索方向的粗浅理解。

　　考古学的特长，是从对遗存的分析入手，探究逝去的人与社会。关于其研究方法，历代学人都在苦苦探求。其中最重要的途径，就是对考古学文化的解析。1959 年，夏鼐发表了著名的论文《关于考古学上文化的定名问题》（以下简称《定名》）（夏鼐 1959A）。这一经典性论述，至今仍是整个学科探讨相关问题的圭臬。

　　"夏商"时代和文化的概念，在中国考古学研究中处于尴尬的境地。关于商代和商文化，由于殷墟、郑州商城、偃师商城等一系列的发现而成为信史，考古学上的"商文化"已可确立。相当于商代前期的二里岗文化，成为考古与文献两大话语系统合流的最上限。再往前上溯，二里头文化尽管被认为是广域王权国家社会，但由于缺乏当时的文字和文献材料，其族群与朝代归属朦胧模糊，因而仍处于与史前文化相近的范畴。文献记载中的夏王朝与已确立的考古学文化之间的对应关系，成为数十年来学界孜孜以求的探索焦点，与之相应的方法论问题也一直在困扰着学界。（许宏 2004A、见本书《方法论视角下的夏商分界研究》）

作为 1950—1980 年代中国考古学的领军人物，夏鼐的态度和言论在这段学术史的每一个时期，都起着至关重要的作用。

一

关于上述问题的一个认识前提，就是考古学文化与人类族群的关系问题。

夏鼐在《定名》一文中指出：

（考古学文化）是某一个社会（尤其是原始社会）的文化在物质方面遗留下来可供我们观察到的一群东西的总称。

考古学上的"文化"，是表示考古学遗迹中（尤其是原始社会的遗迹中），所观察到的共同体。这是一个复杂的共同体。

这个社会因为有共同的传统，所以留下来这些考古学遗迹的共同体。

夏鼐主编的《中国大百科全书·考古学》中"考古学文化"条（安志敏 1986）的释义为：

用以表示考古遗存中（尤其是原始社会遗存中）所观察到的共同体。

考古学中所讲的文化……专门指考古发现中可供人们观察到的属于同一时代、分布于共同地区、并且具有共同特征的一群遗存。

可以显见，"考古学文化"条的释义，基本源自夏鼐在《定名》中的表述。显然，时隔近 30 年，夏鼐关于"考古学文化"的界定基本上没有变化。归纳以上表述，考古学文化的内涵仅限于可供观察到的物质遗存，"共同体"是指遗存的共同体而非人的共同体；几处表述都强调了它尤其适用于原始社会时期。

1961年春，夏鼐又写了《再论考古学上文化的定名问题》一文（夏鼐 2000B），其中多处涉及考古学文化与族的关系问题：

> 作为历史科学的一部门，考古学不仅只要研究全人类的社会发展史的共同规律，还要研究各地区各个族的共同体的发展的特殊性。在这里，只有"分期"这概念是不够的，还须要有"考古学文化"。

> 有时几个小的族的共同体拼合成为一个较大的共同体，产生了混合文化。有时一个共同体人口和分布扩大之后，分散成不同的共同体，有些移住在另外一些新的自然环境中形成了生产方式、生活方式和生产物不同的各个文化。

> 苏联的考古学家们便是认为"考古学文化"是在不同的族的共同体的形成过程中产生的，在不同的地域内独特地存在着的不同的族的共同体，促使了物质文化上的地方特征的出现。（《考古通讯》1956年第3期）

我们注意到，在这里"共同体"开始指"族的共同体"，也即人的共同体，但没有把一个考古学文化与一个族的共同体对应起来。不过同文中又有这样的表述：

> 考古学文化的命名所以不得已采用文化特征或发现地点，是因为我们虽知道这文化代表一个族的共同体（有时我们还说"仰韶文化的人们"），但因为那时没有文字记下它们的族名。

这段话的表述，似乎认为一个考古学文化（如仰韶文化）"代表一个族的共同体"。这是否受了上述苏联考古学思潮的影响，不得而知。据《夏鼐文集》的编者按，这篇文章虽然在考古所内部征求了意见，但一直没有发表。很可能，夏鼐逐渐意识到这种看法的问题之所在，所以没有把这篇文章发表出来，此后也没再有类似的表述。

　　关于这一问题，不必大量引用人类学与民族学的材料，仅依夏鼐等学者给出的初始概念，即可知以物质遗存为标识的考古学文化，与以社会心理认同为主要特征的族的共同体，属于两个不同的范畴。这种认同会在物质层面有一定的反映，但在复杂的人类社会，精神与物质层面的不吻合往往存在甚至会成为常态。就本质而言，"考古学只能见到人们表现于物质的活动，和能揣测到物质遗存所能体现的人们的关系及其他思想等方面的内容。"（张忠培 1999）"揣测"当然已进入了无从验证的范畴。因此，将考古学文化与族的共同体画等号的认识存在着认知上的问题。

　　到了 1980 年代编写《中国大百科全书·考古学》时，夏鼐的思考显然更为周到成熟。

　　　　考古学"文化"一词，是从民族学引进的，用以表示具有同一文化传统的共同体。但根据民族学的资料，同一部落或民族所用的物件，有时有着两种完全不同的类型（如爱斯基摩人在夏季营地和冬季营地所遗的两套不同的用品）。即使是一个定居的农业社会，随着年代的推移，所用器物的形貌也会发生变化，经过较长的时期，甚至会变得面目全非。至于考古学"文化"所代表的共同体究竟是一个民族，还是一个部落或部落联盟，那就更难以确定。这些问题的提出，虽还不足以否定考古学"文化"的重要性，但促使考古学家们在运用这一概念时要作周到、灵活的思考，避免简单化和绝对化。（夏鼐等 1986）
　　这是十分中肯的认识。

二

　　关于历史时期的"文化"，《定名》指出：

　　至于历史时期中的"殷周文化"、"秦汉文化",或"隋唐文化",这里所用的"文化"一词,严格言之,是指一般用语中的"文化",便是指汉族在特定的时期中各方面的总成就,包括物质文化以外的一切文字记录上所提及的各方面的总成就。这与考古学上含有特定意义的"文化",严格说来,是要加以区别的。

　　以族名来命名的办法,只能适用于较晚的一些文化,并且须要精确的考据;否则乱扣帽子,产生许多谬论,反而引起历史研究的混乱。除非考据得确实无疑,否则最好仍以小地名命名而另行指出这文化可能属于某一族。

　　考古工作者对于文化的命名问题,应当具有严肃的科学态度。在《再论考古学上文化的定名问题》中,夏鼐又论及:

　　到了历史时期,我们已知道是殷人的遗存,便称它为"殷商文化"好了。依照考古学文化的含义,殷商文化不能绝对限于殷代,所以我不用"殷代文化"。我们知道殷商文化有不同发展阶段的各时期,我们可以保留"小屯"作为殷商文化中一时期的名称。

　　依据这样的表述,以族属命名的"夏文化"和"先商文化"、"先周文化"等,都不是"考古学上含有特定意义的'文化'","除非考据得确实无疑,否则最好仍以小地名命名而另行指出这文化可能属于某一族"。半个世纪后重新展读这些论述,不能不为其清晰的思维和谨严的逻辑所折服。

　　但这样的原则,贯彻起来又有相当的难度。如对某地"殷商文化"或"商文化"的确认,只能以考古学所见商王朝都城的主体文化面貌为准来判别,在具体操作上则是遗存的"相似度"。这就出现了两个问题。一是这种"相似度"仅限于物质层面,二是"相似度"是由研究者来把握的。"考据"到怎样"确实无疑"的程度,就可以以族名来取代以小地名命名的考古学文化?与考古学上的小屯文化十分相似的就肯定是商族的文化遗存,而有一定地方特色的就肯定不是商族的文化遗存?在后者中，譬如山东地区，如何区分"商化"了的夷人文化和"夷化"了的商族文化？这些问题都相当复杂，有些则是考古学根本解决不了的问题。乐观地认为可以联系，会导致研究讨论上的混乱。既往的学术史已经印证了这一问题。

夏鼐本人就曾有意无意地使用或认可了以族名命名的"文化"。如他在综述 1949—1959 年十年间的考古新发现（夏鼐 1959B）时述及：

> 1956 年在洛达庙又发掘到殷代文化遗存，它的陶器具有一些特点，时代可能比二里岗早期的还要早一些。从前在新石器龙山文化和以安阳为代表的晚期殷商文化（约公元前 1300—1027 年）二者之间是留有一大段空缺。郑州的发现使这缺口逐渐缩小了。

在郑州洛达庙发现的，就是现在所称的二里头文化遗存。发掘简报直接冠以"商代遗址"的标题，认为其与"龙山文化遗物接近，但仍属于商代文化范畴"，并"有其独立的特征"。这里，夏鼐依当时的主流意见，从这类遗存与二里岗商代文化的"相似度"出发，称为"殷代文化遗存"。

也许是因为写作上述两篇关于考古学文化命名问题的论文，思考中对有关问题有了确切的想法，夏鼐在 1962 年发表的综述性文章（夏鼐 1962）中，在表述与夏商相关的文化的定性上更为谨慎：

> 1952 年在郑州二里岗发现了比安阳小屯为早的殷商遗存，后来在郑州洛达庙和偃师二里头等地，又发现了比二里岗更早的文化遗存。

> 二里头类型的文化遗存是属于夏文化，还是属于商代先公先王的商文化，目前学术界还没有取得一致的认识。我国的国家起源和夏代文化问题，虽已有了一些线索，但还需要进一步地研究，才能得到解决。

这相当确切地给出了当时考古学在夏商文化探索中所能得出的最大限度的结论。由于考古学的局限性，到目前为止，这一结论仍未被突破。由于在二里岗文化和二里头文化中，尚没有发现像甲骨文那样的内证性文字材料，因而不能确认二里岗文化究竟仅属商代中期抑或涵盖整个商前期，早于它并与其有密切关联的二里头文化的归属也就无法确认。显然，就早期王朝与族属的研究而言，早于殷墟时代的考古学文化已进入未知的领域（见本书《方法论视角下的夏商分界研究》）。

二里岗属于"殷商遗存"，而二里头和洛达庙一类遗存，只知道是"比二里岗更早的文化遗存"。仔细咀嚼其用词，我们才能体悟到夏鼐作为一代考古学大师在把握学术问题上的分寸与高度。

但在随后的夏商时期考古发现与研究中，夏鼐关于在文化命名上要慎用族名的叮嘱并没有被很好地贯彻。即便是怀有上述清醒认识的夏鼐，在主政考古所时，还是认可考古所的发掘简报中对二里头宫室建筑给予明确的朝代定性。

1974年，二里头遗址1号宫殿基址简报在《考古》杂志上发表，标题中直接出现了"早商"字样，发掘者用非常肯定的口吻提出对遗址年代与朝代归属的意见。简报认为，这座"商代早期的宫殿建筑，为汤都西亳说提供了有力的实物证据，从而二里头遗址的性质问题也就清楚了"。这一推论的前提则是"二里岗文化属商代中期"的论断。正是由于"找到了三期早于二里岗期的地层根据，因此我们确定这座宫殿遗址是商代早期的"。

三

1977年11月，夏鼐在河南登封告成遗址发掘现场会上，指出关于"夏文化问题"的论证前提是两个"假定"（夏鼐 1978）：

首先应假定：①我们探讨的夏王朝是历史上存在过的，不像有些疑古派认为可能没有夏王朝。②这个夏文化有它一定的特点。发言的同志虽然没有说明这二点，看来大家想的是差不多的。

上面这段引文应当包含如下几层意思：①"夏文化"讨论的前提是承认文献记载中的夏王朝为信史；②"夏文化"能够在没有当时文字材料的情况下，从考古学中辨识出来。在当时的中国学术界，"夏王朝存在说"与"夏文化可定说"这两个前提已不被认为是"假定"，而成为深入人心的共识。

这样的自信显然源于甲骨文和殷墟的发现："由于近代在殷墟发现了商朝后期的甲骨卜辞，其中的有关记录已经基本上证实了《殷本纪》所列商王世系，可见《夏本纪》中的夏王世系，也决不会出自史迁的杜撰。总之，夏朝的存在是完全可以肯定的。"（邹衡 1980）"既然商代历史和《史记·殷本纪》中的商王世系已为安阳殷墟发掘和甲骨文所证实，人们就有理由相信《史记·夏本纪》中夏代世系也非虚构。事实上，这已成为王国维以来熟谙中国历史、文化的国学研究者的共同信念。"（中国社会科学院考古研究所 2003）

这种对夏文化探索的信心与共识显然已偏离了殷墟晚商王朝得以确认

1977 年，夏鼐（左一）考察王城岗遗址发掘现场

的根本前提，即地下文字材料与古典文献的互证。这样的共识与其说是实证的结果，毋宁说是一种情结；或像上引文所言，是一种"共同信念"。

从 1959 年徐旭生等踏查二里头提出二里头可能为汤都西亳，到邹衡 1977 年提出二里头为夏都、郑州商城为汤都亳（邹衡 1978A），再到 1983 年偃师商城发现后被指认为西亳（黄石林等 1984），再到世纪之交，鉴于相关测年数据渐晚，多数学者转而认同二里头仅为晚期夏文化（夏商周断代工程专家组 2000）。近年，测年数据似乎又有利于二里头商都说（张雪莲等 2005、2007）。这类话题对于立志修国史的国内学界来说，具有极大的吸引力。正因为这样的情结与研究取向，使得国内的学者们在数十年夏文化与夏商分界探索上倾注了极大的热情，其参与人数和发表学说之多，历时日之长，讨论之热烈，都远超其他学术课题，为海内外学术界所瞩目。

1985 年，夏鼐（左三）考察偃师商城发掘现场

夏鼐在这次发言中正式对"夏文化"的概念作了界定，即："夏文化"应该是指夏王朝时期夏民族的文化。

可以说，这一界定决定了相关讨论的路向。其中包含了狭义史学中的政治实体、确切的时段（"夏王朝"）和具体的族属（"夏民族"）概念，而这些恰恰都不是考古学所擅长解决的问题，甚至是无法解决的问题。

此后，有学者明确表示"不同意说夏文化就是夏民族的文化"（田昌五 1981），认为"从考古学文化上看，中原龙山文化、夏文化与商文化三者是先后一脉相承发展下来的。它们之间有发展阶段上的差别，而不是不同的民族文化"（田昌五 1985）。但更多的学者是接受或有所修正。

邹衡的表述是："夏文化，也就是夏王朝所属的考古学文化。"（邹衡 1980）《中国大百科全书·考古学》"夏文化问题"条的定义是："中国考古学以探索夏王朝时期在夏人活动地域内遗留的物质文化遗存为目标的学术课题。"（殷玮璋 1986）。

直到近年出版的《中国考古学·夏商卷》，对"夏文化"的定义仍是："'夏文化'是指夏代在其王朝统辖地域内夏族（或以夏族为主体的人群）创造的物质文化和精神文化遗存，核心内容是关于夏王朝（国家）的史迹。""需要说明的是，夏文化、商文化同后来的宗周文化、秦文化、楚文化一样，是历史时期考古学文化的名称。它们同以典型遗址或最初发现的遗址地名命名的诸史前文化或二里头文化、二里岗文化、小屯文化的命名原则不同，属于考古学与历史学整合层面上提出的命名。"（中国社会科学院考古研究所 2003）

值得注意的是，夏鼐曾明确指出"历史时期中的'殷周文化'、'秦汉文化'，或'隋唐文化'，这里所用的'文化'一词……与考古学上含有特定意义的'文化'，严格说来，是要加以区别的"（夏鼐 1959A），但在后来的具体研究实践中，学者们更倾向于把以族属命名的文化看作考古学文化。

显然，夏鼐关于"夏文化"的界定奠定了日后夏文化讨论的基础，与此同时，它的提出也就决定了这一讨论的结局。回顾研究史，问题不言自明。

谈及会上发表的四种意见，夏鼐认为，在河南龙山文化和二里头文化各期遗存中，"现有的材料还不足以说明哪一个是夏文化，条件还不太够"。即使到了一般认为夏文化问题有了实质性进展的今天，这句话仍不过时，后来的研究实践充分地证明了这一点。但在当时，充满探索激情的学界已听不进这类提醒了，夏鼐自己也未能从具体的推断中超脱出来：

> 有同志说郑州是汤都，二里岗下层便是商朝最早的文化，可郑州还有早于二里岗的商文化遗存。有共同点，又有差别，这里很复杂。可以继续研究。

"郑州还有早于二里岗的商文化遗存"的认识，是以二里头文化晚期属于商文化的假说为前提的。如前所述，夏鼐自 1950 年代以来一直坚持这样的观点。实际上，这已经进入了未知的领域。

最后，夏鼐在会议的总结中作了乐观的预测：

> 虽然这次会上没有能够作出结论，但可以肯定，离做结论的日期是一天比一天近了。

纵观数十年的论战，二里头文化究竟属夏属商仍在争议中，主流观点摇来摆去，无法认为取得了实质性的进展。这些论题，可以认为都是在无从验证的假说的层面上进行的，已超出了考古学所能解决问题的范围。

四

1979 年，夏鼐在综述三十年来的中国考古学时（夏鼐 1979）总结道：

中国考古学中，在新石器时代和文明灿烂的安阳殷代文化之间，从前是有一大段的空白。这30年间的新发现，逐渐填补了这空白。但是中国第一个王朝夏朝（相传它的年代是公元前21至前16世纪）在考古学上还是不能证实。

有人认为我们已找到夏代遗址，包括两处夏代都城遗址。就考古学的证据而言，这结论未免下得过早。

1983年3月，夏鼐在日本所作公开讲演《中国文明的起源》（夏鼐1985）中明确指出：

至于二里头文化与中国历史上的夏朝和商朝的关系，我们可以说，二里头文化的晚期是相当于历史传说中的夏末商初。但是夏朝是属于传说中的一个比商朝为早的朝代。这是属于历史（狭义）的范畴。在考古学的范畴内，我们还没有发现有确切证据把这里的遗迹遗物和传说中的夏朝、夏民族或夏文化连接起来。

作为一个保守的考古工作者，我认为夏文化的探索，仍是一个尚未解决的问题。

同年5月，夏鼐在中国考古学会第四次年会开幕式上的讲话（夏鼐2000A）中又强调：

至于夏文化，我们把题目叫作"夏文化的探索"。"探索"这一词，表示这问题在考古学上仍是一个探索性的问题。

我们不能为了把碳十四测定数据来凑合传说中夏朝开始于公元前2000年的说法而在一处采用未作年轮校正的数据，另一处又采用校正过的数据。要知道二者之间相差达400来年，而夏朝享国，据传说一共只有400年左右。

利用文献记载要先作考据和辨伪的工作。尤其是关于夏朝的传说，我们没有当时传下来的文字记载，利用传说更要谨慎。

这些论断都是颇为妥当，能够经得住时间的考验的。其中关于"夏朝是属于传说中的一个比商朝为早的朝代"的提法，"在考古学的范畴内，我们还没有发现有确切证据把这里的遗迹遗物和传说中的夏朝、夏民族或夏文化连接起来"的严谨认识，都难能可贵，在今天仍具有重要的指导意义。

要之，夏鼐在夏商文化问题上一定程度的态度摇摆，显现了他作为学界大家所具有的冷静头脑和真知灼见，与置身整个 20 世纪后半叶总体研究取向之中的矛盾。

历史地看，尽管有层出不穷的重要考古发现，尽管耗费了学者们的诸多心力，但剥开夏商文化问题热闹非凡的表层外壳，它的"基岩"部分，也即夏鼐 1962 年及其后对二里头文化与夏文化关系的确切表述，却没有被撼动或突破。考古学层面的基本概念仍是"二里岗期商文化"、"二里头文化"、"下七垣文化"等，超出考古学层面的"夏文化"、"先商文化"或"先周文化"等概念，都已进入了假说的领域，无法在没有当时文字出土的情况下被验证落实。这已是不争的事实。

任何学科都有其局限性，而这些局限性能够被充分地"自觉"到，才是该学科发展的有力表征。史前至原史时代考古学的学科特点，决定了其以长时段的、历史与文化发展进程的研究见长，而拙于对精确年代和具体族属、朝代及历史事件的把握（见本书《商文明：中国"原史"与"历史"时代的分界点》）。当一个议题多年来聚讼纷纭、久议不决时，就要考虑该命题的合理性、可行性或方法论上是否存在问题。深化对这类命题性质的认识，进而达致新的理念和方法论上的共识，应当是今后的一个努力方向。

以聚落考古为切入点的精细的社会研究，多学科合作所展示的考古学的无穷潜力和广阔天地，都呼唤着早期王朝时代的研究，应当先回归考古学，应当扬长避短而不是相反。唯其如此，考古学才能最终有裨于广义历史进程的建构。

『新中原中心论』的学术史解析

由区系类型到一般进化论

　　关于中国文明形成过程，在近百年的探索中有过多种认知模式。仅20世纪后半叶以来，就有"中原中心说"（安志敏 1959，石兴邦 1959）、"满天星斗说"（苏秉琦等 1981）、"中国相互作用圈说"（张光直 1989）、以中原为中心的"重瓣花朵说"或"多元一体说"（严文明 1987）、"以中原为中心的历史趋势说"（赵辉 2000、2006）、"新中原中心说"（张学海 2002）等。

　　总体上看，这些解读要么强调各地史前文化成就的多元等重，要么

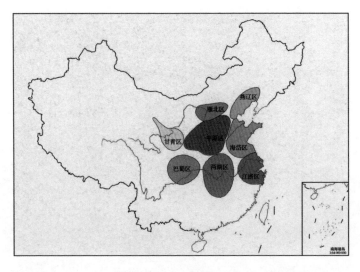

新石器时代"东亚大两河流域"的主要文化区（严文明 1987）

强调自史前时代开始的中原中心的分量。关于国家形成的路径，只有苏秉琦提出了中原以外起源的"北方原生型—中原次生型"的模式，由于缺乏足够的考古学证据的支持，鲜有呼应者。各地学者往往强调本地的文明贡献，也多难以得到学界的普遍认可。

与此同时，"一般进化论"的思考方法一直居于主流。赵辉在回顾20世纪考古学关于中国文明起源问题的研究历程时指出："当时的研究者在考虑物质文化面貌的演变时，一般会注意到和强调各地文化的不同谱系情况，是一种类似多线进化论的思考方法；在考虑史前社会发展状况的时候，人们又往往不加区别地用同一种理论来说明各地文化的演进，并至少在相当大范围内，把各地的社会看作是大体同步发展，就本质来说是一般进化论的思考方法。"（赵辉 2003）这是切中肯綮的。联系到直至今日，在海量的相关信息被掌握的情况下，所谓一般进化论的思考方式仍居主流，恐怕其主要原因要到资料的匮乏以外去找了。

"每个区域的新石器时代文化在文化上与社会上都愈来愈复杂、愈分歧、愈分层，终于导致这些区域中产生文明的基础。"（张光直1989）"限于目前田野考古发展还不充分和不平衡的状况，各地发现的考古遗存的内容也有很大的差别……尽管如此，由于它们的年代相若，文化发展水平相近，各自反映的社会内容也是相通的。"（严文明1992）类似的认识在相关研究中具有代表性，各地史前社会大体同步向文明迈进的思路，成为中国学界的基本共识。在关于中国史前文化发展、文明起源与形成过程的叙事上，宏观的纵向断代综述成为主流，如"新石器时代晚期"、"铜石并用时代"等，其分量远远重于区域本位的动态分析。

由是，尽管普遍认可一般意义上社会发展的不平衡性，但学者们会讳言区域文化间在社会发展进程上的差距，如"铜石并用时代以来，中国大部分地区存在大致相同的社会发展趋势，并不存在全方位的'先进'与'落后'"（韩建业 2003）。

类似的表述几乎成为中国这个多民族广域国家历史研究中的一种"学术正确"，远古时期区域文化间的不平衡性和差异性则一定程度上被淡化。究其思想基础，不能不归因于区系类型理论的构建及深入人心。"满天星斗说"的文明起源观直接建立在区系类型框架的基础上，已毋庸置疑，"相互作用圈说"应也与其有一定的关联。"重瓣花朵说"或"多元一体说"、"以中原为中心的历史趋势说"和"新中原中心说"，显然是"中原中心说"的否定之否定，都可以看作多元认知视角下的新中原中心论。多元发生论的时空与谱系基础，当然也是区系类型理论。

中原中心究竟始于何时

严文明在论述史前文化的多元一体格局时指出，"五个文化区都紧邻和围绕着中原文化区，很像一个巨大的花朵，五个文化区是花瓣，而中原文化区是花心。各文化区都有自己的特色，同时又有不同程度的联系，中原文化区更起着联系各文化区的核心作用。我们看到在中原地区仰韶文化中发生的那种饰回旋勾连纹或花瓣纹的彩陶盆几乎传遍了整个黄河中下游，长江中下游的同期遗存中也偶尔能见到这类产品。"（严文明 1987）显然，作者认为在仰韶文化兴盛时期，中原区即已"起着联系各文化区的核心作用"。严文明在综述仰韶文化房屋建筑质量、结构和聚落分化情况的基础上，认为"如果在仰韶文化后期没有发生贫富分化和聚落之间的分化，是不会出现上述现象的。可见仰韶文化后期同大汶口文化后期的社会发展阶段是基本一致的"（严文明 1992）。张学海更从聚落形态的角度，论证在"重瓣花朵"结构中，仰韶文化占有全国新石器文化的"花心"地位（张学海 2002）。

考察那些被认为是文明要素的仰韶文化后期阶段的考古资料，基本上限于房屋质量、结构，聚落数量、面积及分群，以及彩陶的繁盛与地域扩展等，从中可提取的可靠信息恐怕基本上限于人口的膨胀和彩陶这种普世的生活日用品的制作技术和艺术水平。它反映的应是史前农耕生活的发达程度，却少有华东地区如大汶口文化晚期那样严重的贫富分化、社会分层和阶级分化的材料（栾丰实 2003）。赵辉论及"仰韶文化之所以成为主动的一方，同它本身强大的实力有关。……据初步统计，（河南灵宝）仰韶文化庙底沟期的堆积有 70 多处，其中有三四处遗址的面积达 50 万平方米左右，北阳平遗址面积更是达到 100 多万平方米，其遗址数量之多、分布之密集、规模之大皆令人惊讶"（赵辉2000），但上引诸指标似乎仅昭示其人多势众，而难以得出实力强大的结论。经常被提及的仰韶文化晚期秦安大地湾"原始殿堂"，虽稍具章法，但仍与更早的作为公共活动场所的"大房子"一脉相承，其他遗存乏善可陈。诚如有学者指出的那样，虽"已有中心聚落和一般聚落的差别，但贫富分化似乎仍很有限"（韩建业 2003）。

从人文地理上看，仰韶文化分布的区域既超出了中原地区，中原地区也不是仰韶文化分布的中心区域。这也从一个侧面说明仰韶文化时期没有形成以中原为中心的文化态势。

要之，仰韶文化因早年发现，考古工作充分，又地处中原，在研究中被抬升到了一个较高的地位，其文化与社会发展程度易被"放大"。但正如赵辉在梳理公元前 5000—前 3000 年的文化形势时指出的那样，"通常会把仰韶文化的质地细腻、器形规整、烧成温度高而且图案漂亮的彩陶作为这个时期陶器制造技术的代表。其实，最早出现在大溪、崧泽文化的封闭窑室和黑、灰陶烧制技术，以及利用轮制成型技术而可能达成的批量生产的意义也不能低估。玉石器制作技术在长江流域诸文化中发展得较早且快，崧泽文化和南京北阴阳营、安徽含山凌家滩遗存中的玉器便是当时的代表作。"他在综论公元前 3000—前 2500 年的文化形势时进一步指出，与大汶口、屈家岭—石家河文化早期、良渚等文化相比，"同期的仰韶文化却显得比较衰弱"，"文化面貌十分统一的情形消失"，"进入一种离析状态"，开始"由各个地方文明对中原地区施加影响"，出现了"中原文化和周围几个地方文明实力对比的差距"。

　　尽管作者承认"在某种意义上说，当时的中原地区处在一种空虚状态"，但还是认为"可以把这一时期视为中原文化区开始形成的时期"。由于这个"中心"并不兴盛繁荣，所以周边地带的文化成就显得相当醒目："地方文明都处在中原文化区的周边地带，它们几乎在相同的时间里达到很高的发展程度"。果如是，那时有无史前文明中心？中心何在？是否早在这一阶段就已"清楚地呈现出（以中原为中心的）三重结构"（赵辉 2000）？如此种种，都是需要进一步探讨的问题。

　　在数年后的另一篇论文中，赵辉调整了自己关于中原文化区形成的推论。他指出"仰韶文化松散离析的态势持续到大约公元前 3000 年左右，中原地区进入了一个各种文化重组的复杂阶段"；公元前 2500—前 2000 年，"中原地区在经过庙底沟二期文化的调整之后再度崛起，形成

中原中心形成过程分期解析（赵辉 2006）

了上述'以中原为中心的历史趋势'"(赵辉 2006)。可知，他把中原中心形成的时间由公元前 3000—前 2500 年下移到了此后的"中原龙山文化"时期。

但既有的考古发现表明，龙山时代晚期阶段以各小流域为单元的聚落群广泛分布于中原各地，它们多为一个中心聚落所控制，内部等级分化明显，从而形成了一种"邦国林立"的局面。考古学文化谱系研究表明，这些聚落群分别拥有不同的文化背景和传统，而大量的杀殉现象、武器的增多和一系列城址的发现又表明它们之间存在着紧张的关系，冲突频繁地发生。可以认为，这一时期在整个中原地区并没有发现超大规模、具有跨区域影响力的中心聚落，没有显著的区域整合迹象；在公元前 2000 年前后的一二百年时间里，也即在所谓的夏王朝前期，考古学上看不到与传世文献相对应的"王朝气象"。（见本书《公元前 2000年：中原大变局的考古学观察》）

只是到了龙山时代末期，大河之南的嵩山一带，才在"逐鹿中原"的躁动中逐渐显现出区域整合的迹象，新砦集团开始崭露头角。显然，它的崛起，为随后以二里头为先导的中原广域王权国家的飞跃发展奠定了基础。在地缘政治上，地处中原腹地的郑州—洛阳地区才成为中原王朝文明的发祥地。

中原中心是如何形成的

赵辉把包括中原在内的西、北部旱作农业区文明化进程，归纳为不同于东、南部社会的一种模式，其"社会分化程度普遍较低，缺乏等级表征系统，社会矛盾的尖锐和新的社会秩序的建立，更多体现在聚落之间和聚落群之间。……社群之间的冲突和暴力似乎是其社会生活中的重要内容"。相比之下，东、南部地区"社会复杂化和社会分层化程度较

高。伴随新的社会等级秩序的建立，这些地区的社会生活中发展起一套复杂的等级表征系统"。（赵辉 2006）

赵辉对文明化进程两大模式的归纳，与吉德炜"由物见人"、触及智力思想的东、西划分（吉德炜 1993），在作为研究对象的时空和人群上都是一致的。吉德炜在令人信服的比较中"十分强调东部居民的思想和社会组织"，最终提出"东部沿海文化因素在后来中原青铜时代文明中是第一位的"论断。相比之下，赵辉的表述似乎更代表了中国学者各区域共同进步而风格不同的惯常思路。

吉德炜和赵辉的论述给人的感觉是都偏于条块划分的"静态"，但可以肯定他们都给予区域间的文化交流以极大的关注。吉德炜敏锐地注意到"到了公元前 4 千纪至 3 千纪，东部沿海的文化因素开始侵入中国北部和西北部"。赵辉在这一问题上也花了相当的笔墨，他对中原地区演变脉络的把握相当准确。不过，赵辉往往把中原的社会变化与外部影响分开来说。

譬如关于公元前 3000 年左右开始的文化重组，他分析道，"起源于晋南地区的庙底沟二期文化快速覆盖了豫西的洛阳平原，并对郑州以及嵩山以南乃至渭河上游的广大地区产生了广泛影响。"接着，他单独提及外来影响，"与此同时，东方的大汶口文化和南方的屈家岭—石家河文化也相继影响到中原地区。"在归纳中原社会的特征时，他用考古材料详述了这一地区"社会环境经常性地动荡不安"，而后论及"周围地区文化因素的大量出现，是庙底沟二期以来中原地区的又一令人瞩目的文化现象"，"在中原地区，来源或背景不同的各种势力之间的冲突和重组也许是经常发生的事情，而这进一步加剧了中原地区的动荡不安"。

问题在于，属于前述西部文化系统（或模式），长期以来缺乏贵族文化，可谓"穷过渡"的中原地区，何以自公元前 3000 年以来，尤其是公元前 2500 年以来，会发生如此剧烈的"文化重组"？为什么外来因素仅仅是"与此同时"渗入的，而不是这些变化的重要契机甚至就是要因？

赵辉在上引文中指出，"在激烈竞争的环境中，在资源相对贫乏的基础上，原来平等、平均的氏族社会被如此这般地改造成了'准文明'的形态，或者干脆就是文明。"显然，厚葬、殉人、棺椁、发达的玉（石）器和精制彩绘陶器等中原不见或罕有，显现社会成员高度等级分化的器用制度和观念，来自于中原东、南方先行一步的文明实体。更有学者认为，正是这些外来文明因素的"改造"，使得本土的仰韶文化退出历史舞台："其他文化系统，尤其是江汉地区与海岱地区文化的影响和渗透促使中原文化在一定程度上改变了发展进程和方向，使长达2000多年的仰韶文化走向结束"，而"大汶口文化和屈家岭文化对仰韶晚期的影响促成了庙底沟二期文化的形成"。芮城清凉寺等若干地点，甚至"应当是伴随着一定规模的人群迁入移动"（魏兴涛 2012）。

又有学者提出三模式说，在大体相当于吉德炜、赵辉所论东、西文化系统（或模式）的"东方模式"和"北方模式"以外，增设了"一个介于二者之间的'中原模式'"（韩建业 2003）。这是很有见地的。中原融合两大文化系统（模式）之长，在杂交中催生出高度的文明（许宏 2009），这已成为学界的共识。那么，后起的"中原模式"本属西（北）部板块，它出现的契机是什么？抽出了其中蕴含的东（南）方因素，它还有什么？在"中原龙山文化"中，陶寺往往被看作特例，其实它具有相当的代表性："陶寺类型绝非晋南庙底沟二期类型的自然发展，而是东方文化西渐的产物"（韩建业 2003）。它与中原地区其他同时代文化相比，只不过是"东方化"的程度更甚而已。

当然，我们不能忽略青铜的出现。以嵩山为中心的黄河中下游的贵族阶层优先用青铜这种贵金属制造出了用于祭祀的礼器和近战兵器，从而开启了中国青铜时代的先声。

何以中原？群雄逐鹿之处，方为中原。没有华东文化的西进、欧亚大陆青铜潮的东渐和东、西文化系统两大板块的碰撞，就没有所谓的中原中心。在中原中心出现前，华东区域土著邦国先行一步，来自西北的文化影响则逐渐增强；随着逐鹿中原、东西碰撞带来的大整合（庙底沟二期—中原龙山文化，约公元前 2600—前 1800 年），以二里头为先导的广域王权国家得以崛起，中原中心也才最终形成。

至于这一推论的细节展开，要待诸另文了。

『夏』遗存认知推定的学史综理

目下，关于考古学上"夏文化"的讨论探索如火如荼，相关认识莫衷一是。本文拟从学术史的角度对考古学领域"夏文化"探索的经纬稍作梳理，以期有助于相关问题讨论的深入进行。仅大致按成果公布的早晚，从信念史、概念史、推定史和称呼史四个角度展开回顾。

一　信念史

真正将地下出土文字材料与传世文献相结合进行整合研究的，首推王国维先生。1917 年，王国维在其著名论文《殷卜辞中所见先公先王考》及《殷卜辞中所见先公先王续考》中，对安阳殷墟出土的甲骨文进行释读研究，初步论证了《史记·殷本纪》所载商王世系表基本可靠、商王朝的事迹为信史（王国维 1959）。在 1925 年成书的《古史新证》中，他又将两文的观点系统化，撰成《殷之先公先王》一章，详细考订了殷商先公先王的世系以及商先王的世数。在成功释读甲骨文，证明商王世系的基本可靠之后，王国维本人即颇为乐观地推论道，"由殷周世系之确实，因之推想夏后氏世系之确实，此又当然之事也。"（王国维 1994）这一由此之可信得出彼之可信的推论方式得到广泛的认可，成为国内学术界的基本共识，也是在考古学上进行夏文化探索和夏商分界研究的前提之所在。

此后，类似表述习见于民国时期以来学者的著述中。如傅斯年在《性命古训辨证》一书中推论道："夏后氏一代之必然存在，其文化必颇高，而为殷人所承之诸系文化最要一脉，则可就殷商文化之高度而推

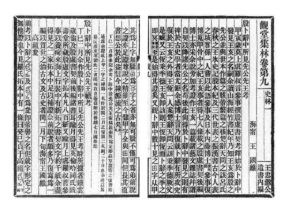

王国维著《观堂集林》（1923）

知之。"（傅斯年 2006）郭沫若也断言："殷、周之前中国当得有先住民族存在，此先住民族当得是夏民族。"（郭沫若 1982）徐旭生 1950年代主持对传说中"夏墟"的考古调查，也是出于如此信念："据古代传说，商代以前有一个夏代。近十年来虽说一部分的疑古派学者对于夏禹个人的人格问题发出若干疑问，可是对于夏代的存在问题并没有人怀疑过。"（徐旭生 1959）李学勤则认为，"根据周代文献和铜鼎题铭，商代以前肯定有夏代存在，殷代祀商先王或自上甲，或自大乙，也暗示着大乙（汤）代夏之事。"（李学勤 1958）

这种乐观态度一直延续下来，充溢于 20 世纪后半叶的各种讨论中，且更多地寄望于新的考古发现来落实。类似观点颇具代表性："自从安阳殷墟发掘以来，商殷的历史不但为考古发现所证实，而且得到了很大的丰富，从而使人们相信夏代的历史也完全有可能通过考古工作取得同样的成果。解放以后，河南郑州等地商殷早期文化的发现，更加坚定了考古工作者对于探求夏文化和追溯商文化起源的信心"，"可以预期在不久的将来，一定能够得出科学的结论"（中国科学院考古研究所 1961）。1970 年代末至 80 年代被认为是"中国考古学的黄金时代"

（中国社会科学院考古研究所 1984B）。进入这一阶段，整个学科对解决仅凭文献史学不能确证的夏文化及夏商分界问题更是充满自信，这也反映在当时的论述中："目前在考古学上还不能确切判定哪些是夏代的遗迹和遗物，这个中国古代史上的重要问题，随着新中国考古学的发展，总是可以解决的。"（北京大学历史系考古教研室商周组 1979）"一九八三年新发现的偃师商城遗址……肯定其为汤都西亳似无可疑。早商都城遗址的确定，必将极大地促进夏文化问题的进一步解决，不久的将来一定能够取得大家公认的正确结论。"（中国社会科学院考古研究所 1984A）"探索夏代文化的工作还在进行之中。随着新资料的不断出现和讨论的进一步深入，相信这个课题必将获得圆满的答案。"（殷玮璋 1984）这种对夏文化探索的信心与共识，显然已偏离了殷墟晚商王朝得以确认的根本前提，即地下文字材料与古典文献的互证（见本书《方法论视角下的夏商分界研究》）。

本世纪初问世的集成性著作《中国考古学·夏商卷》的绪论部分对此有更为确切的表述："既然商代历史和《史记·殷本纪》中的商王世系已为安阳殷墟发掘和甲骨文所证实，人们就有理由相信《史记·夏本纪》中夏代世系也非虚构。事实上，这已成为王国维以来熟谙中国历史、文化的国学研究者的共同信念。"（中国社会科学院考古研究所 2003）诚如有学者指出的那样，"从考古学上探讨夏文化，并不是像有人所希望的那样，用考古发现去验证有无夏王朝，验证'疑古'学者的观点是否正确，而是从一开始，就是在基本上肯定古代文献典籍关于夏代历史的记载为信史的前提下去进行的。不相信历史上有个夏王朝，抛开古代文献中关于夏代历史的有关记载，考古学上的夏文化探索，便根本无从说起。"（杜金鹏 1998）

二 概念史

文献记载中的夏王朝与已确立的考古学文化之间的对应关系，成为数十年来学界孜孜以求的探索焦点，与之相应的方法论问题也一直在困扰着学界（许宏 2004A、见本书《方法论视角下的夏商分界研究》）。从考古学的角度探索晚期文献中的夏王朝或夏代的遗存，催生了"夏文化"的概念。围绕"夏文化"的内涵外延，其是否属考古学文化范畴的概念，学界展开了热烈的讨论。

邹衡的重磅论文《试论夏文化》，初稿于 1960 年，1977 年完成第四稿，1980 年才正式刊行。在该文中，作者给出了关于夏文化的确切定义："夏文化，也就是夏王朝所属的考古学文化。"（邹衡 1980）《中国大百科全书·考古学》"夏文化问题"一条中的表述是，"（夏文化问题，是）中国考古学以探索夏王朝时期在夏人活动地域内遗留的物质文化遗存为目标的学术课题。"（殷玮璋 1986）《中国考古学·夏商卷》则定义为："'夏文化'是指夏代在其王朝统辖地域内夏族（或以夏族为主体的人群）创造的物质文化和精神文化遗存，核心内容是关于夏王朝（国家）的史迹。……需要说明的是，夏文化、商文化同后来的宗周文化、秦文化、楚文化一样，是历史时期考古学文化的名称。它们同以典型遗址或最初发现的遗址地名命名的诸史前文化或二里头文化、二里冈文化、小屯文化的命名原则不同，属于考古学与历史学整合层面上提出的命名。"（中国社会科学院考古研究所 2003）

显然，以物质遗存为标识的考古学文化，与以社会心理认同为主要特征的族的共同体，属于两个不同的范畴。这种认同会在物质层面有一定的反映，但在复杂的人类社会，精神与物质层面的不吻合往往存在甚至会成为常态。因此，将考古学文化与族的共同体画等号的认识存在着认知上的问题。(见本书《高度与情结——夏鼐关于夏商文化问题的思想轨迹》)但在具有丰富的文献资源和证史传统的中国学界,这样的原则在具体贯彻于研究实践时,却往往是难于把握的,夏鼐本人就曾有意无意地使用或认可了以"夏"、"殷商"等族名命名的"文化"(详后)。

三　推定史

(一) 1930—1950 年代,仰韶或龙山为夏

1920 年代安特生发现仰韶文化遗存不久,将考古遗存与传世文献所载相比附的相关推论就开始问世。徐中舒是最早将仰韶文化与夏民族联系在一起的学者。他在《再论小屯与仰韶》一文中论述道:"《中华远古之文化》曾论及河南仰韶村的所在……此文化遗址,在历史方面有许多记载,都足以证明为夏代都邑。""传说方面夏代已有陶业。……今仰韶遗器中陶器极为丰富,而圜器之壶在这些陶器中亦属不少,这也足以与仰韶遗物相印证。"他最后总结道:"在本文中仅得依据中国史上虞夏民族分布的区域,断定仰韶为虞夏民族的遗迹。这本不是健全的方法,但我们也不妨认为一种有理解的新的提议。"(徐中舒 1931)此后,若干学者撰文附议,认为徐中舒所论"绝非臆必之辞","夏、殷两代之文化,即此三数彩陶残片,不难推测其檀递之迹"(丁山 1935)。"传说中之尧舜禹时代的安邑附近,亦即西阴村仰韶遗址附近,已有诸夏的分布","渑池县曾发现仰韶遗址两处,而在传说中渑池县有夏后皋之墓。……此间在春秋时即有夏的传说,足证仰韶村所发现之史前遗物,属于夏族"(翦伯赞 1947)。

范文澜在《中国通史简编》中,则从尚黑和建筑城邑等方面比附,

认为山东城子崖遗址所在的"东部地区有比较发展的龙山文化，与传说似相符合"，进而从龙山文化遗物，推想了"夏朝后半期的社会情况"（范文澜 1947、1953）。吴恩裕也认可"夏文化是新石器时代末期的黑陶文化"（吴恩裕 1956），对此，赵光贤随即从年代、地域和地下材料与传说相印证三个方面，指出吴文的观点缺乏根据，"因此吴同志所说夏文化如何是靠不住的"（赵光贤 1957）。赵文指出，"吴先生根据夏后氏尚黑的传说，就认黑陶文化是夏文化，那么根据同样逻辑，周人尚赤，何尝不可说彩陶和红陶文化是周文化呢？大概吴先生亦认为这样附会不可信，因而不做这样的推论。那么为什么却独于黑陶和夏文化拉在一起呢！"这大体上折射出了 1930—1950 年代夏文化推论比附上的认知程度。

（二）1950 年代，二里头为商或夏

1953 年，河南登封玉村首次发现了二里头文化遗存，发掘者初步意识到其"与二里岗遗址，似属于两个文化系统"，但未对其历史属性做出判断，仅提及"应列入我国历史中的哪一阶段，颇值研究"。1956 年，郑州洛达庙遗址又发现了同类遗存，发掘简报直接冠之以"商代遗址"的标题，认为其与"龙山文化遗物接近，但仍属于商代文化范畴"，并"有其独立的特征"。

但已有学者做了另外的推测，认为"目前在郑州我们可能发现了夏代的文化遗址"，包括"洛达庙期"在内的文化层，"它们更接近龙山文化，而有其特异点"，"早于二里岗下期，最可能是夏代的"（李学勤 1958）。还有一些学者提示，"洛达庙层"是探索夏文化值得注意的线索或对象（安志敏 1959，石兴邦 1959）。

1959 年，著名古史学家徐旭生在率队踏查"夏墟"的过程中发现了二里头遗址，认为二里头遗址的遗物"与郑州洛达庙、洛阳东干沟的遗物性质相类似，大约属于商代早期"。他又根据古代文献中西亳在偃

师的记述，认为二里头遗址"在当时实为一大都会，为商汤都城的可能性不小"。寻"夏墟"指认为"商汤都城"，且这一推定意见在此后的近 20 年时间里成为学界的共识。由此显现出类似推论的不确定性，颇具兴味。

这类遗存先是被称为"洛达庙类型文化"（中国科学院考古研究所 1961），后因二里头遗址的文化内涵较洛达庙遗址更为丰富和典型，又改称为"二里头类型文化"和"二里头文化"（夏鼐 1962、1977）。

（三）1960—1970 年代，中原龙山至二里头早期为夏

进入 1960 年代，猜测性分析在持续进行。开始有了对"夏"跨不同的考古学文化和同一个考古学文化分属于夏、商王朝的推论。如，"河南龙山文化"，与"有关夏代社会的传说颇为接近。至于洛达庙类型的文化遗存……在年代上可能与夏代晚期相当。因此，上述的两种文化在探索夏文化中是值得注意的"（中国科学院考古研究所 1961）。夏鼐则分析道，"根据文献上记下来的传说，二里头可能为商灭夏后第一个帝王成汤的都城西亳。如果晚期是商汤时代的遗存，那么较早的中期（或包括早期）遗存便应属于商代先公先王时代的商文化，因为三者文化性质是连续发展、前后相承的。如果事实上夏、商二文化并不像文献上所表示的那样属于两种不同的文化，那么这里中期和早期便有属于夏文化的可能了。"（夏鼐 1964）从中可见夏鼐的审慎和留有余地。

但在随后的夏商时期考古发现与研究中，夏鼐关于在文化命名上要慎用族名的叮嘱并没有被很好地贯彻。即便是怀有上述清醒认识的夏鼐，在主政考古所时，还是认可考古所的发掘简报中对二里头宫室建筑给予明确的朝代定性。

由于二里头文化三期始建的二里头遗址 1 号宫殿建筑被推定为商代早期，且在偏于乐观的认知氛围中，这一推定几成定论，在此基础上又形成了二里头文化早期甚至更早的龙山文化属于夏文化的推论。如"从

考古发掘和古文献相对照，充分证明偃师二里头是商代早期的重要遗址"（李民等 1975），"二里头三期为商代早期，所以二里头一期自然属于夏的时期了。……王湾三期、二里头一期均相当于夏代"（佟柱臣 1975）。

1977 年，更多的碳素测年数据被公布，夏鼐认为其中四个数据中的"三个数据成一系列，包括二里头文化的一期至四期，年代约自公元前 1900 至 1600 年"。因"可能是有误差"而剔除了属于三期"但测定年代反较上层（四期）的为晚"的一个数据（夏鼐 1977）。值得注意的是，这个数据恰是被上述二里头 1 号宫殿简报作为最有力的证据来证明三期"相当于商代早期"的。前述认为二里头属于商代早期的学者，又随之调整推论意见，认为"（公元前 1900 至 1600 年）这个年代同依据历史文献记载所推算出现的夏王朝中、晚期的年代基本上是相符合的"，"二里头遗址应该确定为夏代的重要文化遗址"（李民 1979）。

（四）1970 年代末始，二里头或中原龙山至二里头为夏

1977 年，在河南登封告成遗址发掘现场会上，邹衡经多年研究，提出了他关于夏文化的论断："从年代、地理、文化特征、文化来源以及社会发展阶段五个方面进行全面考察，可以肯定地说，二里头文化就是夏王朝所属的考古学文化，即夏文化。"（邹衡 1978A）在 1980 年出版的《夏商周考古论文集》中，他对这一观点加以系统阐发，形成了"二里头文化一至四期为夏文化"的论断（邹衡 1980）。

这一论断质疑 1959 年徐旭生率队踏查"夏墟"提出的、在十几年间成为学界主流认识的"二里头商都说"，遂成为众矢之的，由此展开了旷日持久的关于夏文化问题的大论战。相同的考古材料，相近的观察视角和认知推定方法，不同学者却得出了全然不同的结论。从考古遗存推定夏商王朝分界，就有二里头文化一、二期之间，二、三期之间，三、四期之间，四期早、晚段之间和二里头文化与二里岗文化之间等多

种提法，聚讼纷纭，莫衷一是。至于夏文化的年代上限，最初是邹衡提出的始于二里头文化一期说占上风，后来又有了"修正版"的共识："目前学术界探索夏文化的主要对象是二里头文化和河南龙山文化晚期"，"二里头文化可能只是夏代中晚期的夏文化，而早期夏文化则要在河南龙山文化晚期中寻找"（夏商周断代工程专家组 2000）。

但与此同时，坚持二里头都邑的主体（二期以后）或后期（三期以后）为商，或提示不能排除其属于早商的可能性的意见依然存在（郑光 1985，张雪莲等 2005，朱乃诚 2013，殷玮璋等 2014，许宏 2015A，毕经纬 2018，李锋 2018），形成诸说并存的局面。

二里头 1 号宫殿基址复原方案一（因推定为商而复原为重檐）

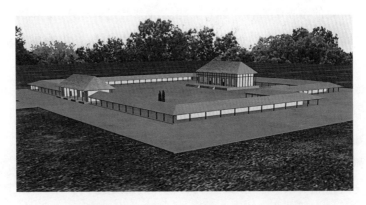

二里头 1 号宫殿基址复原方案二（因推定为夏而复原为单檐）

有学者在回顾夏文化探索工作时，曾有这样一段表述："从另一个角度观察，在系统资料尚未发表的情况下能写出这么多文章，提出那么多观点，不能不说是个有趣的现象。"（张立东等 2001）是的，在自 1959 年二里头遗址发现与开始发掘，至 1999 年《偃师二里头（1959 年~1978 年考古发掘报告）》正式出版的 40 年间，关于二里头遗址考古发现的第一手资料，最初仅发表了数篇简报，后来陆续发表了十余篇。与之形成鲜明对比的是，推定意见却层出不穷，"共识"或"主流意见"则一直处于摇摆之中，且这一状况还将持续下去。这类推论与前述 1950—1970 年代的认知思路并无本质差别，故不赘述。

（五）其他考古学文化为夏

在学界将传说中的"夏文化"聚焦于中原地区新石器时代文化晚期至二里头文化的同时，还有学者指认另外一些考古学文化为"夏文化"或其先行文化，形成不同的声音。试举要如下。杜在忠认为"夏王朝早期活动的中心应在东部黄河下游一带"（杜在忠 1985）；沈长云坚持"夏前期夏族活动于古河济之间，禹及夏后相所都之城在古河济地区的中心濮阳"的论点（沈长云 1997、2007）；刘宗迪也认为"古书中记载的夏墟不在河东，而在鲁西"（刘宗迪 2020）；胡悦谦认为夏后氏当"原居江淮之间的涂山至南巢地区"（胡悦谦 1987）；安徽蚌埠禹会村更被认为与"禹会诸侯"的历史事件相吻合，甚至"一锤定音"地"得到落实"（中国社会科学院古代文明研究中心等 2014）；陈剩勇则认为"夏文化萌生于中国史前时代的东南文化圈；夏族的原居地在长江下游地区，而不是传统史家所说的黄河流域，中国历史上第一个王朝夏朝崛起于东南地区"（陈剩勇 1994）。

姬乃军则主张西北地区尤其是陕北黄土高原是夏文化的发祥地（姬乃军 1999、2004）。与其提出相近推论的还有易华，他认为"如果真有夏民族，最有可能形成于黄河上游大夏河地区"；近年又提出"如果

二里头遗址是夏朝末都，石峁遗址就是首都"（易华 2015、2017）。至
于禹兴四川与夏文化西兴东渐说，更是时常被提起（谭继和 1998）。

　　山西襄汾陶寺遗址的发现与发掘，都是围绕探索晋西南"夏墟"与
夏文化的学术任务来进行的。1980 年代，在陶寺遗址发掘取得重大收
获之际，发掘者提示"在探索夏文化的课题中，陶寺遗址和陶寺类型龙
山文化应列为重要研究对象之一"（高炜等 1985）。冯时则一直坚持山
西襄汾陶寺为夏都："陶寺文化扁壶上的朱书文字应释为'文邑'，意
即夏邑。'文邑'的名称得于禹名……禹都阳城，启兴夏邑，而陶寺早
晚期文化的面貌正清晰地展现了这个划时代的历史变革，它标志着由启
所开创的中国历史上第一个家天下的奴隶制国家约在陶寺文化晚期正式
诞生，其时适值公元前 21 世纪，与传统认为的夏纪年吻合。"（冯时
2008）

四　称呼史

　　最后再简单罗列一下 1950 年代大规模考古工作展开后，考古学界
出版物中"夏"遗存概念从无到有并不断放大落实的过程。总括起来，
这一过程可以分为三个阶段。

（一）平易谨慎期

　　1950—1970 年代的考古教材讲义和出版物，在书名和目录中尚没有
出现"夏"的字样。如 1954 年北京大学历史系考古专业《殷周考古》
讲义（油印本），和 1956 年的《商周考古》讲义（油印本）。在随后出
版的中国科学院考古研究所编《考古学基础——中国科学院考古研究所
工作人员业务学习教材》（中国科学院考古研究所 1958）中，断代考
古分目下"石器时代考古"之后，是"商周考古"。1960 年，北京大学

历史系考古专业编印了铅印本讲义《商周——青铜时代》。中国科学院考古研究所组织编写的《新中国的考古收获》一书中，在"奴隶社会"一大章下列"商殷"和"西周春秋"分目。（中国科学院考古研究所 1961）1979 年，北京大学历史系考古教研室商周组编写的教材，名为《商周考古》（北京大学历史系考古教研室商周组 1979），其中第一章为"二里头文化"，文中述及二里头文化"为解决夏文化问题提供了可寻的线索"，第二章为"商代"。

（二）收放拉锯期

1980 年，邹衡的学术专著《夏商周考古学论文集》（邹衡 1980）正式出版，其中包括长篇论文《试论夏文化》。这部力作奠定了他在学界的崇高地位，其学术观点也给予学界以深刻的影响。李民的《夏代文化》（李民 1980）一书也于同年出版。

但夏鼐领衔的中国社会科学院考古研究所却显得相对谨慎，在其集体编撰的集成之作《新中国的考古发现和研究》（中国社会科学院考古研究所 1984A）中，与"新石器时代"并列的大章题目是"商周时代"，其下第一节是"商殷时期"，再下则设"关于夏代文化的探索"和"偃师二里头的早商遗址"等分目。1984 年，中国考古学会编辑的《中国考古学年鉴》正式出版，而中国考古学会的秘书处设在中国社会科学院考古研究所。第一、二本（1984、1985 年度）的《考古学研究》栏目下，设"商周考古"条，1984 年度述评文内还有"夏文化探索和早商文化研究"的分目（中国考古学会 1984、1985）。

1985 年，河南省考古学会等编辑的《夏文化论文选集》、中国先秦史学会编辑的《夏史论丛》先后出版，后者包含若干篇考古学上探索夏文化的论文（河南省考古学会等 1985，中国先秦史学会 1985）。

1986 年，夏鼐领衔主编的《中国大百科全书·考古学》出版，在"商周考古"总目下设"夏文化问题"和"二里头文化"等条，其下为

"商代遗址"分项。

（三）主流敲定期

1988 年出版的《中国考古学年鉴（1986）》（中国考古学会
1988），《考古学研究》栏目下开始设"夏商周时期考古"分目，执笔
者为北京大学李伯谦教授。同年，郑杰祥的《夏史初探》（郑杰祥
1988）一书出版。

此后，有关"夏"遗存考古的论著开始大量面世。如《夏商文明研
究》、《夏文化研究论集》、《中国青铜器全集·第一卷：夏、商
（一）》、《夏商周考古学论文集》之续集和再续集、《夏商周断代工程
1996—2000 年阶段成果报告（简本）》、《虞夏时期的中原》、《夏商文
化论集》、《夏商考古》、《夏商周青铜文明探研》、《夏文化论集》、《中
国考古学·夏商卷》、《夏商周考古学研究》、《早期夏文化与先商文化
研究论文集》、《夏商周考古学》、《夏商周考古探研》、《鼏宅禹迹：夏
代信史的考古学重建》（张之恒等 1995，洛阳市第二文物工作队
1995，中国先秦史学会等 1996，《中国青铜器全集》编辑委员会
1996，邹衡 1998、2011，夏商周断代工程专家组 2000，董琦 2000，
陈旭 2000、2001，李先登 2001，郑杰祥 2002，中国社会科学院考古
研究所 2003，杜金鹏 2007，北京大学震旦古代文明研究中心等
2012，井中伟等 2013、2020，刘绪 2014，孙庆伟 2018）等。

饶有兴味的是，本来在夏文化的认定上偏于持重的中国社会科学院
考古研究所，于 1990 年代将原来的"商周考古研究室"改称"夏商周
考古研究室"（中国社会科学院考古研究所 1990、2000）；而在 1980
年代初即提出"夏文化"议题的北京大学考古专业（包括后来的考古
学系和考古文博学院），"新石器（时代）商周考古教研室"的名称却
几乎没有变化地延续至今（北京大学考古学系 1998、2015）。

要之，自 1930 年代始，随着考古工作的展开，考古与上古史学界

先是对号入座式地简单比附"夏"遗存。进入 1960 年代，又因徐旭生的推测而认同二里头文化的主体为商王朝的遗存，形成"主流观点"；此后又不断形成不同的"共识"，先是以邹衡的"二里头全为夏文化"的观点为中心，后又有以夏商周断代工程"中原龙山文化晚期至二里头文化为夏文化"的观点为中心的"共识"。应当指出的是，这类所谓"主流观点"或"共识"的取得，都不是建立在获得决定性证据（即有像甲骨文那样的内证性文字材料出土）的基础之上的，持不同论点者多将今人依据传世文献而提出的推论和假说当作讨论的主要证据。鉴于在证据层面和方法论上缺乏里程碑似的转捩点，故可以预见，这样的论争还将持续下去。

冷观三星堆

继 1986 年首次发现三星堆遗址两个填满宝藏的器物坑后，近年，考古工作者又在两个坑之间发现了密集分布的另外六个器物坑，一时在学界和公众中引发轰动。俗称"方舱"的密闭式考古工作室和考古工作者全副武装的防护服，构成了疫情时代特有的一道亮丽的考古风景线。在慨叹当年的"灯下黑"，遗憾于如此宝藏没能早日面世的同时，大家又不约而同地怀有庆幸与欣慰：科技使考古插上了翅膀。只有在当下，才会有如此高规格的条件，让考古人得以"精耕细作"，最大限度地做好文物保护工作，更多地攫取其中的历史信息。

关于三星堆，有太多的话题可以说。这里，我们只采撷其中若干的问题点，一窥其间已知或仍然未知的奥秘。

从多元到一体的轨迹

要先帮大家梳理下三星堆文明出现的大的历史背景。在中国上古史和考古学领域，研究对象因年代相隔久远、资料支离破碎而显得扑朔迷离，研究结论也就具有极大的不确定性，既不能证真也不能证伪者所在多有，学者在诸多问题上聚讼纷纭、莫衷一是。如果说这其中还有可被形容为"最大公约数"的认识，那就应该只有中国文明形成与发展过程的"多元一体"论了。如果我们认可华夏文明是从多元走向一体的，那么，整个中国古代文明史，就可以分为三个大的阶段。

第一个大的阶段相当于考古学上的新石器时代晚期，年代则大致在公元前3300年至前1700年之间。这一阶段最大的特征就是无中心的多

三星堆 2 号坑发掘现场（1986）

三星堆 3 号坑发掘现场（2021）

元，也即没有所谓的中心或核心文化可言。在广袤的东亚大陆，分布着众多先后进入社会复杂化甚至早期国家阶段的区域性文明，如环太湖地区的良渚文化、长江中游的屈家岭—石家河文化、海岱地区的大汶口—龙山文化、晋南地区的陶寺文化、陕北地区的石峁文化等。那是个"满天星斗"的时代，考古学家一般称其为"古国时代"或"邦国时代"。分布于成都平原，作为三星堆文化前身的宝墩文化，也是这些星斗中的一分子。

第二个大的阶段约当考古学上的青铜时代，年代相当于公元前1700年—前500年之间，也即以二里头文化为先导的中原夏商周王朝时期（下限至春秋时期）。这一阶段最大的特征是有中心的多元，中原虽然出现了广域王权国家，也即史书上记载的三代王朝，有点中央之城、中央之邦的感觉，但无论最早的二里头文明、二里岗文明，还是殷墟文明和西周文明，都还只是国上之国，相当于"盟主"的地位吧。考古学家一般将这个时代称为"王国时代"。进入殷墟时代，原来一枝独秀的中原青铜文明铸造复杂礼容器的技术"泄密"，这类高科技手段被若干区域的土著方国部族所掌握，东亚大陆的国际局势自此为之改观。举其要者，譬如关中、汉中、江西、两湖、四川地区的青铜文化等，都相对独立，异彩纷呈。尽管中原王朝的崛起因"月明"而显得"星稀"，可称为"月明星稀"的时代，但总体上看，"满天星斗"的大局面依然存在。成都平原的三星堆文化，当然就是其中最耀眼的一颗星。

第三个大的阶段，约当考古学上铁器时代的成熟期，先是战国时代的兼并战争，然后以秦王朝的统一为先导，东亚大陆进入了中央集权的、郡县制的"帝国时代"。只有到了此时，华夏族群在社会组织上才开始一统化，原来异彩纷呈的各地土著文化逐渐退出历史舞台，融入帝国的洪流之中。这一时代，可以用"皓月凌空"来形容，虽然各地文化还具有一定的地方特色，但由于政治上的大一统，星月争艳的时代也就大致终结了。

半月形传播带与中国弧

"半月形文化传播带"的概念，出自我国著名考古学家、科幻小说作家、四川大学教授童恩正（1935—1997）的笔下。他指出，从东北大兴安岭、内蒙古的阴山山脉、宁夏的贺兰山脉、青海的祁连山脉，到四川西部通向云南西北部的横断山脉，这一北一南两列山脉及其邻近的高地，在地理上如同一双有力的臂膀，屏障着祖国的腹心地区——黄河中下游和长江中下游肥沃的平原和盆地；在文化上，这一地带则自有渊源，特色显著，构成了古代华夏文明的边缘地带。

他用生态环境相似从而导致文化传播来解释这一地带出现的各种文

边地半月形文化传播带（童恩正 1987）

化相似现象。指出这一边地半月形文化传播带的位置，恰好从两面环绕了黄河中游的黄土高原。其主要地貌为山地或高原，平均海拔1000～3500米。此外，太阳的平均年度辐射值大致相近，此地带的年平均温度相当接近，农作物及木本植物的生长期接近，降水量大致位于年降水量400毫米及600毫米两条等雨量线之间，是一种基本上由高原灌丛与草原组成的地带。这条传播带上分布着汉藏语系、阿尔泰语系的各族群，面向欧亚草原的宏阔空间，是中国与中亚、西亚、欧洲文化交流的前沿阵地。

英国艺术史学家和考古学家、牛津大学教授杰西卡·罗森爵士，正是在童恩正教授的半月形文化传播带的基础上，提出了一个特殊的人文地理学概念，她称之为美丽的"中国弧"。她认为，古代中国的版图可以从自然和文化的角度分为三个区域：一是东南的中原地带；二是西北方的草原地带；三是在这两个气候、经济、文化颇为不同的地理区域中间的那个弯弯的、像半月形的区域，就是"中国弧"。

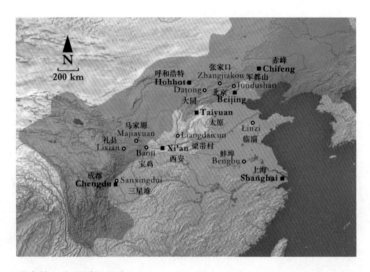

罗森的"中国弧"概念

罗森教授认为，在"中国弧"的西侧，中国古代文化发展的步伐和整个欧亚大陆中心地区同步；在"中国弧"的东侧，古代中国则是另一种独特的面貌，与欧亚草原的发展步伐并不一致。而正是这个美丽的"中国弧"，成为东西方交流的纽带和桥梁。"中国弧"是理解欧亚历史长时段效应的一把钥匙，是一个"超稳定结构"。更有学者指出，半月形文化带的形成显然与青铜时代全球化的出现有很大关系。可以说，边地半月形文化传播带和"中国弧"，就是我们从欧亚大陆文明史的视角解读早期中国的一个重要的切入点。

考古学观察到的现象是，西来的权杖文化和中原地区以鼎、爵为代表的礼器文化都见于半月形地带或"中国弧"区域，但权杖基本没能进入这一地带所圈围的东亚大陆腹心地区，而鼎、爵等中原王朝文明的礼器，则没能突破这个半月形地带或"中国弧"。而既出现了金质权杖，又有中原风格的礼容器出土的三星堆遗址和金沙遗址，恰好就位于这个半月形文化传播带或"中国弧"上。

三星堆文化年代之惑

围绕三星堆大发现引发的种种纠葛、困惑，大都源自对相关概念及其年代的混淆、误读乃至误解。学者有意无意地混着说，公众囫囵吞枣地混着听，导致迷雾重重、混沌不清。

首先要区分的是三星堆遗址与三星堆文化。

三星堆遗址，指的是坐落于成都平原北部的一处新石器时代至青铜时代的遗址。这处遗址最为兴盛时段的遗存，考古学家称之为"三星堆文化"。考古学文化指的是一定的时空范围内，面貌相似、经常共出的一群物的组合，这里的物包括"不动产"的遗迹如城墙、房屋、墓葬等，也包括"动产"的铜器、玉器、陶器等各类遗物，甚至还有遗痕，如工具的痕迹。三星堆遗址上还有早于三星堆文化、属于新石器时代的"宝墩文化"遗存，和晚于它的、属于青铜时代的"十二桥文化"遗存。再举二里头遗址的例子。二里头遗址最早的遗存约当仰韶时代晚期，后面还有龙山时代的遗存，然后才是作为遗存主体的、延续约200年的二里头文化，后面还有相当于商代和汉代的遗存。

发掘者把三星堆遗址分为四大期，其中遗址第一期一般认为应属于宝墩文化，遗址第二期和第三期属于三星堆文化，第四期则属于十二桥文化。三星堆遗址虽然发现得早，但由于田野考古工作持续开展，考古资料的公布偏于滞后，到目前为止尚未出版正式的考古报告，且没有及时地将最早的一期遗存从三星堆文化中区分出来。1990年代，成都市的考古工作者根据成都平原上新津县宝墩遗址及其他同时期的城址群及相关文化遗存的发现，首先提出了早于三星堆文化的"宝墩文化"的命名，并得到了学界的认可。但三星堆的发掘者给遗址的第一期文化另起名为"三星堆一期文化"，因与其后的"三星堆文化"容易混淆，所以一般很少有学者认同响应。但毕竟已一物二名，所以在行文中要么是"宝墩文化（三星堆一期文化）"，要么是"三星堆一期文化（宝墩文化）"，正如我们现在在三星堆遗址博物馆的陈列中看到的那样。这种同一个考古学文化被不同地域、不同研究机构的学者各自起名的情况，在中国考古学史上所在多有，在学界内部已颇易引起混乱，初学者和公众听起来更是一头雾水，摸不着头脑。这是我们考古圈应当反思的。

然后我们再看看三星堆遗址上这几个考古学文化的年代。关于考古学文化的年代，有两个概念要搞清楚，一个是相对年代，一个是绝对年代。绝对年代指的是通过碳-14、热释光、光释光等科技手段测定的年代数据；相对年代指的是考古学家根据考古地层学和考古类型学等手段排定的文化遗存的相对年代序列。现有的测年手段还达不到精确到某年的水平，也会因各种因素而出现误差，所以给出的绝对年代还只是一个相对确切的时间段，所以说绝对年代具有一定的相对性。与此同时，相对年代由于建立在经年试错的基础上，考古学家摸索到了文化遗存内在的演化序列，因此又具有一定的绝对性。

说到三星堆文化的相对年代，早于它的有宝墩文化，而宝墩文化属于新石器时代晚期，而晚于它的十二桥文化，约当西周至春秋时期。这样，三星堆文化的大致时间范围就被卡定在不早于新石器时代晚期，不晚于西周时期这个时段内。由于早年学术界认为新石器时代的下限在距今 4000 年前后，所以既往的说法是，三星堆文化的年代大致在距今 4000 年~3000 年之间。

"外来品"敲定年代上限

随着时间的推移，考古学家在努力做进一步的年代细化工作。他们首先在三星堆文化早期遗存中，发现了一种特殊的陶器，这种器物被称为"盉"，属于酒器。它有三个空腔的袋状足，支撑着细瘦的腰身，上部封口，原应有盖，最大特征是有一个管状的流口便于倒酒。不同地域的人都因地制宜地使用着不同的器物，因而器物本身就显现出不同于他地其他人群的文化 DNA。在三星堆文化众多当地土著因素的器物中，细高的陶盉这类器物就显得鹤立鸡群。熟悉先秦考古的朋友一眼就会认出，这类陶盉的祖型一定是中原地区的二里头文化，陶盉是二里头文化的典型器。那么，为什么不会是相反，也就是三星堆文化的陶盉是"源"而二里头文化是"流"呢？这是由于考古学家在中原地区已经掌握了这类器物从新石器时代到二里头时代发生演变的清晰脉络，也即"出身"清楚，证明它是源自中原及其左近地区的，而在成都平原，这类器物是突然出现的"外来户"，找不到源头。

由是，我们可以说，陶盉、陶鬶、陶豆、陶壶等二里头文化及其他文化因素的渗入，不同文化因素的结合，导致本土的宝墩文化开始变容，最终形成了更具多元色彩的三星堆文化。那么，从年代探索的角度看，二里头文化的陶盉可以成为破解扑朔迷离的三星堆文化年代的一把钥匙。

在二里头文化中，这类高体、管状流、瘦三足的盉，见于该文化的早期，确切地说是二里头文化第二期。而众所周知，作为中国古代文明腹心地区的中原是中国田野考古工作开展得最为充分的一个地区。近年来国家级的科技攻关项目夏商周断代工程和中华文明探源工程，其着重点都在中原地区。相应地，这里考古学文化的测年工作做得也最系统、更精确。目前，经系列测年给出的二里头文化最新的年代框架是公元前1750—前1520年。圈内人都知道相比20年前夏商周断代工程给出的数据，越测越晚、越测越短，是人们对二里头文化及相关考古学文化最新年代数据的共同感受，这是测年技术水平提高，缩小"包围圈"，排除了更早可能性的结果。在这种情况下，如果中原地区的测年数据在更新，而周边地区的测年数据仍然选用既往测定的单个数据的话，那就有爷爷辈和孙儿辈颠倒的可能。

据上述，出土带有二里头文化二期风格陶盉的三星堆文化的上限，就不能早于二里头文化二期。这是容易理解的，我们说相对年代具有一定的绝对性，在这个问题的分析中即可显见。二里头文化二期的绝对年代，最新测定在公元前1680—前1610年之间。地处西南的三星堆与中原腹地的二里头山水阻隔，且相似的文化因素最大可能是通过其他人群"接力"式地传播过去的，而非短时间的直接长途输入，所以，学者认为这类传播应有个时间差。四川当地的学者即推测，出现二里头文化因素的三星堆文化的出现时间，大致约当二里头文化晚期甚至末期，也即公元前1600—前1500年之间。盉、盔等陶器以外，三星堆文化中还出土有玉石牙璋和铜牌饰等二里头文化风格的器物，有的学者认为这些器物的年代甚至可晚到随后的二里岗文化时期（约公元前1500—前1300年，一般认为属商代前期）。这就是文化传播过程中的"时空差"。

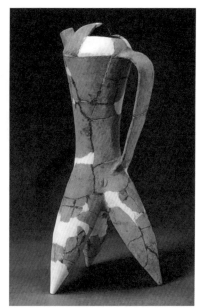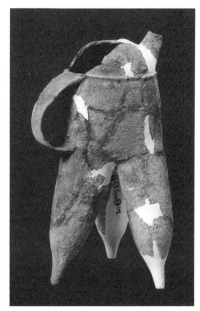

二里头遗址出土陶盉（左上、左下）　　　三星堆遗址出土陶盉（右上、右下）

　　但面对这样的最新测年数据和研究成果，有学者在同意三星堆文化与二里头文化大致同时或稍晚的前提下，仍说三星堆文化的年代上限可以早到公元前 2000 年。这就有点不可思议了。人类对其出生地和生活地都有情结，是可以理解的，文化本位主义的想法具有普遍性，每个国家在绘制出版地图时，都会下意识地把本国放在居中的位置，就是一个例子。上文提到考古学家各自以所在区域的地名命名考古学文化，对于本区域文化遗存的年代，也有尽可能上推其出现时间、夸大其存在意义的倾向。

　　与此相关的是，如前所述，三星堆遗址上曾经存在的三个不同的考古学文化经历了起伏兴衰的过程，但在有些学者的口中，三星堆文化的概念被淡化，代之而起的是强调三星堆遗址一至四期的文化遗存都很丰富，文化上是传承延续的，时间跨度超过两千年，甚至"是中国唯一延续了两千年的先秦古都城遗址"，"即使放眼世界范围来看，也可能都是很罕见的"。这就有点放卫星的感觉了。这样的情感投入，是我们在严肃的学术研究中，应该自警自惕的。建构认同与求真逐理，一直是致力于学术上寻根问祖的本土学者和文化人需要严肃思考和对待的问题。

器物坑与青铜时代

　　上面我们说了半天三星堆文化的上限和早期遗存，而据现有材料看，那时的三星堆文化除了具有外来因素的二里头文化风格的铜牌饰，青铜器物乏善可陈。所以我们说那时的二里头文化已率先进入青铜时代，但三星堆文化早期吸收的只是些皮毛，二里头文化高精尖的青铜冶铸技术还没有被引进，成都平原在三星堆文化早期还没有进入青铜时代，也即，青铜用品在人们的物质与精神生活中还没有发挥重要的作用。在三星堆文化的几个器物坑出现之前，成都平原还处于新石器时代，这是我们学界没有交代清楚、而公众容易混淆的一个概念。

　　具体说来，公众往往把三星堆文化的起始年代和三星堆文化晚期才突然出现的高度发达的青铜文明混为一谈。即便是著名大报，在日前报道三星堆器物坑的最新发现时，还在说"这些祭祀坑的年代，被确定为公元前 4000 年至 3200 年之间"。这显然是不对的。首先是记者误将"距今"的年代，写成了"公元前"，但如上文我们订正的那样，即便是距今 4000 年，那也是三星堆文化的上限，而且是按照某些学者的提法，坚持不用二里头文化最新的测年数据来限定三星堆文化的上限，属于旧说；即便是写距今 3600 年，那也是目前对三星堆文化上限的最新认识，而不是器物坑的年代。器物坑的年代，要晚到距今 3200～3000 年前后，相当于中原地区的殷墟时代或略晚。可见相关年代问题认识和传播上的混乱程度。

　　朋友们想必已经注意到了我在上文中用的是"器物坑"一词，而媒体和最早的考古发掘报告用的是"祭祀坑"。目前，关于这几个器物坑

三星堆遗址出土：铜尊（左）、金面罩人头像（中）、纵目面具（右）

的性质学界还在讨论中，这些坑用于祭祀只是可能性之一，即便与祭祀有关，这些坑也不一定是第一现场，而可能是祭祀仪式后的埋藏坑。所以，我们在提法上持审慎的态度，暂时称其为"器物坑"，显然，这是偏于平易和相对客观的一种提法。

　　1986 年 7—8 月间，在相隔不到一个月的时间里，两个器物坑被偶然发现，一时震惊学界和公众。关于这两个器物坑的年代，各类推断意见层出不穷，最早的意见是相当于殷墟文化第一期（约距今 3300 年），中间经殷墟后期、殷末周初到西周后期，最晚的意见是相当于春秋中期（约距今 2600 年），前后相差 700 余年。但绝大部分学者还是同意虽然这两个器物坑的年代略有早晚，但都在殷墟文化早期和晚期的范畴内。最新发现的器物坑内含碳标本的测年，可晚到殷末周初的距今 3100 年前后。

三星堆遗址 1 号坑（1986）　　　　　2 号坑（1986）　　　　　3 号坑（2021）

这几个器物坑里的青铜神像、人像、神树、容器和各类金、玉等祭祀用器以及象牙等遗物，应该都是出自"神庙"类的祭祀场所的，最新发现的一座坑中就出土了被烧毁的建筑残块。通过钻探和发掘，可知这八个坑附近，是先用烧坏了的建筑垃圾——红烧土夯垫了一层，平整出了一个场地，然后再在上面挖坑，埋下这些器物的。但具体的祭祀程序和祭祀内容等则无从确切把握。

三星堆与金沙关系之谜

上面说到三星堆遗址第二期，属于三星堆文化早期，它大体上相当于中原地区的二里头文化晚期至二里岗文化时期；而三星堆遗址第三期，属于三星堆文化晚期，只是到了这个阶段，几个器物坑代表的三星堆青铜文明才正式问世，且非常突兀，它与仅接受了二里头文化些微影响的三星堆文化早期遗存形成了鲜明的对比。以至于有的学者认为应该把这一阶段从三星堆文化中剥离出去，另称为"月亮湾文化"，这是一支处于新石器时代末期、三星堆青铜文明崛起前夜的考古学文化。

如果说三星堆器物坑所代表的青铜文明与所谓的三星堆文化早期之间存在断裂，那么与其形成鲜明对比的是，几个器物坑与后来崛起于成都一带的金沙文明（十二桥文化）反而显现出了密切的关联，以至给人以"剪不断理还乱"的感觉。换言之，三星堆人和金沙人是一群人吗？如果不是，是金沙人摧毁了三星堆而另立新都于成都，还是三星堆人因某种原因将其都邑从广汉"战略转移"到了40多公里外的成都？种种推想，学者们都提出过。

话说考古学文化的命名，多是凭发现当时考古学家的认识甚至感觉，所以随机性很大。当时命名为两个考古学文化的，不一定就是两个人群的遗存。比如山东地区的大汶口文化和龙山文化，一般认为就是一个人类群团前后相继的两个阶段。中原地区的二里岗文化和殷墟文化，一般认为都是商文化的遗存，甚至更早的二里头文化，也有人认为应是最早的商文化。鉴于此，三星堆文化和后续的十二桥文化（金沙）并不一定就是两群人的文化遗存。

关于三星堆文化（二里头时代至殷墟时代）和十二桥文化（殷墟时代晚期至春秋时代）关系问题，早年即有学者将三星堆文化的下限下延，囊括了十二桥文化。近年更有学者提出了"三星堆—金沙文化"的概念，认为三星堆文化与十二桥文化并无太多实质性差异。如果再考虑到金沙遗址祭祀区与三星堆器物坑出土遗物的共性，以及它们所反映的相同的价值体系等，不妨将这两种文化理解为同一个文化传统的早晚两个发展阶段。这次六个坑的发现似乎进一步验证了这些推断。这8个器物坑的年代略有早晚，但都限于从殷墟到西周的过渡阶段前后，三星堆和金沙的此消彼长阶段。故有学者推断，二者的兴替，或与商周更替这一大的历史事件有关，但到了成都平原，至多应该属于余震了吧。

我们面临着太多的谜团。我常愿提及的一个"不倒翁理论"是：在上古史和考古学领域，到目前为止，我们还排除不了任何假说所代表的可能性。

古蜀情结中的三星堆阐释

在目前专家和公众的话语系统中，三星堆文化属于早期古蜀文明，似乎已成定论；有的学者甚至把早期巴蜀文化上推到新石器时代晚期。但细究起来，其中问题多多。

首先是，关于"蜀"族群的记载尽管见于殷墟和周原的甲骨卜辞，传世文献中也有周武王伐纣时蜀人参与协同作战的记载。但早期蜀文化是否发源于四川，尚存异议。有学者就提出四川盆地北方的汉中甚至关中地区的某些文化遗存,为寻找早期蜀文化提供了重要线索。在三星堆—金沙文化中尚未发现当时的文书材料可以互证的情况下,这支人群的遗存是否可以直接被冠以"蜀文化"的徽号,并不是可以遽然定论的。

其次,如前所述,三星堆文化和金沙文化遗存之间,显现出大致相同的价值体系;而与此形成鲜明对比的是,它们与后来战国时期的蜀文化却有着显著的差别。

据研究,三星堆—金沙文化的墓葬随葬品较少,也少见木棺之类的葬具,没有发现大墓。可见这个族群没有厚葬的习俗,不用青铜器、金器和象牙等社会财富来随葬。但在成都平原,至迟到了春秋晚期,墓葬开始发生巨大变化,出现了规模大、随葬品种类和数量丰富,明显有别

金沙遗址出土:青铜立人(左)、金面具(右上)、玉琮(右上)

于其他墓葬的大型墓，多见富于地方特色的船棺葬和合葬墓，船棺形体巨大，随葬品中出现铜容器，随葬兵器的习俗也很盛行，墓葬中涌现出大量域外文化因素。随葬铜器包括本地铜器和域外风格铜器。已发现的大墓都单独分布而不属于某个墓地。这些都表明墓葬已经有了显著的等级差别。可以说，三星堆—金沙文化的祭祀坑表明在当时的社会中，神权占据了主导地位，而社会财富主要用于宗教活动，相比之下，个人财富、地位的标志，以及与此相关的丧葬活动处于次要地位。如果说三星堆—金沙文化在精神世界属于"祭祀文化"，那么它显然迥异于东周时期受华夏文化影响而出现的"墓葬文化"。而众所周知，后者才是已被确认了的蜀文化。到了战国时期，成都平原才进入了周文化影响所及的早期"中国"或曰"华夏"的范围。

这个大的变迁的契机，大概与中原文化和楚文化由长江中游西进入川有关，这导致了成都平原文化和社会形态发生了一次大的变革。这一时期的墓葬中有大量楚式和中原式的青铜器，战国晚期还有秦式器物。域外风格的铜器有的可能由当地仿制，有些就是直接从四川以外传入的。应当指出的是，传入成都平原并深刻影响了当地文化与社会的，并不限于器物和技术，更重要的是思想观念。新的观念强化了墓葬及随葬品对于体现个人地位和身份的重要性，墓葬因此而分级，青铜制品的主要功能由祭祀用品转变为丧葬用品。对于某一区域的文化来说，这种思想观念上的变化，最终反映的是社会财富的占有方式和统治权力表现形式的变化，这才是"伤筋动骨"的巨变。而从这些上推所谓的"蜀文化"，能够轻易得出一脉相承、源远流长的结论吗？

盗墓题材作品与外星文明

坦率地说，这是我颇不情愿谈的话题。

我也怀有文学梦，也曾是个文学青少年，现在，也正想从田野考古学家转身为沙发考古学家（或称书斋考古学家），甚至成为作家。当然，限于职业背景，只能是非虚构作家。因而，我对给公众提供精神食粮的作家怀有敬意。随着时代的变迁，纯文学作品逐渐淡出我们一般人的生活，成为考古人的我更没有读过那些风行一时的盗墓类题材的小说，大概也是出自一种"精神洁癖"吧。尽管常被问及，但小说中描述的那些真的跟我们的志业完全不搭边。

日前，某大媒体在三星堆大发现直播节目中邀请了盗墓题材小说的作家进行访谈，一时激起较大的舆情。我在网上看过这位作家访谈的文稿。当主持人问他对当天自己上了热搜是什么心情时，他的回答是"很惶恐啊，因为这么严肃的一个场合，我觉得也不能太娱乐化，我觉得这种事情跟我们写小说的关系不大，我们应该在直播前老老实实地看这个，那么伟大的一个考古成果"。他还表示，"对于一个写悬疑小说的人来说的话，现实，真的远远大于小说本身，现实是最伟大的。我就期盼着现实的谜团，可以在今年揭秘"。说实在的，感觉他的态度是谦恭的，应答是得体的。

大家都倾向于问题出在邀请方，由于这样的邀约，该作家出现在了错误的时间和错误的地点。作为考古人，我那天也接受了同一节目的邀请而连线做了关于三星堆相关问题的访谈。考古人和盗墓题材悬疑小说作者在一个重大考古发现的直播中相继连线，的确给人一种违和感。毕竟，虚拟的文学作品和学术研究成果是全然的两码事。众所周知，考古是严肃的科学研究工作，我们也一直极力向公众阐明，考古跟盗墓具有本质的差别。对于有素养的文化人来说，这是不言自明的。我的同行委屈地抱怨此种做法，说我们的多年努力很可能由于这一"同台"而付之东流。作为考古人，我仍希望喧嚣过后，经历此事的朋友都能增强对逝去历史的温情与敬意，从而怀有区分正邪的严肃史观，如果不避矫情的话，当然也希望给我们所从事的求真逐理的考古工作以基本的尊重。

刚读到一篇由高校文博考古专业教师指导学生做的《盗墓类影视剧的转向和社会影响调查分析》报告。调查结果显示，盗墓题材影视剧在2015年后发生转向，将盗墓这一过程中的探险和盗墓贼的"智慧英勇"作为主要卖点，追求娱乐性、刺激的观感，不仅很难对观众进行正确的价值观引导，考古工作也因为这类影视作品的走红而被污名化。此外，盗墓题材影视剧通过改换主角身份、污名化考古工作者以达到上映卖座的目的，不仅换汤不换药，还向观众提供了更加反面的引导，公众对文物和遗迹的保护产生错误认知。当混杂"考古""文物"背景的角色通过盗墓场景不断出现在荧幕，会造成公众潜意识中对考古工作者的反感和行为上的排斥，考古的处境分外尴尬。这样，我们就能理解盗墓题材小说作者在主流媒体报道的考古直播室中出镜并宣传即将上映的盗墓题材的影视剧，何以会引发被戏称为"玻璃心"的一线考古工作者的集体愤怒了。

至于三星堆有没有可能来自外星文明的问题，是我们圈的同事最懒得回答的问题。大家看三星堆某些青铜器的造型感到怪异，那是由于我们的视野狭窄，考古发现中还存在着诸多待解之谜，我们不知道的远比知道的多得多，这很正常。但到目前为止，还没有什么发现超出了我们既有的认知范畴。至于外星文明的说法，那是开脑洞，与我们的考古研究无关。

说到我们看到三星堆青铜文明所感到的"讶异"，我常想起台湾著名学者王明珂先生的话，他说"我们对一篇文献、一批考古发掘资料，或一个田野考古报告人的口述，感到讶异、好笑不理解，或这些资料间有些相左、断裂时，这显示我们的知识理性与外在现象之间，或现象与现象之间，有一段差距"。他提示我们，学者常常把自己的经验与知识当作理所当然，对自己的认知之外的客观存在感到讶异，这不正说明我们的认知与常识往往存在误差吗？我们对三星堆的发现所显现出的讶异，就是最好的例证。以前的中原王朝汉字霸权，其中的记载往往是中原本位的，对周边地区所谓"非我族类"的人群、对不符合所谓逻辑与正统的历史进行选择性的书写与遗忘。王明珂先生的点拨应该能令我们清醒许多。

1986年发现的那两座器物坑，就让考古学家围绕着它们写了近千篇学术论文和几十部书。最新发现的这6座坑，让我们知道它们还只是残缺的一部分，许多问题要重新考虑。我常说，考古学是一门残酷的学问，它在时时地完善、订正甚至颠覆我们既有的认知。随着这批发掘资料的全面公布，又一个研究热潮即将掀起。我们不应寄望于一两次"芝麻开门"式的大发现，就能够解决多年来悬而未决的历史问题。悲观点说，我们永远也不可能获知当时的真相，但仍然要怀着最大限度迫近历史真实的执着。

纠葛与症结：三星堆文化上限问题的学史观察

　　一个遗址可以且往往包含多个考古学文化的堆积，而遗址分期与考古学文化的分期是应该做严格区分的。这是 1950 年代关于考古学文化定名讨论以来（夏鼐 1959A），考古学界的共识和常识。"遗址的分期，探讨的是不同考古学文化在同一遗址内堆积的先后问题。考古学文化的分期，是指一考古学文化所经历的历史的相对年代的划分"（张忠培 1986）。但在相当长的时间里，围绕三星堆遗址及其所包含的考古学文化的认识却存在着相当的模糊性。早在 20 多年前，即有学者指出，"近十多年来，学者们对'三星堆文化'与'三星堆遗址'两个完全不同的概念纠缠不清，因而滞误了对三星堆文化及其相关文化的研究，使得四川先秦考古学文化的年代序列处在一片迷雾之中。"（王毅等 1999）梳理学术史，感觉直到近年，围绕三星堆遗址与三星堆文化，这一问题仍"处在一片迷雾之中"，而三星堆遗址先秦时代遗存分属于多个考古学文化、三星堆文化始于三星堆遗址第二期的共识来之不易。

一　遗址与文化分期的混淆

　　在 1987 年发表的三星堆遗址首篇发掘简报（1980—1981 年度）中，发掘者就指出在已辨识出的三期文化中，"第一期和第二期文化遗物的特征变化较大，判然有别，其间又有明显的间隙层，故我们认为第一期与第二期文化的年代相去较远，而第二期与第三期遗物的特征差异不甚大，并有不少承袭因素，可能两期文化的年代紧相衔接"。该简报最后虽提出"三星堆文化"的概念，但并未对其内涵给出确切的界定；

且文中又有"三星堆遗址文化"的提法，语意含混。

此后，参与发掘的学者的论文中所谓"广汉文化"和"三星堆文化"，最初指的都是包含三星堆遗址一期遗存在内的先秦时代文化遗存的全部。所以"三星堆遗址文化"的概念被屡屡提及。（陈显丹 1987、1988、1989）当时学者引用转述发掘简报时也都是将遗址的四期看作一个整体的："可分为四期，以其独特的文化面貌被称为'三星堆文化'"（林向 1989B）。1987 年简报中本来推定"第一期和第二期文化遗物的特征变化较大，判然有别，其间又有明显的间隙层，故我们认为第一期与第二期文化的年代相去较远"，但在后来参与发掘的学者论文中则有了"从时代来讲，从新石器时代晚期至西周，两千年时间的延续从未间断过"（陈显丹 1989）的提法。直到近年，仍有类似的表述：

三星堆古城结构

"（三星堆遗址）一至四期的堆积在地层上是连续的，文化上是传承延续的。……从在一个遗址上集以上几者为一身，人类古文明在一个遗址上长时间地演绎了一个完整的过程这个意义上来说，也是中国唯一的标本。她还是中国唯一延续了两千年的先秦古都城遗址。"（高大伦等2016）

据1980—1981年发掘简报，遗址第一期地层中木炭标本的碳素测年数据为距今4075±100年，树轮校正为距今4500±150年。几乎与此同时，发掘者又给出了三星堆遗址一期遗存更早的年代上限和时间跨度："这个遗址群的时代，上限到新石器时代晚期，下限约在西周早期（即距今4800年至距今3000年左右）"（陈德安等1987）；遗址第一期的"时代大致在新石器时代晚期（B. P. 4740—4070）"（陈显丹1989）。随之，学术界开始引用这一数据。如曾参与发掘的四川大学林向教授在当时发表的论文中述及"（三星堆）第一期出土物为新石器晚期的东西，碳十四测定距今约4800年左右"（林向1987），2010年的自选集中又删除了这一数据（林向2010），随后他又有"（第一期）属于龙山时代的文化面貌，经碳十四测定年代约在距今4700~4500年间"的提法（林向1989B）。无论如何，这一提法毕竟拉开了三星堆遗址第一期和第二期之间的时间差，而与1987年简报中"第一期与第二期文化的年代相去较远"的推断相吻合。

上引简报和发掘者披露的碳素测年的基础数据，应都源自中国社会科学院考古研究所和北京大学两家碳-14实验室的"放射性碳素测定年代报告"，但此后发掘者和研究者给出的年代数据却五花八门，让人无所适从。后文中述及孙华教授做了系统梳理，知学者们在研究结论中选择性地采用未经树轮校正和经树轮校正两种数据。而上文中的极端数值距今4800年，从未见于基础数据。查三星堆遗址第一期遗存三个数据中最早的一个，树轮校正年代是距今4665±135年。如将这一最早数值再加上可能的摇摆幅度的最大值，即4665+135年，居然正好是距今

4800 年。三星堆遗址第一期的最高年代上限值，就是这么被推定出来的。取早不取晚，尽可能提早年代上限，一度成为三星堆遗址与三星堆文化探索的学术价值取向。距今 4600～4500 年，被四舍五入为 4700、4800 年，甚至一度推早到 5000 年（该文述及"据发掘者陈德安同志见告：经他进一步研究分析后，把《简报》上的分期断代略加修改，即把整个文化层分为四期，第一期为新石器时代晚期，属于龙山文化晚期，距今 4200～5000 年……"）（王家祐等 1993），令人哑然。

二　与"蜀"文化的比附

如果说中国先秦考古研究的一个较显著的特点，是对考古遗存做狭义史学范畴的推定，那么具体到四川地区，则是在新发现的遗存与"蜀"之间做对号入座式的推定。在这一背景下，考古学范畴的"三星堆文化"在还没有被明确辨析出来的情况下，就被"早期（巴）蜀文化"、"早蜀文化"等文献学与考古学整合层面的概念所替代和屏蔽，以后世文献所载族名命名考古学文化蔚然成风。

譬如，1980 年代后期的论文中多有类似的论述，"四川近年考古工作的重要进展之一……是将盆地中部一批新石器时代末期到青铜时代的遗址，从原来统称的'四川新石器文化'中逐步分离出来，认识了'早期巴蜀文化'这一独立的地方性古代文化面貌"，"大体上可以排出从新石器晚期开始，经过商周，直到春秋时期的两千年间川西古代巴蜀文化发展的序列。根据考古学文化以首次发现发掘的典型遗址命名的惯例，可以将这类文化定名为'三星堆文化'。它包括新石器末期的'早期巴蜀文化'，和青铜时代前期（殷商西周时期）的'中期巴蜀文化'，连续构成了一个古代文化整体发展的历史过程"（赵殿增 1989）；"早蜀文化，是指西周以前的早期蜀文化。《华阳国志·蜀志》记载蜀'历夏、商、周.'笔者根据近几年对广汉三星堆遗址历次发掘所获得的大量实物资料分析,认为《蜀志》所载应为信史。地下的实物史料充分证实了川西平原在西周以前存在着一支古老的地方类型文化,并在四千年左右已进入了文明社会"(陈显丹 1989)。

从上引论述中,可以清楚地看到两个认知倾向,一是考古学层面的"三星堆文化"被淡化,一般认为可以用"早期(巴)蜀文化"来替代;二是其意指"三星堆文化"或"早期巴蜀文化"、"早蜀文化",都是包含三星堆遗址第一期遗存所代表的距今四千多年的新石器晚期文化的。

在这一语境下,还是有学者略微强调了三星堆遗址一期遗存的独特性。如林向在综述四川的考古发现与研究时,在"新石器时代与原始文化遗存"下,列"成都平原的三星堆一期文化"一项,指出三星堆遗址"早期蜀文化地层叠压下的第一期文化,其面貌原始,与蜀文化大相径庭。……其中的圈足豆、夹砂褐陶等显然为后来的蜀文化所继承,不过中间肯定有缺环";在"巴蜀时期的考古发现"中,列"广汉月亮湾—三星堆遗址的发掘"一项,认为"以三星堆遗址第二、三、四期为代表的早期蜀文化……作为一种独立的考古学文化其特征是显著的"(林向 1989A)。四川大学宋治民教授也较早提及属于"新石器时代晚期至夏代初年"的三星堆遗址一期遗存,"可以看出它和早期蜀文化有一定的渊源关系,同时它们之间的区别也很清楚,因之它们不属蜀文化的范畴,称之为蜀文化的前身,可能更合乎实际情况。"(宋治民 1990)1993 年出版的《三星堆文化》一书"三星堆文化的分期"一节中,引用的是相关学者关于三星堆遗址四期的划分,分别称为"遗址一期文化"、"遗址二期文化"、"遗址三期文化"和"遗址四期文化"(屈小强等 1993)。作者也认为遗址第一期遗存所代表的人群可单独划出:"第一期文化的新石器时代晚期先民为四川盆地内的土著居民;进入古国时期后的第二至三期文化先民属同一民族……他们分别与传说中古蜀国的第一至第三代蜀国统治部落蚕丛、柏灌、鱼凫有关"。

这种以文献记载中的族名来命名考古学文化的研究取向，虽具更多推想的成分，但从中仍可窥见作者对基础材料的聚类分析倾向。

三　三星堆遗址一期的剥离

"一期文化与二、三、四期文化有较大的差别，但也存在一定的承袭关系。"（陈德安 1991）发掘者尽管意识到三星堆遗址一期与其后各期文化遗存的显著差异，但仍不肯将其从三星堆文化中剥离出来，而是做了如是区分："为了区别三星堆遗址一期与二至四期两种性质和文化面貌均不相同的遗存，我们把属于一期（龙山时期，可能含有二里头时期）的遗存叫作"下文化层"，把属于二至四期（商至西周早期）的遗存叫作"上文化层"（四川省文物考古研究所三星堆工作站等 1993）。众所周知，以文化层为大的分期单位的做法，习见于 20 世纪 50 年代，如郑州商城"二里岗下层"和"二里岗上层"文化期的划分。此后即为考古学界所扬弃。

在研讨与切磋中，开始有学者从学理的层面反思相关问题。如宋治民即指出，"三星堆文化是以发现早、内涵丰富为依据提出的，将三星堆遗址和与其文化内涵相同的遗址命名为三星堆文化本无不可。但现在的问题是，三星堆遗址从一期到四期是否使用同一个文化命名。根据发掘报告和有关资料，三星堆一期和二期是'判然有别'……一般认为以（三星堆二期）这一群器物为特征的才属三星堆遗址的代表性器物。显然三星堆一期和二期及二期以后各期的陶器是各有特征的两群，如果以三星堆文化命名第二期及其以后的各期文化，又不能包括第一期文化。……笼统地用三星堆文化命名来概括这四期，似不够科学。……当然如果用三星堆文化命名其二、三、四期也是可以的，但必须清楚的

（地）加以说明其不包括第一期。"（宋治民 1993）

对三星堆遗址分期问题做系统阐发分析的，是北京大学孙华教授。他指出，"《广汉三星堆遗址》报告将 1980—1981 年三星堆 III 区的地层合并为具有分期意义的三组文化层，对于这三组文化层之间的关系，报告将它们当作了同一层次，并列处理为三期。然而……（属于第一、二期的地层）它们的差别正如报告所说，是十分巨大的。……不仅应当有年代上的缺环，还应当有文化内涵的不同。"而同一期各文化层之间的差异程度远远小于各期之间的差异程度，"就只宜以期下的'段'来加以表述，不宜用并列的'期'来进行分划。"（孙华 1993）

他在细致的地层学与类型学作业的基础上，"将三星堆遗址第二期细分为三段，第三期细分为二段，这些期段加上第一期的不再能细分的一段，三星堆遗址可以大致划分为三期六段"，并推论"三星堆遗址似乎应当以第三期最为繁盛，所以该期遗存分布面广、堆积深厚、发掘所获也最多；而在这以后，即到了三星堆第三期时，三星堆遗址就逐渐衰落了"。而"三星堆遗址三期各自的年代范围应当是：第一期为龙山时代晚期至二里头文化时代初期，第二期为二里头文化时代晚期至二里岗文化时期（下限可至殷墟第一期前段），第三期为殷墟文化时期第一期（后段）至第三期。前后跨越了龙山时代、夏代及商代三个时代"。

述及绝对年代，孙华指出，"一般说来，经过树轮校正的碳年代数据应是比较准确的，三星堆遗址的碳测年数据普遍偏早，未经树轮校正的年代反而更接近于我们从其他材料所推断的年代，这种现象是值得注意的。"鉴于此，未经树轮校正的遗址第一期的年代距今 4200（±80）至 4075（±100）年左右，第二期的年代距今 3700±100 年至 3555±80 年前后，应是合适的。

至于三星堆遗址三期遗存的文化性质，孙华指出，"它们的文化内涵既有联系，又有相当大的差别。它们相互间的联系表现在相邻两期遗存间都可以找到一种或几种具有前后演变关系的典型陶器；而它们相互间的差异则表现在它们各自都有自己一组特征明显的器物群。因此，三星堆遗址的三期遗存，实际上应当视为同一文化系统下的三种不同的考古学文化。"鉴于与三星堆遗址第一期相类的遗存在成都平原其他遗址尚无发现，他建议将这类遗存命名为"边堆山文化"（以四川北部的绵阳边堆山遗址为典型遗址），以便与可命名为"三星堆文化"的三星堆遗址第二期遗存区别开来。这就明确地将三星堆遗址第一期遗存从"三星堆文化"中剥离开来。

　　稍后，北京大学李伯谦教授亦撰文指出，"不仅一个遗址内各层堆积因时间早晚不同、包含物特征不同通常属于不同性质的文化，即使各层堆积年代前后衔接、文化内涵有继承发展关系也不一定就是一个考古学文化，这还要看其文化特征发生了怎么样的变化。"依此，"（三星堆遗址）下层遗存与上层遗存之间文化面貌差别很大，生产力水平悬殊，社会发展阶段也不相同，即使个别因素有前后承袭关系，也不宜将其视为一个考古学文化。"就三星堆文化而言，"第一期为新石器时代遗存应予排除。"（李伯谦 1997）中国国家博物馆李维明研究馆员与其持相近的意见，认为"可以一、二期分界将其区分为两种不同性质的文化"（李维明 2003）。

　　三星堆遗址第一、二期遗存出土遗物的一个重要差异，是自第二期起开始出现具有二里头文化风格的盉、豆等陶器和璋、戈、圭等玉器。这一现象逐步为学界所重视："三星堆文化一、二期之间的显著差异，也表明当时当地发生了一次重大变革，二里头文化因素也正是在三星堆二期时出现于成都平原"，"三星堆二期文化很可能是在夏末商初时，由迁入成都地区的夏遗民，与当地土著居民相结合所创造的一种新型文化遗存。"（杜金鹏 1995）此后，关于二里头文化的年代等问题，随着研究的深入而有新的认识，由二里头文化因素出现于成都平原的时段入手，也可以深化我们对三星堆文化形成年代与契机等问题的认知（详后）。

　　有学者提议应将三星堆文化早期（以月亮湾等地所见玉器、铜牌饰为代表）从以两个祭祀坑为代表的三星堆文化中剥离出来，单独析分出大致相当于二里头文化期的"月亮湾文化"（邓淑苹 2014）。另有学者认为"由于拥有几乎完全相同的知识体系和价值体系，三星堆文化和十二桥文化实为一个考古学文化"，而"'三星堆—金沙文化'或从遗址第三期（相当于二里冈上层至殷墟早期）（四川省文物考古研究所1999）的某个时段开始"（施劲松 2020）。如是，则三星堆文化的上限都早不到二里头文化时期。关于这一问题，笔者拟另文探讨。

四　宝墩文化的提出与受阻

　　1995 年起，四川省成都市文物考古队等单位在新津宝墩、成都温江鱼凫城、成都郫都古城、都江堰芒城、崇州双河等遗址调查发掘，证实成都平原首次发现了相当于中原地区龙山时代、距今四五千年的古城址群。发掘调查者认为，"它们的时代早晚虽略有差别，而其文化的总体面貌却是较为一致的；它们互有一组贯穿始终而又区别于其他考古学文化而独具特征的器物群，当属同一考古学文化遗存；并与三星堆文化的发展脉络也清晰可见；它们之中又以新津宝墩遗址的面积最大，文化内涵最丰富、最具代表性。因此，我们认为将这一古城址群的考古学文化命名为'宝墩文化'是合适的。"

　　发掘调查者将宝墩文化分为四期七段，而既往被划归三星堆遗址第一期的三星堆地点偏下的堆积和月亮湾地点的相关堆积所出遗物，"均是宝墩文化期的特征"，"推测三星堆遗址原分的一期，年代跨度较长，还可分期"。依据宝墩遗址和三星堆遗址一期遗存的相关碳-14 测年数据，他们"将该文化的年代上限推定在距今 4500 年左右。关于其年代下限，可以根据该文化末期正好与三星堆文化衔接的情况，那么三星堆文化的年代上限正好是宝墩文化的下限，而三星堆文化的年代上限有众多的碳－14 年代依据，一般认为在距今 3700 年左右，可以作为宝墩文化的下限。这样我们就把宝墩文化的年代范围大致推定在距今 4500 年~3700 年之间，前后发展约 800 年左右"（江章华等 1997）。

在成都市的学者及时披露最新考古发现，并在系统梳理考古材料的基础上正式提出"宝墩文化"的命名之后，大部分学者很快认可了这一命名。即便曾提出过"三星堆一期文化"的林向教授，也旋即赞同并使用了"宝墩文化"的概念，尽管在"蜀"文化的话语系统下，作者还是认为"我们可因它们在发展的阶段上的不同而分别命名，其实两者之间一脉相承并非出现另一种什么新文化"（林向 1998）。

三星堆遗址的发掘者在述及三星堆遗址各期遗存的性质时，提法虽有所变化，但仍未对遗址分期和文化分期予以明确的区分："现已基本查明，三星堆遗址包含着两种文化面貌不尽相同，且又有前后承继关系的遗存：一种是三星堆早期遗存，或称三星堆遗址一期文化，其相对年代大约在中原地区的龙山时代；另一种是三星堆晚期遗存，即三星堆二至四期文化，或叫三星堆遗址上层文化，其相对年代大致在夏至商末周初或更晚。"而"在成都平原还发现了相当于三星堆一期的遗址……这些遗存已被命名为'宝墩文化'"，下文在述及"三星堆文化的一般特征"时，又包含了"三星堆早期遗存"（陈德安 1998）。

更有直接否定宝墩文化命名的声音，如"成都宝墩诸遗存与广汉三星堆遗存应属同一文化，它们之间，特别是宝墩遗存的第三期并不存在向三星堆遗存第一期发展的关系。""就'宝墩文化'作为一种全新的、有别于任何一种考古学文化的新文化命名是值得商榷的，它应归属三星堆文化'宝墩期（或类型）'。""三星堆文化从距今 5000 年至 3000 年之间的发展变化是明确而连续的。"（陈显丹等 2002）

此后，三星堆遗址的发掘者及其所属机构的学者仍坚持"三星堆一期文化（宝墩文化）"、"三星堆四期文化（十二桥文化）"的提法

（万娇等 2013，冉宏林等 2014）。加括号以示二者就是一码事，也是无奈之举。或有括号内外名称互换者，如"宝墩文化（三星堆一期文化）"的表述（赵殿增等 2001），已倾向于认可宝墩文化的提法。高大伦研究员说得更直白："4500~4000 年前这个时间段，成都平原两支著名的考古学文化，一是广汉三星堆遗址的一期文化，再是新津的宝墩文化（两者实为一个文化，三星堆一期遗存最丰富，宝墩资料整理、公布最早）。"（高大伦 2015）"一个文化"被分为"两支"，各称其名，这对于一般研究者和公众来说，颇感困惑。如"庙底沟二期文化"、"王湾三期文化"之类遗址名加期别的命名方法，在学术史上被证明并非理想命名后，一般已不被学术界所认可。

值得注意的是，近年又有"在文化命名上，岷江冲积扇的遗存被命名为'宝墩文化'，而沱江冲积扇上的三星堆一期直呼'三星堆一期文化'"的提法，但作者同时又承认"两者之间文化面貌基本一致"（陈德安 2019）。是的，三星堆遗址距离岷江冲积扇上最近的宝墩文化城址——成都郫都古城直线距离只有 30 公里，两个冲积扇之间也没有地理上大的阻隔，因而，三星堆遗址一期遗存与大体同时的宝墩文化其他遗址，不应是不同的文化类型。

五　始年仍被提前的困惑

最令人困惑的是三星堆文化的起始年代。如前所述，相关学者选择性地使用经过或未经树轮校正的碳素测年数据，导致推定年代上歧见纷出，莫衷一是。诚如孙华指出的那样，"在四川地区，不少先秦时期的遗址和墓葬的碳测年数据都有偏早的现象……对于这些现象作出恰当的解释，目前条件还不具备，还有待于更多的碳测年数据的公布。在四川地区碳测年数据的统计分析规律尚未掌握以前，我们还是以通过与中原

地区已知年代因素的器物类比所推断的三星堆遗址各期的年代为准，这想来是不会有什么问题的。"（孙华 1993）

前文述及多有学者注意到陶盉等二里头文化因素是在三星堆遗址第二期时出现于成都平原的。在碳素测年和当地考古学文化分期研究不足以解决文化遗存绝对年代的情况下，这是卡定三星堆文化起始年代的一个重要的比较标尺。而众所周知，据最新的测年研究，二里头文化的始年在公元前 1750 年前后（张雪莲等 2007，仇士华 2015），鉴于三星堆文化最早的遗存中即包含二里头文化第二期风格的陶器，可知三星堆文化形成的时间绝不早于此。考虑到文化传播的时空差，始于三星堆遗址第二期的三星堆文化早期，至多相当于二里头文化晚期至二里岗文化期（陈德安等 2015）。依上引二里头文化最新的测年数据，则不应早于公元前 1600 年前后。

在这一大的学术背景下，三星堆遗址的发掘者及其所属机构的学者，仍将三星堆文化的始年上推到距今 4000 年甚至 4100 年（万娇等 2013，高大伦等 2016）。依近年最新的测年数据，二里头文化的年代约当公元前 1750—前 1520 年（仇士华 2015），即便依 20 多年前结项的夏商周断代工程的测年意见，也是在公元前 1880—前 1521 年之间（夏商周断代工程专家组 2000）。即相当于"二里头文化时期"，绝对年代又在距今 4100~3600 年之间（下表）（高大伦等 2016），不知何据。同一学者对同一文化遗存（三星堆一期文化或宝墩文化）始年的推断，在相继发表的论文中也有不同的表述，时差则达 300 年（由距今 4500 年提到 4800 年），亦不知何据。

至于表格（见下表）所列属于三星堆遗址第一期、面积超过 500 平方米的青关山土台及其上的大型柱洞式建筑，尚未得到最新刊布材料的支持："由于 F1（即青关山 1 号建筑基址）的层位关系不太理想，一方面叠压或打破 F1 的遗存要么数量极少，要么年代均晚至汉代或以后，另一方面 F1 叠压的遗存因为需要保护 F1 而未发掘，故 F1 的年代上限

和下限均无法准确界定。"（四川省文物考古研究院 2020）

三星堆遗址各期重要遗存表

遗址	分期	绝对年代	相对年代	分布面积	重要遗存
三星堆	一	4800～4100BP	新石器时代晚期	5平方公里	青关山夯土台(面积超过500平方米)、大型柱洞式建筑(目前成都平原仅宝墩古城、郫县古城有发现,但二者均无大型人工夯土台)、仁胜墓地(部分随葬玉器、象牙)
	二	4100～3600BP	二里头文化时期	3.5平方公里	月亮湾小城(西城墙北段、青关山城墙、真武宫城墙、月亮湾城墙,周长约3000米,面积约47万平方米)、青关山人工土台,面积约1.6万平方米,月亮湾台地,仓包包祭祀坑(铜牌饰、铜瑗等)、月亮湾器物坑(玉石列璧)
	三	3600～3200BP	商	3.5平方公里	三星堆外城圈(东城墙、西城墙、南城墙、北城墙,周长约7000米,面积3平方公里)、仓包包小城(北城墙东段、东城墙北段、仓包包城墙、李家院子城墙,周长1400米,面积约9万平方米)、青关山人工土台及F2
	四	3200～2600BP	西周	3.5平方公里	三星堆一、二号祭祀坑,青关山土台及F1、F3,青关山H105,西城墙北段拐角四期补筑城墙,遗址外围较多同时期遗址(已经调查的鸭子河上游即有17处小型遗址)

采自高大伦等 2016 文

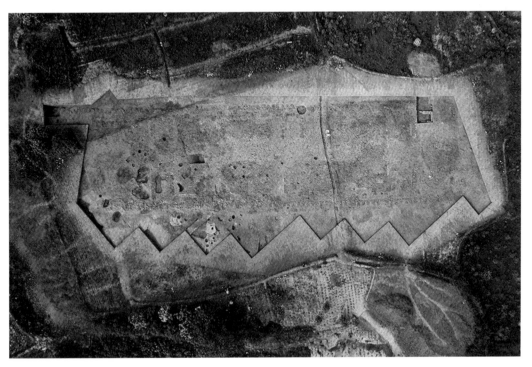

三星堆遗址青关山 1 号建筑基址

人文社会科学领域的任何学术认识，都应是以学者个人为本位而非研究者所属机构秉持同一观点的，如夏商文化讨论中著名的"西亳说"和"郑亳说"，都是某位学者个人的观点，而不能认为是中国社会科学院考古研究所和北京大学两个学术机构间的论争。但在对三星堆文化的学术史考察中，的确可看出学术认知在学者所处机构和地域间的差异。总体而言，三星堆遗址的发掘者及其所属机构的学者，在相当长的时间里没有将遗址分期与考古学文化分期区分开来，且多数学者倾向于大幅上推三星堆文化的起始年代；而四川大学等其他单位的学者在材料刊布之初即已注意到二者间的差异并有所提示；成都市相关单位的学者提出

"宝墩文化"的命名，进一步卡定了三星堆文化的上限，其早年推定的三星堆文化的始年，也近于最新的认识。真正提出三星堆遗址第二期为三星堆文化之始的，则是四川以外的学者。如是学史现象，饶有趣味。

【附 录】

注　释

（以作者名汉语拼音和刊布时间排序）

安金槐：《试论郑州商代城址——隞都》，《文物》，1961 年第 4、5 期。

安志敏：《试论黄河流域新石器时代文化》，《考古》，1959 年第 10 期。

安志敏：《中国早期铜器的几个问题》，《考古学报》，1981 年第 3 期。

安志敏：《考古学文化》，《中国大百科全书·考古学》，中国大百科全书出版社，1986 年。

安志敏：《关于牛河梁遗址的重新认识——非单一的文化遗存以及"文明的曙光"之商榷》，《考古与文物》，2003 年第 1 期。

白云翔等整理：《中国文明起源座谈纪要》，《考古》，1989 年第 12 期。

白云翔：《中国的早期铜器与青铜器的起源》，《东南文化》，2002 年第 5 期。

北京大学历史系考古教研室商周组：《商周考古》，文物出版社，1979 年。

北京大学考古系等石家河考古队：《石家河遗址群调查报告》，《南方民族考古》，第 5 辑，1993 年。

北京大学考古学系：《北京大学考古学系四十五年（1952—1997）》，1998 年。

北京大学考古文博学院等：《登封王城岗考古发现与研究（2002—2005）》，大象出版社，2007 年。

北京大学：《国家科技支撑计划项目"中华文明探源工程（二）"——3500BC~1500BC 中国文明形成与早期发展阶段的考古学文化谱系年代研究》，中国考古网，2011 年 11 月 24 日。

"北京大学考古文博学院"官网·历史沿革，2015 年 10 月。

毕经纬：《"中期质变"视野下的夏代考古学文化》，《历史研究》，2018年第1期。

冰白：《从龙山晚期的中原态势看二里头文化的形成——兼谈早期夏文化的几个问题》，《中国考古学的跨世纪反思》，商务印书馆（香港）有限公司，1999年。

陈德安等：《上古巴蜀文明的重大发现——三星堆遗址与"三星堆文化"》，《文史杂志》，1987年第1期。

陈德安：《三星堆遗址》，《四川文物》，1991年第1期。

陈德安：《三星堆遗址的发现与研究》，《中华文化论坛》，1998年第2期。

陈德安等：《三星堆遗址商代城址的调查与认识》，《夏商周方国文明国际学术研讨会论文集（2014中国广汉）》，科学出版社，2015年。

陈德安：《三星堆古城再认识》，《三星堆研究·第五辑》，巴蜀书社，2019年。

陈戈等：《齐家文化应属青铜时代——兼谈我国青铜时代的开始及其相关的一些问题》，《考古与文物》，1990年第3期。

陈国科等：《西城驿遗址二期遗存文化性质浅析》，《早期丝绸之路暨早期秦文化国际学术研讨会论文集》，文物出版社，2014年。

陈国科等：《张掖西城驿遗址出土铜器的初步研究》，《考古与文物》，2015年第2期。

陈国梁：《二里头文化铜器研究》，《中国早期青铜文化——二里头文化专题研究》，科学出版社，2008年。

陈国庆等：《大连地区早期青铜时代考古文化》，《青果集》，知识出版社，1993年。

陈国庆：《燕辽区新石器时代考古学文化研究——兼论与周邻地区考古学文化的互动关系》，科学出版社，2019年。

陈平：《夏家店下层文化研究综述》，《北京文物与考古》第五辑，北京燕山出版社，2002年。

陈剩勇：《中国第一王朝的崛起——中华文明和国家起源之谜破译》，湖南出版社，1994年。

陈显丹：《略谈广汉文化有关问题——兼论广汉文化与夏文化的关系》，《史前研究》，1987 年第 4 期。

陈显丹：《论广汉三星堆遗址的性质》，《四川文物》，1988 年第 4 期。

陈显丹：《广汉三星堆遗址发掘概况、初步分期——兼论“早蜀文化”的特征及其发展》，《南方民族考古》第二辑，四川科学技术出版社，1989 年。

陈显丹等：《论三星堆文化与宝墩文化之关系》，《四川文物》，2002 年第 4 期。

陈小三：《河西走廊及其邻近地区早期青铜时代遗存研究》，吉林大学博士学位论文，2012 年。

陈星灿：《中国史前考古学史研究（1895-1949）》，生活·读书·新知三联书店，1997 年。

陈星灿：《从一元到多元：中国文明起源研究的心路历程》，《中原文物》，2002 年第 2 期。

陈星灿等：《中国文明腹地的社会复杂化进程——伊洛河地区的聚落形态研究》，《考古学报》，2003 年第 2 期。

陈星灿：《考古发掘与历史复原》，《南方文物》，2006 年第 3 期。

Christopher Hawkes, *Archaeological Theory and Method*: Some Suggestions from the Old World. American Anthropologist, 56（1954）.

大贯静夫：《〈中国文物地图集·河南分册〉を読む——嵩山をめぐる遺跡群の動態》，《住の考古学》，同成社（東京），1997 年。

丹尼尔著，黄其煦译：《考古学一百五十年》，文物出版社，1987 年。

邓淑苹：《万邦玉帛——夏王朝的文化底蕴》，《夏商都邑与文化》（二），中国社会科学出版社，2014 年。

DICTIONNAIRE DE LA PREHISTOIRE, 1988, Directeur de la publication Andre Leroi-Gourham, Presses Universitaire de France, Paris. 转引自刘文锁，1998。

丁山：《由三代都邑论其民族文化》，《中央研究院历史语言研究所集刊》第 5 本第 1 分，1935 年。

董鸿闻等：《汉长安城遗址测绘研究获得的新信息》，《考古与文物》，2000 年第 5 期。

　　董琦：《虞夏时期的中原》，科学出版社，2000 年。

　　杜金鹏：《封顶盉研究》，《考古学报》，1992 年第 1 期。

　　杜金鹏：《三星堆文化与二里头文化的关系及相关问题》，《四川文物》，1995 年第 1 期。

　　杜金鹏：《良渚神祇与祭坛》，《考古》，1997 年第 2 期。

　　杜金鹏：《试论夏文化探索》，《刘敦愿先生纪念文集》，山东大学出版社，1998 年。

　　杜金鹏：《偃师二里头遗址一号宫殿基址再认识》，《安金槐先生纪念文集》，大象出版社，2005 年。

　　杜金鹏：《新密古城寨龙山文化大型建筑基址研究》，《华夏考古》，2010 年第 1 期。

　　杜在忠：《关于夏代早期活动的初步探析》，《夏史论丛》，齐鲁书社，1985 年。

　　杜正胜：《从考古资料论中原国家的起源及其早期的发展》，《中央研究院历史语言研究所集刊》第 58 本第 1 分，1987 年。

　　段鹏琦：《汉魏洛阳城的几个问题》，《中国考古学研究》，文物出版社，1986 年。

　　恩格斯：《家庭、私有制和国家的起源》，《马克思恩格斯选集》第 4 卷，人民出版社，1972 年。

　　范文澜：《中国通史简编》，新知书店，1947 年。

　　范文澜：《中国通史简编（修订本）》第一编，人民出版社，1953 年。

　　方辉等：《浅谈岳石文化的来源及族属问题》，《中国考古学会第九次年会论文集》，文物出版社，1997 年。

　　方燕明：《夏代前期城址的考古学观察》，《新果集》，科学出版社，2009 年。

　　冯时：《"文邑"考》，《考古学报》，2008 年第 3 期。

　　傅斯年：《性命古训辨证》，广西师范大学出版社，2006 年。

　　傅宪国：《试论中国新石器时代的石钺》，《考古》，1985 年第 9 期。

岡村秀典：《夏王朝——王権誕生の考古学》，講談社（東京），2003 年。

岡村秀典：《中国文明：農業と礼制の考古学》，京都大学学术出版会，2008 年。

冈村秀典：《序》，《中国初期国家形成的考古学研究：陶器研究的新视角》，复旦大学出版社，2019 年。

高大伦：《成都平原古文明的活力之源》，《夏商周方国文明国际学术研讨会论文集（2014 中国广汉）》，科学出版社，2015 年。

高大伦等：《三星堆遗址古文明的长度宽度和高度》，《四川文物》，2016 年第 6 期。

高广仁等：《史前陶鬶初论》，《考古学报》，1981 年第 4 期。

高广仁等：《海岱文化对中华古文明形成的贡献》，《山东龙山文化研究文集》，齐鲁书社，1992 年。

高江涛：《二里头遗址出土青铜鼎及相关问题探讨》，《夏商都邑与文化（二）》，中国社会科学出版社，2014 年。

高炜等：《关于陶寺墓地的几个问题》，《考古》，1983 年第 6 期。

高炜等：《陶寺遗址的发掘与夏文化的探索》，《中国考古学会第四次年会论文集》，文物出版社，1985 年。

高炜：《龙山时代的礼制》，《庆祝苏秉琦考古五十五年论文集》，文物出版社，1989 年。

高炜：《中原龙山文化葬制研究》，《中国考古学论丛》，科学出版社，1993 年。

高炜：《晋西南与中国古代文明的形成》，《汾河湾——丁村文化与晋文化考古学术研讨会文集》，山西高校联合出版社，1996 年。

高炜：《陶寺，一个永远的话题》，《襄汾陶寺遗址研究》，科学出版社，2007 年。

Glyn Daniel, *A short history of archaeology*, Thames and Hudson, Ltd. London, 1981.

宫本一夫：《二里头文化青铜彝器的演变及意义》，《二里头遗址与二里头文化研究》，科学出版社，2006 年。

　　宫崎市定：《中国における聚落形態の変遷について》，《大谷史学》，第六号，1957 年。

　　郭大顺：《西辽河流域青铜文化研究的新进展》，《中国考古学会第四次年会论文集》，文物出版社，1985 年。

　　郭大顺：《丰下遗址陶器分期再认识》，《文物与考古论集》，文物出版社，1986 年。

　　郭大顺：《赤峰地区早期冶铜考古随想》，《内蒙古文物考古文集》第一辑，中国大百科全书出版社，1994 年。

　　郭沫若：《夏禹的问题》，《郭沫若全集·历史编 1》，人民出版社，1982 年。

　　郭妍利：《商代青铜兵器研究》，社会科学文献出版社，2014 年。

　　韩国河等：《论秦汉都城规划基本模式的形成》，《陈直先生纪念文集》，西北大学出版社，1992 年。

　　韩建业等：《王湾三期文化研究》，《考古学报》，1997 年第 1 期。

　　韩建业：《略论中国铜石并用时代社会发展的一般趋势和不同模式》，《古代文明》第 2 卷，文物出版社，2003 年。

　　韩建业：《中国西北地区先秦时期的自然环境与文化发展》，文物出版社，2008 年。

　　韩建业：《裴李岗文化的迁徙影响与早期中国文化圈的雏形》，《中原文物》，2009 年第 2 期。

　　韩建业：《庙底沟时代与“早期中国”》，《考古》，2012 年第 3 期。（A）

　　韩建业：《略论中国的“青铜时代革命”》，《西域研究》，2012 年第 3 期。（B）

　　韩汝玢：《近年来冶金考古的一些新进展》，《中国冶金史论文集》，北京科技大学，1993 年。

　　河南省考古学会等：《夏文化论文选集》，中州古籍出版社，1985 年。

　　河南省文物研究所：《河南考古四十年（1952—1992）》，河南人民出版社，1994 年。

河南省文物考古研究所：《郑州商城（1953—1985 年考古发掘报告）》，文物出版社，2001 年。

何努：《陶寺文化谱系研究综论》，《古代文明》第 3 卷，文物出版社，2004年。

何平：《文化与文明史比较研究》，山东大学出版社，2009 年。

黑龙江省文物考古研究所：《考古·黑龙江》，文物出版社，2011 年。

侯外庐：《中国古典社会史论》，五十年代出版社（重庆），1943 年。

胡悦谦：《试谈夏文化的起源》，《华夏文明》第一辑，北京大学出版社，1987 年。

黄石林等：《偃师商城的发现及其意义》，《光明日报》，1984 年 4 月 4 日。

吉德炜著，陈星灿译：《考古学与思想状态——中国的创建》，《华夏考古》，1993 年第 1 期。

籍和平：《从双庵遗址的发掘看陕西龙山文化的有关问题》，《史前研究》，1986 年第 1、2 期合刊。

姬乃军：《关于夏文化发祥地的思考》，《考古与文物》，1999 年第 1 期。

姬乃军：《关于夏文化发祥地的再思考》，《考古与文物》，2004 年第 3 期。

翦伯赞：《诸夏的分布与鼎鬲文化》，《中国史论集》，文凤书局，1947 年。

蒋晓春：《中国青铜时代起始时间考》，《考古》，2010 年第 6 期。

江章华等：《成都平原的早期古城址群——宝墩文化初论》，《中华文化论坛》，1997 年第 4 期。

焦天龙：《西方考古学文化概念的演变》，《南方文物》，2008 年第 3 期。

井中伟：《水手营子青铜连柄戈的年代与属性》，《边疆考古研究》第 7 辑，科学出版社，2008 年。

井中伟：《早期中国青铜戈·戟研究》，科学出版社，2011 年。

井中伟等：《夏商周考古学》，科学出版社，2013 年。［后续成果］井中伟等：《夏商周考古学（第二版）》，科学出版社，2020 年。

K. C. Chang, *The Archaeology of Ancient? China*, Yale University Press: New Haven, 1986 (Fourth Edition).

《考古与文物》编辑部：《罗泰（Lothar Von Falkenhausen）教授访谈》，《考古与文物》，2012 年第 1 期。

郎树德等：《试论大地湾仰韶晚期遗存》，《文物》，1983 年第 11 期。

李伯谦：《论文化因素分析方法》，《中国文物报》，1988 年 11 月 4 日。

李伯谦：《中国青铜文化的发展阶段与分区系统》，《华夏考古》，1990 年第 2 期。（A）

李伯谦：《论夏家店下层文化》，《纪念北京大学考古专业三十周年论文集》，文物出版社，1990 年。（B）

李伯谦：《对三星堆文化若干问题的认识》，《考古学研究（三）》，科学出版社，1997 年。

李伯谦：《中国青铜文化结构体系研究·前言》，科学出版社，1998 年。

李朝远：《关于二里头文化的青铜斝》，《二里头遗址与二里头文化研究》，科学出版社，2006 年。

李峰：《西周的政体：中国早期的官僚制度与国家》，生活·读书·新知三联书店，2010 年。

李宏飞：《关于中国广域王权国家形成年代的思考》，《三代考古》（四），科学出版社，2011 年。

李济：《安阳发掘与中国古史问题》，《中央研究院历史语言研究所集刊》第 40 本，1968 年。

李济著，苏秀菊等译：《安阳——殷商古都发现、发掘、复原记》，中国社会科学出版社，1990 年。

李济：《河南考古之最近发见》，《李济文集》卷 5，上海人民出版社，2006 年。

李经汉：《试论夏家店下层文化的分期和类型》，《中国考古学会第一次年会论文集》，文物出版社，1980 年。

李令福：《秦都咸阳若干问题的探索》，《中国历史地理论丛》，1998 年增刊。

李萌：《三代宫室和宫城研究》，中国社会科学院研究生院硕士学位论文，2009 年。

李民等：《从偃师二里头文化遗址看中国古代国家的形成和发展》，《郑州大学学报（哲学社会科学版）》，1975 年第 4 期。

李民：《简论夏代国家的形成——从二里头遗址看夏代国家的出现》，《历史教学》，1979 年第 11 期。

李民：《夏代文化》，中华书局，1980 年。

李民：《尧舜时代与陶寺遗址》，《史前研究》，1985 年第 4 期。

李水城：《中国西部地区史前考古的几点思考——〈师赵村与西山坪〉读后》，《中国文物报》2001 年 9 月 7 日。

李水城：《西北与中原早期冶铜业的区域特征及交互作用》，《考古学报》，2005 年第 3 期。

李水城：《"过渡类型"遗存与西城驿文化》，《早期丝绸之路暨早期秦文化国际学术研讨会论文集》，文物出版社，2014 年。

李维明：《试析三星堆遗址》，《四川文物》2003 年第 5 期。

李先登：《试论中国古代青铜器的起源》，《史学月刊》，1984 年第 1 期。

李孝聪：《下鞍进房——马背上的民族与中国都城规划管理》，《文汇报》2017 年 5 月 19 日。

李学勤：《近年考古发现与中国早期奴隶制社会》，《新建设》，1958 年第 8 期。

李学勤等：《中国古史寻证》，上海科技教育出版社，2002 年。

李学勤：《西周文明论集·序》，朝华出版社，2004 年。

李延祥等：《牛河梁冶铜炉壁残片研究》，《文物》，1999 年第 12 期。

李延祥等：《辽西地区早期冶铜技术》，《广西民族学院学报（自然科学版）》，2004 年第 2 期。

李伊萍：《黑龙江东部地区青铜时代遗存初识》，《边疆考古研究》第 2 辑，科学出版社，2004 年。

李志鹏：《二里头文化墓葬研究》，《中国早期青铜文化——二里头文化专题研究》，科学出版社，2008 年。

李最雄：《我国古代建筑史上的奇迹》，《考古》，1985 年第 8 期。

梁云：《成周与王城考辨》，《考古与文物》，2002 年第 5 期。

梁云：《战国都城形态的东西差别》，《中国历史地理论丛》，2006 年第 4 辑。[后续成果] 梁云：《战国时代的东西差别——考古学的视野》，文物出版社，2008 年。

林向：《蜀酒探原——巴蜀的"萨满式文化"研究之一》，《南方民族考古》第一辑，四川科学技术出版社，1987 年。

林向：《新中国成立以来四川的考古发现与研究》，《四川省社会科学手册·考古学科》，四川省社会科学院出版社，1989 年。（A）

林向：《三星堆遗址与殷商的西土——兼释殷墟卜辞中的"蜀"的地理位置》，《四川文物》，1989 年增刊《广汉三星堆遗址研究专辑》。（B）

林向：《蜀与夏——从考古新发现看蜀与夏的关系》，《中华文化论坛》，1998 年第 4 期。

林向：《童心求真集：林向考古文物选集》，科学出版社，2010 年。

刘富良等：《西周早期的成周与王城》，《安金槐先生纪念文集》，大象出版社，2005 年。

刘国祥：《西辽河流域新石器时代至早期青铜时代考古学文化概论》，《辽宁师范大学学报（社会科学版）》，2006 年第 1 期。

刘莉著，星灿译：《龙山文化的酋邦与聚落形态》，《华夏考古》，1998 年第 1 期。

刘莉等：《中国早期国家的形成——从二里头和二里岗时期的中心和边缘之间的关系谈起》，《古代文明》第 1 卷，文物出版社，2002 年。

刘莉著，陈星灿等译：《中国新石器时代：迈向早期国家之路》，文物出版社，2007 年。

刘莉：《中国早期国家政治格局的变化》，《多维视域——商王朝与中国早期文明研究》，科学出版社，2009 年。

Lothar von Falkenhausen, *Zou Heng* (1926—2005). Artibus Asiae 66 (2006).

刘启益：《"隩都"质疑》，《文物》，1961 年第 10 期。

刘庆柱：《汉长安城布局结构辨析——与杨宽先生商榷》，《考古》，1987 年第

10 期。

　　刘庆柱等：《汉长安城》，文物出版社，2003 年。

　　刘庆柱：《中国古代都城考古学史述论》，《考古学集刊》第 16 集，科学出版社，2006 年。

　　刘庆柱：《秦咸阳城遗址考古发现的回顾及其研究的再思考》，《里耶古城·秦简与秦文化研究》，科学出版社，2009 年。

　　刘文锁：《论史前、原史及历史时期的概念》，《华夏考古》，1998 年第 3 期。

　　刘绪：《2004 年度夏商周考古重大发现点评》，《古代文明研究通讯》第二十六期，2005 年。

　　刘运勇：《再论西汉长安布局及形成原因》，《考古》，1992 年第 7 期。

　　刘宗迪：《三星在天：夏墟地理与传说考辨》，《文史哲》2020 年第 6 期。

　　陆建方：《良渚文化墓葬研究》，《东方文明之光——良渚文化发现 60 周年纪念文集》，海南国际新闻出版中心，1996 年。

　　栾丰实：《良渚文化的分期与年代》，《中原文物》，1992 年第 3 期。

　　栾丰实：《大汶口文化的分期和类型》《海岱龙山文化的分期和类型》，《海岱地区考古研究》，山东大学出版社，1997 年。

　　栾丰实：《大汶口文化的社会发展进程研究》，《古代文明》第 2 卷，文物出版社，2003 年。

　　栾丰实：《序》，《东方考古》第 1 集，科学出版社，2004 年。

　　栾丰实：《关于海岱地区史前城址的几个问题》，《东方考古》，第 3 集，科学出版社，2006 年。

　　吕琪昌：《从史前陶鬶与商代铜斝的关系探讨夏、商文化的分际》，《华夏考古》，1999 年第 1 期。

　　马得志：《唐代长安与洛阳》，《考古》，1982 年第 6 期。

　　马良民：《试论战国都城的变化》，《山东大学学报（哲学社会科学版）》，1988 年第 3 期。

　　彭曦：《西周都城无城郭？——西周考古中的一个未解之谜》，《考古与文物》，增刊·先秦考古，2002 年。

钱耀鹏：《中国史前城址与文明起源研究》，西北大学出版社，2001 年。

钱耀鹏：《中国原史时代论纲》，《文博》，2002 年第 2 期。

钱耀鹏等：《甘肃临潭磨沟齐家文化墓地发掘及主要收获》，《西北大学学报（哲学社会科学版）》，2009 年第 5 期。

丘刚：《北宋东京三城的营建和发展》，《中原文物》，1990 年第 4 期。

仇士华等：《有关所谓"夏文化"的碳十四年代测定的初步报告》，《考古》，1983 年第 10 期。

仇士华：《^{14}C 测年与中国考古年代学研究》，中国社会科学出版社，2015 年。

屈小强等主编：《三星堆文化》，四川人民出版社，1993 年。

冉宏林等：《浅析成都平原先秦时期城址特征的变迁》，《四川文物》，2014 年第 3 期。

任式楠：《中国史前铜器综论》，《中国史前考古学研究》，三秦出版社，2003 年。

邵望平：《铜鬶的启示》，《文物》，1980 年第 2 期。

邵望平：《〈禹贡〉九州的考古学研究——兼说中国古代文明的多源性》，《九州学刊》（香港）总第 5 期，1987 年。

沈长云：《禹都阳城即濮阳说》，《中国史研究》，1997 年第 2 期。

沈长云：《夏族兴起于古河济之间的考古学考察》，《历史研究》，2007 年第 6 期。

施劲松：《论"三星堆-金沙文化"》，《考古与文物》，2020 年第 5 期。

石兴邦：《黄河流域原始社会考古研究上的若干问题》，《考古》1959 年第 10 期。

石兴邦："青铜时代"条，《中国大百科全书·考古学》，中国大百科全书出版社，1986 年。

石兴邦：《我很赞成文明探源的研究工作》，《中国社会科学院古代文明研究中心通讯》第 1 期，2001 年。

史一棋：《考古实证：中华文明五千年!》，《人民日报》2018 年 5 月 29 日。

四川省文物考古研究所三星堆工作站等：《四川广汉、什邡商周遗址调查报告》，《南方民族考古》第五辑，四川科学技术出版社，1993 年。

四川省文物考古研究所：《三星堆祭祀坑》，文物出版社，1999 年。

宋玉彬：《图们江流域青铜时代的几个问题》，《北方文物》，2002 年第 4 期。

宋治民：《早期蜀文化分期的再探讨》，《考古》，1990 年第 5 期。

宋治民：《论三星堆遗址及相关问题》，《三星堆与巴蜀文化》，巴蜀书社，1993 年。

宿白：《隋唐长安城与洛阳城》，《考古》，1978 年第 6 期。（A）

宿白：《北魏洛阳城与北邙陵墓——鲜卑遗迹辑录之三》，《文物》，1978 年第 7 期。（B）

苏秉琦等：《关于考古学文化的区系类型问题》，《文物》，1981 年第 5 期。

苏秉琦：《华人·龙的传人·中国人——考古寻根记》，辽宁大学出版社，1994 年。（A）

苏秉琦主编：《中国通史·第二卷：远古时代》，上海人民出版社，1994 年。（B）

苏秉琦：《中国文明起源新探》，生活·读书·新知三联书店，1999 年。

孙华：《试论广汉三星堆遗址的分期》，《南方民族考古》第五辑，四川科学技术出版社，1993 年。

孙华：《商文化研究的若干问题》，《三代文明研究（一）》，科学出版社，1999 年。

孙华：《中国青铜文化体系的几个问题》，《考古学研究》（五），科学出版社，2003 年。

孙淑云等：《甘肃早期铜器的发现与冶炼、制造技术的研究》，《文物》，1997 年第 7 期。

谭继和：《禹文化西兴东渐简论》，《四川文物》，1998 年第 6 期。

唐际根：《中国考古学研究的国际化趋势》，《中国文物报》，1998 年 6 月 17 日。

唐兰：《中国有六千多年的文明史——论大汶口文化是少昊文化》，《大公报在港复刊 30 周年纪念文集》，香港大公报出版，1978 年。

唐兰：《论大汶口文化中的陶温器》，《故宫博物院院刊》，1979 年第 2 期。

唐兰：《中国奴隶制社会的上限远在五、六千年前——论新发现的大汶口文化与其陶器文字》，《大汶口文化讨论文集》，齐鲁书社，1981 年。

唐晓峰：《城市纪念性小议》，《人文地理随笔》，三联书店，2005 年。

滕铭予：《中国早期铜器有关问题的再探讨》，《北方文物》，1989 年第 2 期。

田昌五：《夏文化探索》，《文物》，1981 年第 5 期。

田昌五：《谈偃师商城的一些问题》，《全国商史学术讨论会论文集》，殷都学刊编辑部，1985 年。

田旭东：《二十世纪中国古史研究主要思潮概论》，中华书局，2003 年。

童恩正：《试论我国从东北至西南的边地半月形文化传播带》，《文物与考古论集》，文物出版社，1986 年。

佟柱臣：《从二里头类型文化试谈中国的国家起源问题》，《文物》，1975 年第 6 期。

万娇等：《桂圆桥遗址与成都平原新石器文化发展脉络》，《文物》，2013 年第 9 期。［后续成果］万娇：《从三星堆遗址看成都平原文明进程》，科学出版社，2020 年。

万娇：《从三星堆遗址看成都平原文明进程》，科学出版社，2020 年。

Wang Haicheng, *China's first empire? Interpreting the material record of the Erligang expansion*. Art and archaeology of the Erligang civilization, ed. Kyle Steinke with Dora C. Y. Ching. P. Y. and Kinmay W. Tang Center for East Asian art, Department of art and archaeology, Princeton University, 2014.

汪宁生：《中国考古发现中的"大房子"》，《考古学报》，1983 年第 3 期。

王承礼等：《东北考古的主要收获》，《东北考古与历史（丛刊）》第一辑，文物出版社，1982 年。

王成生：《辽宁出土铜戈及相关问题的研究》，《辽宁考古文集》，辽宁民族出版社，2003 年。

王国维：《殷卜辞中所见先公先王考》《殷卜辞中所见先公先王续考》，《观堂集林》卷九，中华书局，1959 年。

王国维:《古史新证——王国维最后的讲义》,清华大学出版社,1994 年。

王辉:《甘青地区新石器——青铜时代考古学文化的谱系与格局》,《考古学研究(九)》,文物出版社,2012 年。

王家祐等:《关于三星堆文化的两个问题》,《三星堆与巴蜀文化》,巴蜀书社,1993 年。

王立新:《从嵩山南北的文化整合看夏王朝的出现》,《二里头遗址与二里头文化研究》,科学出版社,2006 年。

王立新:《也谈文化形成的滞后性——以早商文化和二里头文化的形成为例》,《考古》,2009 年第 12 期。

王巍:《良渚文化玉琮刍议》,《考古》,1986 年第 11 期。

王巍等:《夏商周考古学论要》,《三代考古》(二),科学出版社,2006 年。

王学理:《秦都咸阳》,陕西人民出版社,1985 年。

王毅等:《三星堆文化研究》,《四川文物》,1999 年第 3 期。

王仲殊:《汉代考古学概说》,中华书局,1984 年。

王子今:《西汉长安居民的生存空间》,《人文杂志》,2007 年第 2 期。

魏兴涛:《中原龙山城址的年代与兴废原因探讨》,《华夏考古》,2010 年第 1 期。

魏兴涛:《中原与东方及东南——试从清凉寺墓地探讨外来因素在中原地区早期社会复杂化过程中的作用》,《中国考古学会第十四次年会论文集》,文物出版社,2012 年。

吴恩裕:《中国国家起源的问题》,《新建设》,1956 年第 7 期。

吴晓筠:《中国的"原史时代"》,《华夏考古》,2005 年第 1 期。

夏鼐:《关于考古学上文化的定名问题》,《考古》,1959 年第 4 期。(A)

夏鼐:《建国十年来的中国考古新发现》,《考古》,1959 年第 10 期。(B)

夏鼐:《新中国的考古学》,《红旗》,1962 年第 17 期;《考古》,1962 年第 9 期。

夏鼐:《我国近五年来的考古新收获》,《考古》,1964 年第 10 期。

夏鼐:《碳-14 测定年代和中国史前考古学》,《考古》,1977 年第 4 期。

夏鼐：《谈谈探讨夏文化的几个问题——在〈登封告成遗址发掘现场会〉闭幕式上的讲话》，《河南文博通讯》，1978 年第 1 期。

夏鼐：《三十年来的中国考古学》，《考古》，1979 年第 5 期。

夏鼐：《中国文明的起源》，文物出版社，1985 年。

夏鼐等：《考古学》，《中国大百科全书·考古学》，中国大百科全书出版社，1986 年。

夏鼐：《在中国考古学会第四次年会开幕式上的讲话》，《夏鼐文集》，社会科学文献出版社，2000 年。（A）

夏鼐：《再论考古学上文化的定名问题》，《夏鼐文集》，社会科学文献出版社，2000 年。（B）

夏商周断代工程专家组：《夏商周断代工程 1996—2000 年阶段成果报告（简本）》，世界图书出版公司，2000 年。

谢维扬：《中国早期国家》，浙江人民出版社，1995 年。

徐光冀：《曹魏邺城的平面复原研究》，《中国考古学论丛》，科学出版社，1993 年。

徐光冀等：《辽西区古文化（新石器至青铜时代）综论》，《苏秉琦与当代中国考古学》，科学出版社，2001 年。

許宏：《曲阜魯国故城をめぐる諸問題について》，《東洋学報》（東京）第 77 卷 1、2 号，1995 年。

许宏：《先秦城市考古学研究》，北京燕山出版社，2000 年。

许宏：《略论二里头时代》，《2004 年安阳殷商文明国际学术研讨会论文集》，社会科学文献出版社，2004 年。（A）

许宏：《二里头遗址发掘和研究的回顾与思考》，《考古》，2004 年第 11 期。（B）

许宏等：《二里头遗址聚落形态的初步考察》，《考古》，2004 年第 11 期。

许宏：《21 世纪初中国考古学的新发现及其学术意义》，《燕京学报》新十八期，北京大学出版社，2005 年。

许宏等：《关于二里头遗址的省思》，《文物》，2008 年第 1 期。

许宏：《最早的中国》，科学出版社，2009 年。［后续成果］许宏：《最早的中国：二里头文明的崛起》，生活·读书·新知三联书店，2021 年。

许宏等：《二里头遗址文化分期再检讨——以出土铜、玉礼器的墓葬为中心》，《南方文物》，2010 年第 3 期。

许宏：《关于社会复杂化阶段考古学文化的断想》，《三代考古》（四），科学出版社，2011 年。

许宏：《二里头文化聚落动态扫描》，《早期夏文化与先商文化研究论文集》，科学出版社，2012 年。

许宏：《从〈商周考古〉到〈夏商周考古学〉——由两本考古教材串联起的学术史》，《中国文物报》，2013 年 9 月 13 日。

许宏：《何以中国：公元前 2000 年的中原图景》，生活·读书·新知三联书店，2014、2016 年。（A）

许宏：《"夏王朝"考古：学术史·新动向·新思考》，《夏商都邑与文化》（二），中国社会科学出版社，2014 年。（B）

许宏：《关于二里头为早商都邑的假说》，《南方文物》，2015 年第 3 期。（A）

许宏：《二里头：中国早期国家形成中的一个关键点》，《中原文化研究》，2015 年第 4 期。（B）

许宏：《大都无城——中国古都的动态解读》，生活·读书·新知三联书店，2016 年。（A）

许宏：《二里头 M3 及随葬绿松石龙形器的考古背景分析》，《古代文明》第 10 卷，上海古籍出版社，2016 年。（B）

许宏：《先秦城邑考古》，金城出版社、西苑出版社，2017 年。

许宏：《关于石峁遗存年代等问题的学术史观察》，《中原文物》，2019 年第 1 期。

徐建华：《大连地区新石器时代文化和青铜时代文化断代划分》，《辽海文物学刊》，1994 年第 1 期。

徐良高：《中国民族文化源新探》，社会科学文献出版社，1999 年。

徐良高：《中国三代时期的文化大传统与小传统——以神人像类文物所反映的

长江流域早期宗教信仰传统为例》，《考古》，2014 年第 9 期。

徐苹芳：《唐代两京的政治、经济和文化生活》，《考古》，1982 年第 6 期。

徐苹芳：《古代北京的城市规划》，《环境变迁研究》第一辑，海洋出版社，1984 年。

徐苹芳：《元大都在中国古代都城史上的地位》，《北京社会科学》，1988 年第 1 期。

徐苹芳：《中国古代城市考古与古史研究》，《中国历史考古学论丛》，允晨文化实业股份有限公司（台北），1995 年。

徐卫民：《秦都城研究》，陕西人民教育出版社，2000 年。

徐旭生：《1959 年夏豫西调查“夏墟”的初步报告》，《考古》，1959 年第 11 期。

徐昭峰：《成周与王城考略》，《考古》，2007 年第 11 期。

徐中舒：《再论小屯与仰韶》，《安阳发掘报告》第三期，中央研究院历史语言研究所，1931 年。

严文明：《龙山文化和龙山时代》，《文物》，1981 年第 6 期。

严文明：《论中国的铜石并用时代》，《史前研究》，1984 年第 1 期。

严文明：《中国史前文化的统一性和多样性》，《文物》，1987 年第 3 期。

严文明：《略论中国文明的起源》，《文物》，1992 年第 1 期。

严文明：《龙山时代考古新发现的思考》，《纪念城子崖遗址发掘 60 周年国际学术讨论会文集》，齐鲁书社，1993 年。

严文明：《文明起源研究的回顾与思考》，《文物》，1999 年第 10 期。

杨鸿勋：《宫殿考古通论》，紫禁城出版社，2001 年。

杨虎：《辽西地区新石器——铜石并用时代考古文化序列与分期》，《文物》，1994 年第 5 期。

杨宽：《西汉长安布局结构的探讨》，《文博》，1984 年创刊号。

杨宽：《中国古代都城制度史研究》，上海古籍出版社，1993 年。

杨锡璋等：《殷代青铜礼器的分期与组合》，《殷墟青铜器》，文物出版社，1985 年。

叶万松等：《西周洛邑城址考》，《华夏考古》，1991 年第 2 期。

叶万松等：《偃师二里头遗址兽纹铜牌考识》，《考古与文物》，2001 年第 5 期。

易华：《从齐家到二里头：夏文化探索》，《夏商都邑与文化》（一），中国社会科学出版社，2014 年。

易华：《齐家华夏说》，甘肃人民出版社，2015 年。

易华：《从玉帛古国到干戈王"國"》，《甘肃社会科学》，2017 年第 6 期。

殷玮璋：《关于夏代文化的探索》，《新中国的考古发现和研究》，文物出版社，1984 年。

殷玮璋：《夏文化问题》，《中国大百科全书·考古学》，中国大百科全书出版社，1986 年。

殷玮璋等：《在反思中前行——为"夏商都邑暨偃师商城发现 30 年学术研讨会"而作》，《南方文物》，2014 年第 1 期。

俞伟超：《楚文化的研究与文化因素的分析》，《楚文化研究论集》第一集，荆楚书社，1987 年。

俞伟超：《龙山文化与良渚文化衰变的奥秘——致"纪念城子崖遗址发掘六十周年国际学术讨论会"的贺信》，《文物天地》，1992 年第 3 期。

余西云：《西阴文化：中国文明的滥觞》，科学出版社，2006 年。

袁广阔：《关于孟庄龙山城址毁因的思考》，《考古》，2001 年第 3 期。

袁广阔等：《早商城市文明的形成与发展》，科学出版社，2017 年。

岳洪彬等：《殷墟都邑布局研究中的几个问题》，《三代考古》（四），科学出版社，2011 年。

张弛：《龙山—二里头——中国史前文化格局的改变与青铜时代全球化的形成》，《文物》，2017 年第 6 期。

张光直：《中国青铜时代》，生活·读书·新知三联书店，1983 年。

张光直：《谈"琮"及其在中国古史上的意义》，《考古学专题六讲》，文物出版社，1986 年。

张光直：《中国相互作用圈与文明的形成》，《庆祝苏秉琦考古五十五年论文集》，文物出版社，1989 年。

张光直：《连续与破裂：一个文明起源新说的草稿》，《中国青铜时代（二集）》，生活·读书·新知三联书店，1990 年。

张光直著，张良仁等译：《商文明·前言》，辽宁教育出版社，2002 年。（A）

张光直著，印群译：《古代中国考古学》，辽宁教育出版社，2002 年。（B）

张国硕：《夏商时代都城制度研究》，河南人民出版社，2001 年。

张海：《公元前 4000 至前 1500 年中原腹地的文化演讲与社会复杂化》，北京大学博士研究生学位论文，2007 年。［后续成果］张海：《中原核心区文明起源研究》，上海古籍出版社，2021 年。

张海等：《史前青铜冶铸业与中原早期国家形成的关系》，《中原文物》，2013 年第 1 期。

张家口考古队：《蔚县夏、商时期考古的主要收获》，《考古与文物》，1984 年第 1 期。

张江凯等：《新石器时代考古》，文物出版社，2004 年。

张立东等编：《手铲释天书——与夏文化探索者的对话》，大象出版社，2001 年。

张明华：《良渚玉戚研究》，《考古》，1989 年第 7 期。

张学海：《新中原中心论》，《中原文物》，2002 年第 3 期。

张雪莲等：《郑州商城和偃师商城的碳十四年代分析》，《中原文物》，2005 年第 1 期。

张雪莲等：《新砦–二里头–二里冈文化考古年代序列的建立与完善》，《考古》，2007 年第 8 期。

张忠培：《研究考古学文化需要探索的几个问题》，《文物与考古论集》，文物出版社，1986 年。

张忠培：《齐家文化研究》，《考古学报》，1987 年第 1、2 期。

张忠培：《良渚文化的年代和其所处社会阶段——五千年前中国进入文明的一个例证》，《文物》，1995 年第 5 期。

张忠培：《关于中国考古学的过去、现在与未来的思考》，《中国考古学：走近历史真实之道》，科学出版社，1999年。

张忠培等：《客省庄与三里桥文化的单把鬲及其相关问题》，《宿白先生八秩华诞纪念文集》，文物出版社，2002年。

张忠培：《中国东北地区夏至战国时期的考古学文化研究·序》，科学出版社，2009年。

赵宾福：《图们江流域的青铜时代文化研究》，《考古》，2008年第6期。

赵宾福：《中国东北地区夏至战国时期的考古学文化研究》，科学出版社，2009年。（A）

赵宾福：《古城类型：嫩江流域商代晚期遗存辨识——兼谈嫩江流域陶鬲的起源与演变》，《新果集——庆祝林沄先生七十华诞论文集》，科学出版社，2009年。（B）

赵宾福：《东北青铜时代考古学文化谱系格局的研究》，《边疆考古研究》第12辑，科学出版社，2012年。

赵宾福等：《吉林省地下文化遗产的考古发现与研究》，科学出版社，2017年。

赵春青：《新密新砦城址与夏启之居》，《中原文物》，2004年第3期。

赵春青：《关于新砦期与二里头一期的若干问题》，《二里头遗址与二里头文化研究》，科学出版社，2006年。

赵殿增：《近年巴蜀文化考古综述》，《四川文物》，1989年增刊《广汉三星堆遗址研究专辑》。

赵殿增等：《一个充满活力的学科生长点——苏秉琦先生指导下的三星堆考古》，《苏秉琦与当代中国考古学》，科学出版社，2001年。

赵光贤：《论黑陶文化非夏代文化》，《光明日报》，1957年1月17日。

赵海涛：《二里头遗址二里头文化四期晚段遗存探析》，《南方文物》，2016年第4期。

赵辉：《良渚文化的若干特殊性——论一处中国史前文明的衰落原因》，《良渚文化研究》，科学出版社，1999年。

赵辉：《以中原为中心的历史趋势的形成》，《文物》，2000年第1期。

赵辉等：《中国新石器时代城址的发现与研究》，《古代文明》，第 1 卷，文物出版社，2002 年。

赵辉：《考古学关于中国文明起源问题的研究》，《古代文明》，第 2 卷，文物出版社，2003 年。

赵辉：《中国的史前基础——再论以中原为中心的历史趋势》，《文物》，2006年第 8 期。

赵辉：《良渚的国家形态》，《中国文化遗产》，2017 年第 3 期。

赵辉：《中国新石器时代考古的过去与现在——在武汉大学"珞珈讲坛"上的演讲》，《江汉考古》，2018 年第 1 期。

赵辉：《当今考古学的陶器研究》，《江汉考古》，2019 年第 1 期。

赵芝荃：《关于二里头文化类型与分期的问题》，《中国考古学研究（二集）》，科学出版社，1986 年。（A）

赵芝荃：《试论二里头文化的源流》，《考古学报》，1986 年第 1 期。（B）

郑光：《试论二里头商代早期文化》，《中国考古学会第四次年会论文集》，文物出版社，1985 年。

郑光：《试论偃师商城即盘庚之亳殷》，《故宫学术季刊》（台北），第 8 卷第 4 期，1991 年。

郑杰祥：《夏史初探》，中州古籍出版社，1988 年。

中国考古学会编：《中国考古学年鉴（1984—1986）》，文物出版社，1984、1985、1988 年。

中国科学院考古研究所：《考古学基础》，科学出版社，1958 年。

中国科学院考古研究所：《新中国的考古收获》，文物出版社，1961 年。

中国社会科学院考古研究所：《新中国的考古发现和研究》，文物出版社，1984 年。（A）

中国社会科学院考古研究所：《中国考古学的黄金时代》，《考古》，1984 年第 10 期。（B）

中国社会科学院考古研究所：《中国社会科学院考古研究所（1950—1990）》，1990 年。

中国社会科学院考古研究所：《中国社会科学院考古研究所概览（1950—2000）》，2000 年。

中国社会科学院考古研究所：《中国考古学·夏商卷》，中国社会科学出版社，2003 年。

中国社会科学院考古研究所等：《中国文明起源研究要览》，文物出版社，2003 年。

中国社会科学院考古研究所：《中国考古学·秦汉卷》，中国社会科学出版社，2010 年。

中国社会科学院考古研究所：《二里头（1999—2006）》，文物出版社，2014 年。

中国社会科学院考古研究所：《二里头考古六十年》，中国社会科学出版社，2019 年。

中国社会科学院古代文明研究中心等：《禹会村遗址研究》，科学出版社，2014 年。

中国社会科学院考古研究所二里头工作队：《河南洛阳盆地 2001～2003 年考古调查简报》，《考古》，2005 年第 5 期。［后续成果］中国社会科学院考古研究所等：《洛阳盆地中东部先秦时期遗址：1997—2007 年区域系统调查报告》，科学出版社，2019 年。

中国先秦史学会编：《夏史论丛》，齐鲁书社，1985 年。

中国玉器全集编辑委员会编：《中国玉器全集 1·原始社会》，河北美术出版社，1993 年。

周昆叔等：《论嵩山文化圈》，《中原文物》，2005 年第 1 期。

周星：《黄河流域的史前住宅形式及其发展》，《中国原始文化论集》，文物出版社，1989 年。

朱凤瀚：《中国青铜器综论》，上海古籍出版社，2009 年。

朱乃诚：《时代巅峰 冰山一角——夏时期玉器一瞥》，《玉魂国魄：玉器·玉文化·夏代中国文明展》，浙江古籍出版社，2013 年。

朱永刚：《东北青铜文化的发展阶段与文化区系》，《考古学报》，1998 年第 2

期。

朱永刚等：《吉林省青铜时代考古发现与区系研究》，《边疆考古研究》第17辑，科学出版社，2015年。

邹衡：《试论郑州新发现的殷商文化遗址》，《考古学报》，1956年第3期。

邹衡：《关于探索夏文化的途径》，《河南文博通讯》，1978年第1期。（A）

邹衡：《郑州商城即汤都亳说》，《文物》，1978年第2期。（B）

邹衡：《夏商周考古学论文集》，文物出版社，1980年。

邹衡：《夏文化论集·序言》，文物出版社，2002年。

本书所引主要考古资料存目

（按时代编排，其下以遗址所在行政区划的首字母为序）

仰韶时代

敖汉西台

杨虎：《敖汉旗西台新石器时代及青铜时代遗址》，《中国考古学年鉴（1988）》，文物出版社，1989 年。

杨虎等：《内蒙古敖汉旗红山文化西台类型遗址简述》，《北方文物》，2010 年第 3 期。

敖汉兴隆洼

中国社会科学院考古研究所内蒙古工作队：《内蒙古敖汉旗兴隆洼聚落遗址1992 年发掘简报》，《考古》，1997 年第 1 期。

东乡林家

甘肃省文物工作队等：《甘肃东乡林家遗址发掘报告》，《考古学集刊》第 4集，中国社会科学出版社，1984 年。

含山凌家滩

安徽省文物考古研究所：《安徽含山凌家滩新石器时代墓地发掘简报》，《文物》，1989 年第 4 期。

安徽省文物考古研究所等：《安徽含山县凌家滩遗址第三次发掘简报》，《考古》，1999 年第 11 期。

安徽省文物考古研究所：《凌家滩玉器》，文物出版社，2000 年。

喀左东山嘴

郭大顺等：《辽宁省喀左县东山嘴红山文化建筑群址发掘简报》，《文物》，1984 年第 11 期。

临潼姜寨

西安半坡博物馆等：《姜寨——新石器时代遗址发掘报告》，文物出版社，1988 年。

灵宝西坡

中国社会科学院考古研究所河南一队等：《河南灵宝市西坡遗址试掘简报》，《考古》，2001 年第 11 期。

河南省文物考古研究所等：《河南灵宝西坡遗址 105 号仰韶文化房址》，《文物》，2003 年第 8 期。

李新伟等：《河南灵宝市西坡遗址发现一座仰韶文化中期特大房址》，《考古》，2005 年第 3 期。

中国社会科学院考古研究所等：《灵宝西坡墓地》，文物出版社，2010 年。

中国社会科学院考古研究所河南一队等：《河南灵宝市西坡遗址南壕沟发掘简报》，《考古》，2016 年第 5 期。

凌源牛河梁

辽宁省文物考古研究所：《牛河梁红山文化遗址发掘报告（1983—2003 年度）》，文物出版社，2012 年。

洛阳王湾

北京大学考古文博学院：《洛阳王湾——田野考古发掘报告》，北京大学出版社，2002 年。

秦安大地湾

甘肃省文物考古研究所：《秦安大地湾：新石器时代遗址发掘报告》，文物出版社，2006 年。

泰安大汶口

山东省文物管理处等：《大汶口——新石器时代墓葬发掘报告》，文物出版社，1974 年。

山东省文物考古研究所：《大汶口续集——大汶口遗址第二、三次发掘报告》，科学出版社，1997 年。

西安半坡

中国科学院考古研究所等：《西安半坡——原始氏族公社聚落遗址》，文物出版社，1963 年。

夏县西阴村

李济等：《西阴村史前的遗存》，清华学校研究院丛书第三种，1927 年。

李济：《山西南部汾河流域考古调查》，《考古》，1983 年第 8 期；原载美国《史密森研究院各科论文集刊》第 78 卷第 7 期，1927 年。

郑州西山

国家文物局考古领队培训班：《郑州西山仰韶时代城址的发掘》，《文物》，1999 年第 7 期。

诸城呈子

昌潍地区文物管理组等：《山东诸城呈子遗址发掘报告》，《考古学报》，1980年第 3 期。

龙山时代

成都宝墩文化城址群

成都市文物考古工作队等：《四川新津县宝墩遗址调查与试掘》，《考古》，1997 年第 1 期。

成都市文物考古工作队等：《四川省温江县鱼凫村遗址调查与试掘》，《文物》，1998 年第 12 期。

成都市文物考古工作队等：《四川省郫县古城遗址调查与试掘》，《文物》，1999 年第 1 期。

成都市文物考古工作队等：《四川都江堰市芒城遗址调查与试掘》，《考古》，1999 年第 7 期。

登封王城岗

河南省文物研究所等：《登封王城岗与阳城》，文物出版社，1992 年。

北京大学考古文博学院等：《登封王城岗考古发现与研究（2002—2005）》，大象出版社，2007 年。

巩义花地嘴

郑州市文物考古研究所等：《河南巩义市花地嘴遗址"新砦期"遗存》，《考古》，2005 年第 6 期。

杭州良渚

浙江省文物考古研究所等：《良渚考古八十年》，文物出版社，2016 年。

浙江省文物考古研究所：《良渚古城综合研究报告》，文物出版社，2019 年。

浙江省文物考古研究所：《良渚王国》，文物出版社，2019 年。

临朐西朱封

中国社会科学院考古研究所等：《临朐西朱封——山东龙山文化墓葬的发掘与研究》，文物出版社，2018 年。

泗水尹家城

山东大学历史系考古专业教研室：《泗水尹家城》，文物出版社，1990 年。

襄汾陶寺

解希恭主编：《襄汾陶寺遗址研究》，科学出版社，2007 年。

中国社会科学院考古研究所等：《襄汾陶寺——1978—1985 年发掘报告》，文物出版社，2015 年。

中国社会科学院考古研究所山西队等：《山西襄汾陶寺城址 2002 年发掘报告》，《考古学报》，2005 年第 3 期。

中国社会科学院考古研究所山西队等：《山西襄汾县陶寺城址发现陶寺文化中期大型夯土建筑基址》，《考古》，2008 年第 3 期。

新密古城寨

河南省文物考古研究所等：《河南新密市古城寨龙山文化城址发掘简报》，《华夏考古》，2002 年第 2 期。

新密新砦

北京大学震旦古代文明研究中心等：《新密新砦——1999～2000 年田野考古发

掘报告》，文物出版社，2008 年。

中国社会科学院考古研究所河南新砦队等：《河南新密市新砦遗址浅穴式大型建筑基址的发掘》，《考古》，2009 年第 2 期。

禹州瓦店

河南省文物考古研究所：《禹州瓦店》，世界图书出版公司，2004 年。

邹县野店

山东省博物馆等：《邹县野店》，文物出版社，1989 年。

二里头—殷墟时代

安阳殷墟

李济著，苏秀菊等译：《安阳——殷商古都发现、发掘、复原记》，中国社会科学出版社，1990 年。

中国社会科学院考古研究所：《殷墟的发现与研究》，科学出版社，1994 年。

殷墟编辑委员会编：《殷墟》，文物出版社，2001 年。

中国社会科学院考古研究所安阳工作队等：《河南安阳市洹北商城遗址 2005～2007 年勘察简报》，《考古》，2010 年第 1 期。

敖汉旗大甸子

中国社会科学院考古研究所：《大甸子——夏家店下层文化遗址与墓地发掘报告》，科学出版社，1996 年。

大连大嘴子

大连市文物考古研究所：《大嘴子——青铜时代遗址 1987 年发掘报告》，大连出版社，2000 年。

登封玉村

韩维周等：《河南登封县玉村古文化遗址概况》，《文物参考资料》，1954 年第
6 期。

广汉三星堆

四川省文物管理委员会等：《广汉三星堆遗址》，《考古学报》，1987 年第 2
期。

四川省文物考古研究所：《三星堆祭祀坑》，文物出版社，1999 年。

四川省文物考古研究院：《四川广汉市三星堆遗址青关山一号建筑基址的发
掘》，《四川文物》，2020 年第 5 期。

洛阳二里头

中国社会科学院考古研究所：《偃师二里头（1959 年—1978 年考古发掘报
告）》，中国大百科全书出版社，1999 年。

杜金鹏等主编：《偃师二里头遗址研究》，科学出版社，2005 年。

中国社会科学院考古研究所：《二里头（1999—2006）》，文物出版社，2014
年。

中国社会科学院考古研究所编著，许宏等主编：《二里头考古六十年》，中国
社会科学出版社，2019 年。

洛阳偃师商城

杜金鹏等主编：《偃师商城遗址研究》，科学出版社，2004 年。

中国社会科学院考古研究所：《偃师商城（第一卷）》，科学出版社，2013
年。

武汉盘龙城

湖北省文物考古研究所：《盘龙城——1963—1994 年考古发掘报告》，文物出

版社，2001年。

伊金霍洛旗朱开沟

内蒙古自治区文物考古研究所等：《朱开沟——青铜时代早期遗址发掘报告》，文物出版社，2000年。

彰武平安堡

辽宁省文物考古研究所等：《辽宁彰武平安堡遗址》，《考古学报》，1992年第4期。

肇源白金宝

黑龙江省文物考古研究所等：《肇源白金宝——嫩江下游一处青铜时代遗址的揭示》，科学出版社，2009年。

肇源小拉哈

黑龙江省文物考古研究所等：《黑龙江肇源县小拉哈遗址发掘报告》，《考古学报》，1998年第1期。

郑州洛达庙

河南省文化局文物工作第一队：《郑州洛达庙商代遗址试掘简报》，《文物参考资料》，1957年第10期。

郑州商城

河南省文物考古研究所：《郑州商城（1953—1985年考古发掘报告）》，文物出版社，2001年。

刘彦锋等：《郑州商城布局及外廓城墙走向新探》，《郑州大学学报（哲学社会科学版）》，2010年第3期。

郑州小双桥

河南省文物考古研究所：《郑州小双桥——1990～2000年考古发掘报告》，科学出版社，2012年。

两周时代

侯马晋都新田

山西省考古研究所侯马工作站编：《晋都新田》，山西人民出版社，1996年。

临淄齐都

山东省文物考古研究所：《临淄齐故城》，文物出版社，2013年。

岐山—扶风周原

周原考古队：《陕西岐山凤雏村西周建筑基址发掘简报》，《文物》，1979年第10期。

徐天进：《西周王朝的发祥之地——周原——周原考古综述》，《考古学研究》（五），科学出版社，2003年。

西安丰镐

中国社会科学院考古研究所等：《丰镐考古八十年》，科学出版社，2016年。

咸阳秦都

王学理：《咸阳帝都记》，三秦出版社，1999年。

陕西省考古研究所：《秦都咸阳考古报告》，科学出版社，2004年。

本书所收论文出处

"连续"中的"断裂"

——关于中国文明与早期国家形成过程的思考

《文物》2001 年第 2 期

从仰韶到齐家

——东亚大陆早期用铜遗存的新观察

《2015 中国·广河齐家文化与华夏文明国际研讨会论文集》，文物出版社，
2016 年

礼制遗存与礼乐文化的起源

《古代文明》第 3 卷，文物出版社，2004 年

公元前 2000 年：中原大变局的考古学观察

《东方考古》第 9 集，科学出版社，2012 年

前中国时代与"中国"的初兴

《读书》2016 年第 4 期

二里头与中原中心的形成

《历史研究》2020 年第 5 期

二里头都邑的两次礼制大变革

《南方文物》2020 年第 2 期

宫室建筑与中原国家文明的形成

《三代考古》（五），科学出版社，2013 年

中国古都的恒与变

——以早期城郭布局为中心

《中國古都の恆と變：古代の城郭配置を中心として》，《東方學》第 139 期，（日本）東方學會，2020 年

三代文明与青铜时代考古

——以概念和时空流变为中心

《南方文物》2014 年第 1 期

商文明：中国"原史"与"历史"时代的分界点

《东方考古》第 4 集，科学出版社，2008 年

方法论视角下的夏商分界研究

《三代考古》（三），科学出版社，2009 年

论"青铜时代"概念的时空适用性

——以中国东北地区为例

《聚才揽粹著新篇：孟凡人先生八秩华诞颂寿文集》，科学出版社，2019 年

精细化分析：早期国家形成研究的有效途径

——从秦小丽教授新著说起

《南方文物》2022年，待刊

高度与情结
——夏鼐关于夏商文化问题的思想轨迹
《南方文物》2010年第2期

"新中原中心论"的学术史解析
《无限悠悠远古情——佟柱臣先生纪念文集》，科学出版社，2014年

"夏"遗存认知推定的学史综理
《南方文物》2021年第5期

冷观三星堆
《智族GQ》2021年5月号

纠葛与症结：三星堆文化上限问题的学史观察
《三代考古》（九），科学出版社，2021年

后　记

　　本书收录的 19 篇文章，大体可显现我在早期中国这个领域的耕耘收获和思考所得，它们写就于新世纪以来的 20 年间（2001—2021），而一半以上是 5 年来的新作，从中也可窥见本人探索的心路历程。

　　我曾说过自己的研究，不可能超出"早期中国"的范畴了。既有作品《最早的中国》《何以中国》《大都无城》《东亚青铜潮》四册，合为"解读早期中国"丛书，很快就会出函装本。我把自己的研究领域归纳为"三早"，即关于中国早期城市、早期国家和早期文明的考古学研究。其中关于中国古代城市的研究，已结集为《踏墟寻城》。又因另有关于二里头考古的自选集也将面世，故关于二里头遗址与二里头文化研究的文章，本书只收录了最新的两篇。如是，对"早期中国"从微观到宏观的一个总体认识，就大致体现于本书中了。所谓溯源中国，也就是追溯早期中国及其缘起的脉络。

　　全书分为"寻踪"、"论理"和"观潮"三大板块。顾名思义，"寻踪"，是对早期中国踪迹的考古学探寻；"论理"，是从理论和方法论层面对相关现象及其研究范式的思辨；"观潮"，则聚焦于学术史的观察、梳理与思考。

　　其中若干篇的写作时间较早，但尚无因时间推移而需改动结论的。只是学界对各相关考古学文化年代框架的认识在过去 20 年间又深化了许多，为最大限度地保持原文面貌，编辑过程中未做较大的修订加注，特在文前增列《本书涉及的主要考古学文化的年代与分布》一表，读者可据此把握目前对相关考古学文化及其年代的最新认识。

鉴于原文对考古资料的出处注释较多且多有重复，而当时所引多为简报甚至简讯，目前则有不少正式的报告或简报出版刊布，故在本书正文后单列《本书所引主要考古资料存目》，按遗址统一标注最新的原始资料出处，尽可能列示集成性著作，以便读者利用。文内则不另一一注明，而只标注研究性论著。部分行文和注释做了简化处理。注释中若干发表有后续成果的，在该出处后注明，便于读者朋友掌握该项研究的最新动向。

本书的出版，离不开河南文艺出版社乃至中原出版传媒集团领导的关切运筹，以及策划编辑陈静老师的辛勤投入和细致工作。编辑过程中得到复旦大学秦小丽教授、山东大学王芬教授、四川省文物考古研究院雷雨研究员、我的同事赵海涛副研究员、陈国梁副研究员以及队友赵静玉女士等的帮助。在此谨致由衷的谢忱。

许宏

2021 年 10 月于北京

图书在版编目(CIP)数据

溯源中国／许宏著. --郑州:河南文艺出版社,2021.11
ISBN 978-7-5559-1242-2

Ⅰ.①溯 … Ⅱ.①许… Ⅲ.①考古学-中国-文集 Ⅳ.①
K870.4-53

中国版本图书馆 CIP 数据核字(2021)第 211008 号

选题策划	杨彦玲 陈 静
责任编辑	陈 静 俞 芸
书籍设计	张 胜 吴 月
责任校对	殷现堂
责任印制	张 阳

出版发行	河南文艺出版社
本社地址	郑州市郑东新区祥盛街 27 号 C 座 5 楼
承印单位	河南瑞之光印刷股份有限公司
经销单位	新华书店
纸张规格	700 毫米×1000 毫米 1/16
印 张	22
字 数	299 000
版 次	2021 年 11 月第 1 版
印 次	2021 年 11 月第 1 次印刷
定 价	98.00 元

印厂地址 河南省武陟县产业集聚区东区(詹店镇)泰安路
邮政编码 454950 电话 0371-63956290